Python, werde ein Meister

Erste Ausgabe

Erste Ausgabe: Juli 2025

Veröffentlicht von Cuantum Technologies LLC.

Dallas, TX.

ISBN 979-8-89860-073-0

"Artificial intelligence is the new electricity."

- Andrew Ng, Co-founder of Coursera and Adjunct Professor at Stanford University

Wer wir sind

Willkommen zu diesem Buch, erstellt von Cuantum Technologies. Wir sind ein Team leidenschaftlicher Entwickler, die sich der Entwicklung von Software verschrieben haben, die kreative Erfahrungen bietet und reale Probleme löst. Unser Fokus liegt darauf, hochwertige Webanwendungen zu entwickeln, die eine nahtlose Benutzererfahrung bieten und die Bedürfnisse unserer Kunden erfüllen.

In unserem Unternehmen glauben wir, dass Programmieren nicht nur das Schreiben von Code ist. Es geht darum, Probleme zu lösen und Lösungen zu schaffen, die das Leben der Menschen verbessern. Wir erkunden ständig neue Technologien und Techniken, um an der Spitze der Branche zu bleiben, und freuen uns darauf, unser Wissen und unsere Erfahrungen in diesem Buch mit dir zu teilen.

Unser Ansatz zur Softwareentwicklung konzentriert sich auf Zusammenarbeit und Kreativität. Wir arbeiten eng mit unseren Kunden zusammen, um ihre Bedürfnisse zu verstehen und Lösungen zu entwickeln, die ihren spezifischen Anforderungen entsprechen. Wir sind der Meinung, dass Software intuitiv, benutzerfreundlich und optisch ansprechend sein sollte, und wir bemühen uns, Anwendungen zu erstellen, die diesen Kriterien entsprechen.

Dieses Buch soll einen praktischen und praxisnahen Ansatz bieten, um JavaScript zu meistern. Egal, ob du ein Anfänger ohne Programmiererfahrung bist oder ein erfahrener Entwickler, der seine Fähigkeiten erweitern möchte, dieses Buch wurde entwickelt, um dir zu helfen, deine Fähigkeiten weiterzuentwickeln und eine solide Grundlage in der Webentwicklung mit JavaScript zu schaffen.

Unsere Philosophie:

Im Herzen von Cuantum glauben wir, dass die beste Art, Software zu entwickeln, durch Zusammenarbeit und Kreativität erreicht wird. Wir schätzen die Meinung unserer Kunden und arbeiten eng mit ihnen zusammen, um Lösungen zu entwickeln, die ihren Bedürfnissen entsprechen. Wir sind auch der Meinung, dass Software intuitiv, benutzerfreundlich und optisch ansprechend sein sollte, und wir streben danach, Anwendungen zu erstellen, die diesen Kriterien entsprechen.

Wir glauben auch, dass Programmieren eine Fähigkeit ist, die man mit der Zeit erlernen und entwickeln kann. Wir ermutigen unsere Entwickler, neue Technologien und Techniken zu erkunden, und stellen ihnen die Werkzeuge und Ressourcen zur Verfügung, die sie benötigen, um an der Spitze der Branche zu bleiben. Wir glauben auch, dass Programmieren Spaß machen und lohnend sein sollte, und wir bemühen uns, ein Arbeitsumfeld zu schaffen, das Kreativität und Innovation fördert.

Unsere Erfahrung:

In unserem Softwareunternehmen sind wir darauf spezialisiert, Webanwendungen zu entwickeln, die kreative Erfahrungen bieten und reale Probleme lösen. Unsere Entwickler haben Erfahrung mit einer Vielzahl von Programmiersprachen und Frameworks, darunter Python, KI, ChatGPT, Django, React, Three.js und Vue.js, um nur einige zu nennen. Wir erkunden ständig neue Technologien und Techniken, um an der Spitze der Branche zu bleiben, und wir sind stolz auf unsere Fähigkeit, Lösungen zu entwickeln, die die Bedürfnisse unserer Kunden erfüllen.

Wir haben auch umfassende Erfahrung in der Datenanalyse und -visualisierung, maschinellem Lernen und künstlicher Intelligenz. Wir glauben, dass diese Technologien das Potenzial haben, die Art und Weise, wie wir leben und arbeiten, zu verändern, und wir freuen uns, an der Spitze dieser Revolution zu stehen.

Zusammenfassend lässt sich sagen, dass sich unser Unternehmen der Entwicklung von Websoftware widmet, die kreative Erfahrungen fördert und reale Probleme löst. Wir priorisieren Zusammenarbeit und Kreativität und streben danach, Lösungen zu entwickeln, die intuitiv, benutzerfreundlich und visuell ansprechend sind. Wir sind leidenschaftlich für Programmierung und freuen uns darauf, unser Wissen und unsere Erfahrung in diesem Buch mit dir zu teilen. Ob du Anfänger oder erfahrener Entwickler bist, wir hoffen, dass du dieses Buch als wertvolle Ressource auf deinem Weg betrachtest, ein Experte in **JavaScript von Null zum Superhelden: Entfessle deine Superkräfte in der Webentwicklung** zu werden.

YOUR JOURNEY STARTS HERE...

Here are your free repository codes :D

Get access to all the benefits of being one of our valuable readers through our new **eLearning Platform:**

1. Free code repository of this book

2. Access to a **free example chapter** of any of our books.

3. Access to the **free repository code** of any of our books.

4. Premium customer support by writing to **books@cuantum.tech**

And much more...

HERE IS YOUR
FREE ACCESS

INHALTSVERZEICHNIS

Einführung

Willkommen in der Welt der Python-Programmierung. Python ist eine äußerst beliebte, vielseitige und leicht zu erlernende Programmiersprache. Sie wird in einer Vielzahl von Anwendungen eingesetzt, wie Webentwicklung, Datenwissenschaft, maschinelles Lernen und künstliche Intelligenz, unter anderem. Die Beliebtheit von Python beruht auf seiner einfachen Syntax, seinen umfangreichen Bibliotheken und Frameworks sowie seiner Fähigkeit, komplexe Aufgaben mühelos zu bewältigen.

"**Python, Übung macht den Meister**" ist eine Ressource, die entwickelt wurde, um Python-Enthusiasten aller Niveaus zu unterstützen. Ob du ein Anfänger ohne Programmiererfahrung bist, ein fortgeschrittener Programmierer, der seine Fähigkeiten verbessern möchte, oder ein erfahrener Programmierer, der sich mit komplexen Übungen herausfordern möchte – dieses Buch hat dir etwas zu bieten.

Die Übungen in diesem Buch sind praktisch und relevant, darauf ausgerichtet, dir zu helfen, die wesentlichen Konzepte der Python-Programmierung zu beherrschen und gleichzeitig die Möglichkeit zu geben, diese Konzepte auf reale Probleme anzuwenden. Die Übungen sind in drei Abschnitte unterteilt, wobei jeder Abschnitt einen unterschiedlichen Schwierigkeitsgrad abdeckt.

Die Übungen für Anfänger sind für diejenigen konzipiert, die wenig oder keine Erfahrung mit Programmierung haben. Dieser Abschnitt behandelt die Grundlagen der Python-Programmierung wie Variablen, Datentypen, Schleifen, bedingte Anweisungen, Funktionen und Dateihandhabung. Die Übungen sind einfach und leicht verständlich gestaltet, was dir ermöglicht, eine solide Grundlage in der Python-Programmierung aufzubauen.

Die Übungen für Fortgeschrittene sind für diejenigen konzipiert, die bereits etwas Programmiererfahrung haben und mit den Grundkonzepten der Python-Programmierung vertraut sind. Dieser Abschnitt behandelt fortgeschrittenere Themen wie objektorientierte Programmierung, reguläre Ausdrücke, Web-Scraping, Datenanalyse und Datenvisualisierung. Die Übungen in diesem Abschnitt sind anspruchsvoller als die im Anfängerabschnitt, aber dennoch so gestaltet, dass sie zugänglich und praktisch sind.

Die fortgeschrittenen Übungen sind für erfahrene Programmierer gedacht, die sich herausfordern und ihre Fähigkeiten erweitern möchten. Dieser Abschnitt behandelt fortgeschrittene Themen wie Nebenläufigkeit, Netzwerkprogrammierung, maschinelles Lernen und natürliche Sprachverarbeitung. Die Übungen in diesem Abschnitt sind herausfordernd und erfordern ein tiefes Verständnis der Python-Programmierkonzepte.

In "**Python, Übung macht den Meister**" ist unser Ziel, praktische Übungen für diejenigen bereitzustellen, die Python lernen, sowie für Programmierer der mittleren oder fortgeschrittenen Stufe, die nach mehr Wissen dürsten oder sich mit komplexen Problemen herausfordern möchten. Ob du Python-Programmierung üben und lernen, deine Python-Fähigkeiten verbessern oder die Übungen als Referenz nutzen möchtest, wir hoffen, dass du dieses Buch als wertvolle Ressource auf deinem Weg findest, ein kompetenter Python-Programmierer zu werden.

Dieses Buch ist darauf ausgerichtet, dir zu helfen, ein kompetenter Python-Programmierer zu werden, unabhängig von deinem aktuellen Fähigkeitsniveau. Ob du ein Anfänger ohne Programmiererfahrung bist, ein fortgeschrittener Programmierer, der seine Fähigkeiten verbessern möchte, oder ein erfahrener Programmierer, der sich mit komplexen Übungen herausfordern möchte – dieses Buch hat etwas für dich.

Die Übungen in diesem Buch sind praktisch und relevant, darauf ausgerichtet, dir zu helfen, die wesentlichen Konzepte der Python-Programmierung zu beherrschen und gleichzeitig die Möglichkeit zu geben, diese Konzepte auf reale Probleme anzuwenden. Die Übungen sind in drei Abschnitte unterteilt, und jeder Abschnitt deckt einen unterschiedlichen Schwierigkeitsgrad ab.

Abschnitt 1: Übungen für Anfänger

Die Übungen für Anfänger sind für diejenigen konzipiert, die wenig oder keine Erfahrung mit Programmierung haben. Dieser Abschnitt behandelt die Grundlagen der Python-Programmierung wie Variablen, Datentypen, Schleifen, bedingte Anweisungen, Funktionen und Dateihandhabung. Die Übungen sind einfach und leicht verständlich gestaltet, was dir ermöglicht, eine solide Grundlage in der Python-Programmierung aufzubauen.

Abschnitt 2: Mittelschwere Übungen

Die mittelschweren Übungen sind für diejenigen konzipiert, die bereits einige Programmiererfahrungen haben und mit den Grundkonzepten der Python-Programmierung vertraut sind. Dieser Abschnitt behandelt fortgeschrittenere Themen wie objektorientierte Programmierung, reguläre Ausdrücke, Web-Scraping, Datenanalyse und Datenvisualisierung. Die Übungen in diesem Abschnitt sind anspruchsvoller als die im Anfängerabschnitt, aber dennoch so gestaltet, dass sie zugänglich und praktisch sind.

Abschnitt 3: Fortgeschrittene Übungen

Die fortgeschrittenen Übungen sind für erfahrene Programmierer gedacht, die sich herausfordern und ihre Fähigkeiten erweitern möchten. Dieser Abschnitt behandelt fortgeschrittene Themen wie Nebenläufigkeit, Netzwerkprogrammierung, maschinelles Lernen und natürliche Sprachverarbeitung. Die Übungen in diesem Abschnitt sind herausfordernd und erfordern ein tiefes Verständnis der Python-Programmierkonzepte.

Wie man dieses Buch verwendet

Dieses Buch ist als praktische Ressource für Python-Programmierer und Studenten aller Niveaus konzipiert. Du kannst dieses Buch auf verschiedene Weisen nutzen:

1. **Python-Programmierung üben und lernen**: Wenn du neu in der Programmierung bist, beginne mit den Anfängerübungen und arbeite dich zu den fortgeschrittenen Übungen vor. Jede Übung ist so konzipiert, dass sie in sich abgeschlossen ist, sodass du in deinem eigenen Tempo arbeiten kannst.

2. **Deine Python-Fähigkeiten verbessern**: Wenn du ein fortgeschrittener Programmierer bist, kannst du dieses Buch nutzen, um deine Python-Fähigkeiten zu verbessern. Arbeite an den Übungen in den mittelschweren und fortgeschrittenen Abschnitten, um dich selbst herauszufordern und dein Wissen zu erweitern.

3. **Als Referenz verwenden**: Selbst wenn du ein erfahrener Python-Programmierer bist, findest du die Übungen in diesem Buch möglicherweise als nützliche Referenz. Die Übungen decken eine breite Palette von Themen ab und können als Ausgangspunkt für deine eigenen Projekte dienen.

Worum geht es in diesem Buch nicht?

Eine der größten Herausforderungen, mit denen Menschen beim Erlernen einer neuen Programmiersprache konfrontiert sind, ist herauszufinden, wie sie das Gelernte in die Praxis umsetzen können. Während es wichtig ist, die Grundkonzepte und die Syntax einer Sprache zu studieren und zu verstehen, ist es ebenso wichtig, die Anwendung dieses Wissens in realen Szenarien zu üben.

Hier kommt dieses Buch ins Spiel. Die Übungen in diesem Buch sind darauf ausgerichtet, dir zu helfen, deine Python-Programmierfähigkeiten auf praktische Weise zu üben. Anstatt dir einfach abstrakte Konzepte und Syntaxregeln zu präsentieren, fordern dich die Übungen in diesem Buch heraus, das Gelernte auf reale Probleme anzuwenden.

Es ist wichtig zu beachten, dass dieses Buch nicht als umfassender Leitfaden zur Python-Programmierung konzipiert ist. Obwohl es eine breite Palette von Themen abdeckt, ist es nicht als Ersatz für tieferes Studium und Recherche gedacht. Vielmehr sind die Übungen in diesem Buch dazu gedacht, dein Lernen zu ergänzen, indem sie dir praktische Erfahrung und Übung mit der Sprache bieten.

Die Übungen in diesem Buch sind auch nicht dazu gedacht, in einer bestimmten Reihenfolge oder als lineare Progression absolviert zu werden. Obwohl wir die Übungen in Abschnitte für Anfänger, Fortgeschrittene und Experten unterteilt haben, steht es dir frei, welche Übungen du je nach deinen eigenen Bedürfnissen und Interessen durchführen möchtest.

Indem du deine Python-Programmierfähigkeiten durch die Übungen in diesem Buch übst, wirst du ein tieferes Verständnis der Sprache und ihrer Fähigkeiten gewinnen. Du wirst auch Problemlösungsfähigkeiten entwickeln, die unschätzbar sein werden, wenn du an komplexeren Projekten arbeitest.

Es ist wichtig zu beachten, dass das Üben von Programmierfähigkeiten Geduld und Ausdauer erfordert. Möglicherweise bekommst du beim ersten Versuch nicht die richtige Antwort, und das ist in Ordnung. Die Übungen in diesem Buch sind darauf ausgelegt, dich herauszufordern, und es ist durch die Auseinandersetzung mit schwierigen Problemen, dass du wirklich als Programmierer lernst und wächst.

Zusammenfassend ist dieses Buch kein traditioneller Leitfaden für die Python-Programmierung. Stattdessen ist es eine Sammlung praktischer Übungen, die dir helfen sollen, deine Programmierfähigkeiten zu üben und zu entwickeln. Indem du an diesen Übungen arbeitest, wirst du praktische Erfahrung mit Python sammeln und die Problemlösungsfähigkeiten entwickeln, die für den Erfolg in der Programmierung unerlässlich sind.

Zusammenfassend...

Python ist eine außergewöhnlich vielseitige Programmiersprache und kann verwendet werden, um eine breite Palette von Anwendungen zu erstellen. Ob du ein Anfänger, fortgeschrittener oder erfahrener Programmierer bist, dieses Buch ist darauf ausgerichtet, dir zu helfen, die Python-Programmierung zu beherrschen. Es ist ein umfassender Leitfaden, der nicht nur die Grundlagen abdeckt, sondern auch fortgeschrittenere Themen wie objektorientierte Programmierung und Datenbankverwaltung.

Neben detaillierten Erklärungen der Python-Programmierkonzepte enthält dieses Buch auch praktische Übungen, die dir helfen sollen, dein Wissen in die Praxis umzusetzen. Diese Übungen sind relevant für reale Probleme, sodass du sicher sein kannst, dass du Fähigkeiten erlernst, die dir in deiner Karriere als Python-Programmierer nützlich sein werden.

Wir hoffen, dass du dieses Buch als wertvolle Ressource auf deinem Weg findest, ein kompetenter Python-Programmierer zu werden. Mit seinen klaren und präzisen Erklärungen, der umfassenden Abdeckung sowohl grundlegender als auch fortgeschrittener Themen und praktischen Übungen, die es dir ermöglichen, das Gelernte anzuwenden, glauben wir, dass dieses Buch ein unverzichtbares Werkzeug für jeden sein wird, der seine Python-Programmierfähigkeiten verbessern möchte.

Anfängerniveau - Konzepte

Hier siehst du die 20 Konzepte, die du während der nächsten 30 Übungen auf Anfängerniveau lernen wirst. Diese Übungen führen dich durch jedes Konzept und bieten detaillierte Erklärungen und Beispiele, damit du ein solides Verständnis für jedes einzelne entwickeln kannst. Nach Abschluss der 30 Übungen wirst du nicht nur 20 neue Konzepte gelernt haben, sondern auch die Fähigkeiten entwickelt haben, sie in realen Situationen anzuwenden. Dies gibt dir eine solide Grundlage, auf der du aufbauen kannst, während du dein Wissen und deine Fähigkeiten in diesem Bereich weiter ausbaust.

1. Grundlegende Arithmetik:

Die grundlegende Arithmetik in Python umfasst mathematische Operationen wie Addition, Subtraktion, Multiplikation und Division. Diese Operationen können mit den entsprechenden mathematischen Symbolen durchgeführt werden (+ für Addition, - für Subtraktion, * für Multiplikation, / für Division).

Wenn du zum Beispiel zwei Zahlen addieren möchtest (sagen wir 5 und 3), kannst du schreiben:

```
5 + 3
```

Dies ergibt 8. Ähnlich, wenn du zwei Zahlen subtrahieren möchtest (sagen wir 7 und 4), kannst du schreiben:

```
7 - 4
```

Dies ergibt 3.

2. Bedingte Anweisungen:

Bedingte Anweisungen ermöglichen es deinem Code, Entscheidungen basierend auf bestimmten Bedingungen zu treffen. In Python kannst du **if**-Anweisungen verwenden, um eine Bedingung zu überprüfen und einen Codeblock auszuführen, wenn die Bedingung wahr ist, und optional einen anderen Codeblock ausführen, wenn die Bedingung falsch ist.

Du kannst zum Beispiel eine **if**-Anweisung verwenden, um zu überprüfen, ob eine Zahl positiv oder negativ ist:

```
num = -5
if num > 0:
    print("The number is positive")
else:
    print("The number is negative")
```

Dies wird "The number is negative" ausgeben, da **-5** kleiner als null ist.

Du kannst auch **elif**-Anweisungen verwenden, um mehrere Bedingungen zu überprüfen:

```
num = 0
if num > 0:
    print("The number is positive")
elif num < 0:
    print("The number is negative")
else:
    print("The number is zero")
```

Dies wird "The number is zero" ausgeben, da **0** weder positiv noch negativ ist.

3. Dictionaries:

Dictionaries sind Sammlungen von Schlüssel-Wert-Paaren, die es dir ermöglichen, Daten basierend auf Schlüsseln anstatt auf Indizes zu speichern und abzurufen. Du kannst ein Dictionary erstellen, indem du eine Liste von durch Kommas getrennten Schlüssel-Wert-Paaren in geschweiften Klammern ({...}) einschließt.

Du kannst zum Beispiel ein Dictionary erstellen, das englische Wörter mit ihren spanischen Übersetzungen verbindet, wie folgt:

```
translations = {"hello": "hola", "goodbye": "adios", "thank you": "gracias"}
```

Dann kannst du einen Wert aus dem Dictionary mithilfe des entsprechenden Schlüssels abrufen, und zwar so:

```
print(translations["hello"])
```

Dies wird den Wert "hola" ausgeben, was die spanische Übersetzung von "hello" ist.

4. Ausnahmebehandlung:

Die Ausnahmebehandlung ermöglicht es deinem Python-Code, Fehler und unerwartete Situationen, die während der Ausführung auftreten können, elegant zu behandeln. Du kannst **try**- und **except**-Blöcke verwenden, um Ausnahmen abzufangen und zu behandeln, die während der Ausführung deines Codes auftreten können.

Du kannst zum Beispiel eine **ValueError**-Ausnahme abfangen, die auftreten könnte, wenn du versuchst, eine nicht-numerische Zeichenkette in eine Zahl umzuwandeln:

```python
string = "hello"
try:
    num = int(string)
except ValueError:
    print("The string is not a number.")
```

Dies wird versuchen, die Zeichenkette **"hello"** mithilfe der Funktion **int()** in eine Ganzzahl umzuwandeln. Wenn ein **ValueError** auftritt, wird der Code im **except**-Block ausgeführt, der die Nachricht "Die Zeichenkette ist keine Zahl" ausgibt.

Die Ausnahmebehandlung ist nützlich, um sicherzustellen, dass dein Code unerwartete Situationen bewältigen kann und reibungslos weiterläuft, selbst wenn Fehler auftreten.

5. File I/O:

File I/O, oder Eingabe/Ausgabe, ermöglicht es deinem Python-Code, Daten in Dateien im Dateisystem deines Computers zu lesen und zu schreiben. Du kannst die eingebauten Funktionen **open()** und **close()** verwenden, um Dateien zu öffnen und zu schließen, und **read()**, **readline()** und **write()**, um Daten aus und in Dateien zu lesen und zu schreiben.

Du kannst zum Beispiel Daten aus einer Textdatei wie folgt lesen:

```python
file = open("example.txt", "r")
content = file.read()
file.close()
print(content)
```

Dies öffnet die Datei **"example.txt"** im Lesemodus (**"r"**), liest den Inhalt der Datei in die Variable **content** und schließt dann die Datei. Schließlich gibt es den Inhalt der Datei in der Konsole aus.

Du kannst auch Daten in eine Textdatei wie folgt schreiben:

```python
file = open("example.txt", "w")
file.write("Hello, world!")
file.close()
```

Dies öffnet die Datei **"example.txt"** im Schreibmodus (**"w"**), schreibt den String **"Hello, world!"** in die Datei und schließt dann die Datei.

6. Funktionen:

Funktionen sind Codeblöcke, die eine bestimmte Aufgabe ausführen und von anderen Teilen deines Codes aus aufgerufen werden können. Funktionen können mithilfe des Schlüsselworts **def** definiert werden, gefolgt vom Namen der Funktion und allen Argumenten, die sie in Klammern nimmt. Der Codeblock der Funktion wird unter der **def**-Anweisung eingerückt.

Du kannst zum Beispiel eine Funktion namens **square** definieren, die eine Zahl nimmt und ihr Quadrat zurückgibt, wie folgt:

```
def square(num):
    return num * num
```

Dann kannst du diese Funktion von anderen Teilen deines Codes aus aufrufen, indem du eine Zahl als Argument übergibst:

```
result = square(5)
print(result)  # prints 25
```

Dies ruft die Funktion **square** mit dem Argument **5** auf und speichert das Ergebnis in der Variable **result**.

7. Dateneingabe/-ausgabe:

Dateneingabe/-ausgabe (oder I/O) bezieht sich darauf, wie ein Programm mit dem Benutzer interagiert. In Python kannst du die Funktion **input()** verwenden, um Eingaben vom Benutzer zu erhalten, und die Funktion **print()**, um Ausgaben an den Benutzer anzuzeigen.

Wenn du beispielsweise den Benutzer bitten möchtest, seinen Namen einzugeben, kannst du schreiben:

```
name = input("Please enter your name: ")
```

Dies fordert den Benutzer auf, seinen Namen einzugeben, und speichert seine Eingabe in der Variable **name**. Dann kannst du die Funktion **print()** verwenden, um dem Benutzer eine Nachricht anzuzeigen, wie:

```
print("Hello, " + name + "!")
```

Dies zeigt eine Nachricht an, die "Hallo," gefolgt vom Namen des Benutzers, lautet.

8. Listen:

Listen sind eine der häufigsten und nützlichsten Datenstrukturen in Python. Eine Liste ist eine geordnete Sammlung von Elementen, die von beliebigem Datentyp sein können, einschließlich Zahlen, Zeichenketten und sogar anderen Listen. Du kannst eine Liste erstellen, indem du eine Sequenz von durch Kommas getrennten Elementen in eckige Klammern **[...]** einschließt.

Du kannst zum Beispiel eine Liste namens **numbers** erstellen, die eine Sequenz von ganzen Zahlen enthält, wie folgt:

```
numbers = [1, 2, 3, 4, 5]
```

Dann kannst du auf einzelne Elemente der Liste mit ihrem Index (beginnend bei 0) zugreifen, wie hier:

```
print(numbers[0])  # prints 1
print(numbers[2])  # prints 3
```

Du kannst auch Listenelemente ändern, indem du ihrem Index einen neuen Wert zuweist, wie hier:

```
numbers[1] = 10
print(numbers)  # prints [1, 10, 3, 4, 5]
```

Listen sind vielseitige und nützliche Datenstrukturen, die in einer Vielzahl von Programmieranwendungen verwendet werden können.

9. Schleifen:

Schleifen ermöglichen es dir, einen Codeblock wiederholt auszuführen, entweder eine feste Anzahl von Malen oder bis eine bestimmte Bedingung erfüllt ist. Es gibt zwei Haupttypen von Schleifen in Python: **for**-Schleifen und **while**-Schleifen.

Du kannst zum Beispiel eine **for**-Schleife verwenden, um über eine Sequenz von Werten zu iterieren, wie eine Liste oder einen String:

```
fruits = ["apple", "banana", "cherry"]
for fruit in fruits:
    print(fruit)
```

Dies gibt jedes Element der Liste **fruits** in separaten Zeilen aus.

Du kannst auch eine **while**-Schleife verwenden, um einen Codeblock wiederholt auszuführen, bis eine bestimmte Bedingung erfüllt ist:

```
count = 0
while count < 5:
    print(count)
    count += 1
```

Dies gibt die Zahlen von 0 bis 4 in separaten Zeilen aus.

10. Math-Modul

Das Math-Modul in Python ist ein eingebautes Modul, das eine Vielzahl von mathematischen Funktionen und Konstanten bereitstellt. Du kannst die Funktionen und Konstanten im Math-Modul verwenden, um fortgeschrittene mathematische Berechnungen in deinem Python-Code durchzuführen.

Um das Math-Modul in deinem Code zu verwenden, musst du es zuerst mit der **import**-Anweisung importieren. Zum Beispiel:

```
import math
```

Dies importiert das Math-Modul und ermöglicht dir, seine Funktionen und Konstanten in deinem Code zu verwenden.

Einige der am häufigsten verwendeten Funktionen im Math-Modul sind:

- **math.sqrt(x)**: gibt die Quadratwurzel von **x** zurück
- **math.sin(x)**: gibt den Sinus von **x** (in Radianten) zurück
- **math.cos(x)**: gibt den Kosinus von **x** (in Radianten) zurück
- **math.tan(x)**: gibt den Tangens von **x** (in Radianten) zurück
- **math.log(x)**: gibt den natürlichen Logarithmus von **x** zurück
- **math.exp(x)**: gibt die Exponentialfunktion von **x** zurück
- **math.pow(x, y)**: gibt **x** zur Potenz von **y** zurück
- **math.degrees(x)**: konvertiert **x** von Radianten in Grad
- **math.radians(x)**: konvertiert **x** von Grad in Radianten

Neben diesen Funktionen stellt das Math-Modul auch verschiedene Konstanten bereit, wie **math.pi** (die den Wert von Pi darstellt) und **math.e** (die den Wert der mathematischen Konstante e darstellt).

Hier ist ein Beispiel, wie du das Math-Modul verwenden kannst, um den Sinus und Kosinus eines Winkels in Radianten zu berechnen:

```
import math

angle = math.pi / 4  # calculate the angle in radians
sin_value = math.sin(angle)  # calculate the sine of the angle
cos_value = math.cos(angle)  # calculate the cosine of the angle

print(sin_value)  # prints 0.7071067811865475
print(cos_value)  # prints 0.7071067811865476
```

Dies berechnet den Sinus und Kosinus eines 45-Grad-Winkels (in Radianten umgerechnet) mit den Funktionen **math.sin()** und **math.cos()** aus dem Math-Modul.

Das Math-Modul ist ein leistungsstarkes Werkzeug für fortgeschrittene mathematische Berechnungen in Python und wird häufig in wissenschaftlichem Rechnen, Datenanalyse und anderen Bereichen eingesetzt.

11. Funktionen min() und max()

Die Funktionen **min()** und **max()** in Python sind eingebaute Funktionen, die es dir ermöglichen, die minimalen und maximalen Werte in einer Zahlenfolge zu finden. Du kannst diese Funktionen verwenden, um schnell und einfach die kleinsten und größten Werte in einer Liste, einem Tupel, einer Menge oder einem anderen iterierbaren Datentyp zu finden.

Die Funktion **min()** nimmt ein oder mehrere Argumente, die Zahlen oder iterierbare Datentypen sein können, und gibt den kleinsten Wert zurück. Zum Beispiel:

```
numbers = [1, 2, 3, 4, 5]
smallest = min(numbers)
print(smallest)  # prints 1
```

Dies findet den kleinsten Wert in der Liste **numbers**, der **1** ist.

Die Funktion **max()** funktioniert ähnlich, gibt aber stattdessen den größten Wert zurück. Zum Beispiel:

```
numbers = [1, 2, 3, 4, 5]
largest = max(numbers)
print(largest)  # prints 5
```

Dies findet den größten Wert in der Liste **numbers**, der **5** ist.

Du kannst die Funktionen **min()** und **max()** auch mit Zeichenketten verwenden, da Zeichenketten iterierbare Datentypen sind. Wenn sie mit Zeichenketten verwendet werden, geben **min()** und **max()** jeweils das Zeichen mit dem kleinsten und größten Unicode-Codepoint zurück. Zum Beispiel:

```
string = "hello"
smallest_char = min(string)
largest_char = max(string)
print(smallest_char)  # prints 'e'
print(largest_char)  # prints 'o'
```

Dies findet die kleinsten und größten Zeichen in der Zeichenkette **"hello"**, die jeweils **'e'** und **'o'** sind.

Die Funktionen **min()** und **max()** sind nützlich, um die kleinsten und größten Werte in einer Zahlenfolge oder anderen iterierbaren Datentypen zu finden, und werden häufig in vielen verschiedenen Programmiereinsätzen verwendet.

12. Modulare Arithmetik:

Die modulare Arithmetik ist ein Arithmetiksystem für ganze Zahlen, bei dem die Zahlen nach Erreichen eines bestimmten Wertes, dem sogenannten Modul, "umschlagen". In Python kannst du modulare Arithmetik mit dem Modulo-Operator **%** durchführen.

Wenn du beispielsweise den Rest berechnen möchtest, wenn **10** durch **3** geteilt wird, kannst du Folgendes schreiben:

```
remainder = 10 % 3
print(remainder)  # prints 1
```

Dies berechnet den Rest von **10** geteilt durch **3**, was **1** ist.

Die modulare Arithmetik ist in vielen Anwendungen nützlich, wie zum Beispiel in der Kryptographie, Computergrafik und Spieleentwicklung.

13. Funktion ord()

Die Funktion **ord()** in Python ist eine eingebaute Funktion, die den Unicode-Codepoint eines einzelnen Zeichens zurückgibt. Unicode ist ein Standard, der jedem Zeichen in jeder Sprache einen eindeutigen Codepoint zuweist, und die Funktion **ord()** ermöglicht dir den Zugriff auf diese Codepoints in deinem Python-Code.

Die Funktion **ord()** nimmt ein einzelnes Argument an, das eine Zeichenkette mit einem einzelnen Zeichen ist. Zum Beispiel:

```
print(ord('A'))  # prints 65
```

Dies gibt den Unicode-Codepoint für den Großbuchstaben "A" aus, der **65** ist.

Du kannst auch die Funktion **chr()** verwenden, um einen Unicode-Codepoint zurück in das entsprechende Zeichen umzuwandeln. Zum Beispiel:

```
print(chr(65))  # prints 'A'
```

Dies gibt das Zeichen aus, das dem Unicode-Codepoint **65** entspricht, nämlich den Großbuchstaben "A".

Die Funktion **ord()** ist nützlich für die Arbeit mit Unicode-Textdaten in Python und wird häufig in Anwendungen wie der natürlichen Sprachverarbeitung und Webentwicklung eingesetzt.

14. Sets

In Python ist ein Set eine ungeordnete Sammlung eindeutiger Elemente. Sets ähneln Listen und Tupeln, unterscheiden sich aber in zwei wesentlichen Aspekten: Sets haben keine Reihenfolge und können keine doppelten Elemente enthalten.

Du kannst ein Set in Python mit geschweiften Klammern **{...}** oder der Funktion **set()** erstellen. Zum Beispiel:

```
set1 = {1, 2, 3, 4, 5}
set2 = set([3, 4, 5, 6, 7])
```

Diese beiden Beispiele erstellen Sets, die die ganzen Zahlen von 1 bis 5 enthalten, verwenden aber eine unterschiedliche Syntax dafür.

Du kannst verschiedene Operationen mit Sets in Python durchführen, wie das Hinzufügen von Elementen, das Entfernen von Elementen und das Ausführen von Mengenoperationen wie Vereinigung, Schnittmenge und Differenz. Hier sind einige Beispiele:

```
set1.add(6)  # adds the element 6 to the set
set2.remove(7)  # removes the element 7 from the set
union_set = set1.union(set2)  # creates a new set containing all elements from set1
and set2
intersection_set = set1.intersection(set2)  # creates a new set containing only
elements that are in both set1 and set2
difference_set = set1.difference(set2)  # creates a new set containing only elements
that are in set1 but not in set2
```

Sets sind für verschiedene Anwendungen in Python nützlich, wie das Entfernen von Duplikaten aus einer Liste, das Durchführen von Mengenoperationen und das Finden eindeutiger Elemente in einem Datensatz.

15. Slicing:

Slicing ist eine Methode, um einen Teil einer Sequenz (wie einen String oder eine Liste) in Python zu extrahieren. Du kannst die Slicing-Notation verwenden, die eckige Klammern und Doppelpunkte nutzt, um die Start- und Endindizes des Teilstücks anzugeben.

Die allgemeine Syntax für Slicing ist:

```
sequence[start:end:step]
```

wobei **start** der Index des ersten Elements ist, das im Teilstück enthalten sein soll, **end** der Index des ersten Elements ist, das vom Teilstück ausgeschlossen wird, und **step** die Schrittweite für das Slicing ist.

Wenn du zum Beispiel eine Liste von Zahlen hast:

```
numbers = [1, 2, 3, 4, 5]
```

Kannst du die Liste slicen, um einen Teil davon zu extrahieren:

```
slice = numbers[1:4]
print(slice)  # prints [2, 3, 4]
```

Dies erstellt eine neue Liste namens **slice**, die die Elemente an den Indizes 1, 2 und 3 der ursprünglichen Liste **numbers** enthält.

Du kannst auch negative Indizes verwenden, um vom Ende der Sequenz zu slicen, wie hier:

```
slice = numbers[-3:-1]
print(slice)  # prints [3, 4]
```

Dies erstellt eine neue Liste namens **slice**, die die Elemente an den Indizes -3 und -2 der ursprünglichen Liste **numbers** enthält.

Slicing ist ein leistungsstarkes und vielseitiges Werkzeug für die Arbeit mit Sequenzen in Python und wird häufig in einer Vielzahl von Programmieranwendungen eingesetzt.

16. String-Manipulation:

String-Manipulation beinhaltet das Ändern und Transformieren von Strings auf verschiedene Weisen. In Python kannst du verschiedene eingebaute String-Methoden zur Manipulation von Strings verwenden, wie **split()**, **join()**, **replace()** und **strip()**.

Du kannst beispielsweise einen String basierend auf einem Trennzeichen in eine Liste von Teilstrings aufteilen:

```python
string = "apple,banana,cherry"
fruits = string.split(",")
print(fruits)  # prints ["apple", "banana", "cherry"]
```

Dies teilt den String **"apple,banana,cherry"** in eine Liste von Teilstrings basierend auf dem Trennzeichen **,** auf.

Du kannst auch einen Teilstring durch einen anderen Teilstring ersetzen:

```python
string = "Hello, world!"
new_string = string.replace("world", "John")
print(new_string)  # prints "Hello, John!"
```

Dies ersetzt den Teilstring **"world"** durch **"John"** im String **"Hello, world!"**, was zum neuen String **"Hello, John!"** führt.

String-Manipulation ist nützlich, um Textdaten in deinem Python-Code zu verarbeiten und zu transformieren.

17. Strings:

Strings sind Sequenzen von Zeichen, die verwendet werden, um Text in Python darzustellen. Du kannst einen String erstellen, indem du eine Sequenz von Zeichen in einfache ('...') oder doppelte ("...") Anführungszeichen setzt.

Du kannst zum Beispiel einen String namens **message** erstellen, der den Text "Hello, world!" enthält:

```python
message = "Hello, world!"
```

Dann kannst du verschiedene Methoden verwenden, um Strings zu manipulieren und mit ihnen zu arbeiten, wie Verkettung (zwei Strings mit dem Operator **+** kombinieren), Slicing (einen Teil eines Strings mit dem Operator **[]** extrahieren) und Formatierung (Teile eines Strings mit Variablen ersetzen, indem du die Methode **format()** verwendest).

Du kannst zum Beispiel zwei Strings so verketten:

```
greeting = "Hello"
name = "John"
message = greeting + ", " + name + "!"
```

Dies erstellt einen String namens **message**, der den Text "Hello, John!" enthält.

18. Tuples

In Python ist ein Tuple eine geordnete und unveränderliche Sammlung von Elementen. Tuples ähneln Listen, unterscheiden sich aber in zwei wesentlichen Aspekten: Tuples sind unveränderlich (was bedeutet, dass du ihren Inhalt nach der Erstellung nicht mehr ändern kannst) und werden in der Regel verwendet, um zusammengehörige Daten zu gruppieren.

Du kannst ein Tuple in Python mit runden Klammern **(...)** oder der Funktion **tuple()** erstellen. Zum Beispiel:

```
tuple1 = (1, 2, 3)
tuple2 = tuple(['a', 'b', 'c'])
```

Du kannst auf einzelne Elemente eines Tuples über ihren Index zugreifen (beginnend bei 0), genau wie bei einer Liste. Zum Beispiel:

Du kannst auch die Slicing-Notation verwenden, um einen Teil eines Tuples zu extrahieren, genau wie bei einer Liste. Zum Beispiel:

```
print(tuple1[0])  # prints 1
```

Du kannst auch die Slicing-Notation verwenden, um einen Teil eines Tuples zu extrahieren, genau wie bei einer Liste. Zum Beispiel:

```
tuple3 = tuple1[1:]
print(tuple3)  # prints (2, 3)
```

Dies erstellt ein neues Tuple namens **tuple3**, das die Elemente an den Indizes 1 und 2 des ursprünglichen Tuples **tuple1** enthält.

Da Tuples unveränderlich sind, kannst du ihren Inhalt nach der Erstellung nicht mehr ändern. Du kannst jedoch ein neues Tuple erstellen, indem du bestehende Tuples verkettest, wie hier:

```
tuple4 = tuple1 + tuple2
print(tuple4)  # prints (1, 2, 3, 'a', 'b', 'c')
```

Dies erstellt ein neues Tuple namens **tuple4**, das alle Elemente von **tuple1** gefolgt von allen Elementen von **tuple2** enthält.

Tuples sind für verschiedene Anwendungen in Python nützlich, wie das Speichern zusammengehöriger Daten, das Übergeben mehrerer Werte als einzelnes Argument an eine Funktion und das Zurückgeben mehrerer Werte aus einer Funktion.

19. Benutzereingabe:

Die Benutzereingabe ermöglicht es deinem Code, während der Ausführung Informationen vom Benutzer zu erhalten. In Python kannst du die Funktion **input()** verwenden, um den Benutzer zur Eingabe von Daten aufzufordern und seine Antwort in einer Variable zu speichern.

Du kannst beispielsweise den Benutzer nach seinem Namen fragen und ihn in einer Variable so speichern:

```
name = input("What is your name? ")
print("Hello, " + name + "!")
```

Dies fordert den Benutzer auf, seinen Namen einzugeben und speichert seine Antwort in der Variable **name**, die dann verwendet wird, um eine personalisierte Begrüßung auszugeben.

20. Variablen:

Variablen werden in Python verwendet, um Daten zu speichern. Du kannst dir eine Variable als einen Behälter vorstellen, der einen Wert aufbewahrt. In Python kannst du eine Variable erstellen, indem du ihr einen Namen gibst und ihr mit dem Symbol **=** einen Wert zuweist.

Wenn du beispielsweise den Wert 10 in einer Variable namens **x** speichern möchtest, kannst du schreiben:

```
x = 10
```

Dann kannst du die Variable **x** in deinem Code verwenden, um auf den Wert 10 zu verweisen. Du kannst zum Beispiel 5 zu **x** addieren, indem du schreibst:

```
x = x + 5
```

Dies aktualisiert den Wert von **x** auf 15. Danach kannst du **x** in deinem Code verwenden, um auf den aktualisierten Wert 15 zu verweisen.

Übungen für Anfänger

Übung 1: Berechnung der Kreisfläche

Konzepte:

- Grundlegende Arithmetik
- Ein-/Ausgabe
- Variablen

Beschreibung: Schreiben Sie ein Python-Programm, das den Radius eines Kreises als Benutzereingabe entgegennimmt und dessen Fläche berechnet.

Lösung:

```python
import math

radius = float(input("Enter the radius of the circle: "))
area = math.pi * (radius ** 2)

print(f"The area of the circle with radius {radius} is {area:.2f}")
```

Übung 2: Wort-Häufigkeitszähler

Konzepte:

- Zeichenketten
- Dictionaries
- Schleifen

Beschreibung: Schreiben Sie ein Python-Programm, das eine Zeichenkette als Eingabe entgegennimmt und die Häufigkeit jedes Wortes in der Zeichenkette zählt.

Lösung:

```
input_string = input("Enter a sentence: ")
words = input_string.lower().split()
word_count = {}

for word in words:
    if word in word_count:
        word_count[word] += 1
    else:
        word_count[word] = 1

print("Word frequencies:", word_count)
```

Übung 3: Einfacher Temperaturumrechner

Konzepte:

- Funktionen

- Bedingte Anweisungen

- Benutzereingabe

Beschreibung: Schreiben Sie ein Python-Programm, das Temperaturen zwischen Grad Celsius und Fahrenheit umrechnet. Das Programm sollte den Benutzer nach der Temperatureinheit und dem umzurechnenden Wert fragen.

Lösung:

```
def celsius_to_fahrenheit(celsius):
    return (celsius * 9/5) + 32

def fahrenheit_to_celsius(fahrenheit):
    return (fahrenheit - 32) * 5/9

unit = input("Enter the temperature unit (C for Celsius, F for Fahrenheit): ")
value = float(input("Enter the temperature value to be converted: "))

if unit.upper() == "C":
    print(f"{value} Celsius is {celsius_to_fahrenheit(value):.2f} Fahrenheit.")
elif unit.upper() == "F":
    print(f"{value} Fahrenheit is {fahrenheit_to_celsius(value):.2f} Celsius.")
else:
    print("Invalid temperature unit.")
```

Übung 4: Prüfer für gerade und ungerade Zahlen

Konzepte:

- Modulare Arithmetik

- Bedingte Anweisungen

Beschreibung: Schreiben Sie ein Python-Programm, das prüft, ob eine gegebene Zahl gerade oder ungerade ist.

Lösung:

```python
number = int(input("Enter an integer: "))

if number % 2 == 0:
    print(f"{number} is even.")
else:
    print(f"{number} is odd.")
```

Übung 5: Einfache Dateioperationen

Konzepte:

- Datei-Ein-/Ausgabe

- Ausnahmebehandlung

- Zeichenkettenmanipulation

Beschreibung: Schreiben Sie ein Python-Programm, das eine Textdatei liest, ihren Inhalt in Großbuchstaben umwandelt und das Ergebnis in eine neue Datei schreibt. Wenn die Eingabedatei nicht existiert, zeigen Sie eine Fehlermeldung an.

Lösung:

```python
input_file = input("Enter the name of the input file: ")
output_file = input("Enter the name of the output file: ")

try:
    with open(input_file, "r") as infile:
        content = infile.read()
    uppercase_content = content.upper()

    with open(output_file, "w") as outfile:
        outfile.write(uppercase_content)

    print("The content has been converted to uppercase and saved in the output file.")
except FileNotFoundError:
```

```
    print(f"The file '{input_file}' does not exist.")
```

Übung 6: Liste von Vielfachen

Konzepte:

- Schleifen

- Listen

- Arithmetik

Beschreibung: Schreiben Sie ein Python-Programm, das eine Zahl als Eingabe entgegennimmt und eine Liste mit ihren ersten 10 Vielfachen zurückgibt.

Lösung:

```
number = int(input("Enter a number: "))
multiples = [number * i for i in range(1, 11)]

print(f"The first 10 multiples of {number} are: {multiples}")
```

Übung 7: Palindrom-Prüfer

Konzepte:

- Zeichenketten

- Bedingte Anweisungen

- Zeichenkettenmanipulation

Beschreibung: Schreiben Sie ein Python-Programm, das prüft, ob ein gegebenes Wort oder ein gegebener Satz ein Palindrom ist. Ignorieren Sie Leerzeichen, Satzzeichen und Groß-/Kleinschreibung.

Lösung:

```
import re

input_string = input("Enter a word or phrase: ")
processed_string = re.sub(r'\\W+', '', input_string.lower())
reversed_string = processed_string[::-1]

if processed_string == reversed_string:
    print(f"'{input_string}' is a palindrome.")
else:
```

```
print(f"'{input_string}' is not a palindrome.")
```

Übung 8: Einfacher Zinsrechner

Konzepte:

- Arithmetik

- Ein-/Ausgabe

- Variablen

Beschreibung: Schreiben Sie ein Python-Programm, das den einfachen Zins für einen gegebenen Kapitalbetrag, einen Zinssatz und eine Anzahl von Jahren berechnet.

Lösung:

```
principal = float(input("Enter the principal amount: "))
rate = float(input("Enter the rate of interest (percentage): "))
years = int(input("Enter the number of years: "))

interest = principal * rate * years / 100
total_amount = principal + interest

print(f"The simple interest is: {interest:.2f}")
print(f"The total amount after {years} years is: {total_amount:.2f}")
```

Übung 9: Fibonacci-Sequenz-Generator

Konzepte:

- Schleifen

- Listen

- Funktionen

Beschreibung: Schreiben Sie ein Python-Programm, das die ersten n Zahlen der Fibonacci-Sequenz generiert, wobei n vom Benutzer angegeben wird.

Lösung:

```
def generate_fibonacci(n):
    sequence = [0, 1]

    for i in range(2, n):
        sequence.append(sequence[-1] + sequence[-2])
```

```
    return sequence[:n]

n = int(input("Enter the number of Fibonacci numbers to generate: "))
fibonacci_sequence = generate_fibonacci(n)

print(f"The first {n} Fibonacci numbers are: {fibonacci_sequence}")
```

Übung 10: Schaltjahr-Prüfer

Konzepte:

- Bedingte Anweisungen

- Modulare Arithmetik

Beschreibung: Schreiben Sie ein Python-Programm, das prüft, ob ein gegebenes Jahr ein Schaltjahr ist.

Lösung:

```
year = int(input("Enter a year: "))

if (year % 4 == 0 and year % 100 != 0) or (year % 400 == 0):
    print(f"{year} is a leap year.")
else:
    print(f"{year} is not a leap year.")
```

Übung 11: Primzahlen-Prüfer

Konzepte:

- Schleifen

- Bedingte Anweisungen

- Funktionen

Beschreibung: Schreiben Sie ein Python-Programm, das prüft, ob eine gegebene Zahl eine Primzahl ist.

Lösung:

```
def is_prime(number):
    if number <= 1:
        return False
```

```
        for i in range(2, number):
            if number % i == 0:
                return False
        return True

number = int(input("Enter a number: "))

if is_prime(number):
    print(f"{number} is a prime number.")
else:
    print(f"{number} is not a prime number.")
```

Übung 12: Zählen von Vokalen in einer Zeichenkette

Konzepte:

- Zeichenketten

- Schleifen

- Dictionaries

Beschreibung: Schreiben Sie ein Python-Programm, das die Anzahl der Vokale in einer gegebenen Zeichenkette zählt.

Lösung:

```
input_string = input("Enter a string: ").lower()
vowels = "aeiou"
vowel_count = {}

for char in input_string:
    if char in vowels:
        if char in vowel_count:
            vowel_count[char] += 1
        else:
            vowel_count[char] = 1

print("Vowel count:", vowel_count)
```

Übung 13: Berechnung der Fakultät einer Zahl

Konzepte:

- Schleifen

- Bedingte Anweisungen

- Funktionen

Beschreibung: Schreiben Sie ein Python-Programm, das die Fakultät einer gegebenen Zahl mit Hilfe von Schleifen berechnet.

Lösung:

```python
def factorial(number):
    if number == 0 or number == 1:
        return 1

    result = 1
    for i in range(2, number + 1):
        result *= i

    return result

number = int(input("Enter a number: "))
print(f"The factorial of {number} is {factorial(number)}")
```

Übung 14: Summe der Ziffern einer Zahl

Konzepte:

- Schleifen

- Arithmetik

- Zeichenketten

Beschreibung: Schreiben Sie ein Python-Programm, das die Summe der Ziffern einer gegebenen ganzen Zahl berechnet.

Lösung:

```python
number = int(input("Enter an integer: "))
sum_of_digits = sum(int(digit) for digit in str(number))

print(f"The sum of the digits of {number} is {sum_of_digits}")
```

Übung 15: Caesar-Verschlüsselung

Konzepte:

- Zeichenketten

- Schleifen

- Modulare Arithmetik

Beschreibung: Schreiben Sie ein Python-Programm, das eine einfache Caesar-Verschlüsselung implementiert. Das Programm soll eine Zeichenkette und einen ganzzahligen Verschiebungswert als Eingabe nehmen und die verschlüsselte Zeichenkette zurückgeben.

Lösung:

```python
def caesar_cipher(text, shift):
    encrypted = []

    for char in text:
        if char.isalpha():
            shift_amount = shift % 26
            new_ord = ord(char) + shift_amount

            if char.islower():
                if new_ord > ord("z"):
                    new_ord -= 26
            else:
                if new_ord > ord("Z"):
                    new_ord -= 26

            encrypted.append(chr(new_ord))
        else:
            encrypted.append(char)

    return "".join(encrypted)

text = input("Enter a string: ")
shift = int(input("Enter the shift value: "))

encoded_text = caesar_cipher(text, shift)
print(f"The encoded text is: {encoded_text}")
```

Übung 16: Umkehrung einer Zeichenkette

Konzepte:

- Zeichenketten

- Schleifen

- Slicing

Beschreibung: Schreiben Sie ein Python-Programm, das eine gegebene Zeichenkette umkehrt.

Lösung:

```python
input_string = input("Enter a string: ")
```

```
reversed_string = input_string[::-1]

print(f"The reversed string is: {reversed_string}")
```

Übung 17: Zählen der Vorkommen eines Zeichens

Konzepte:

- Zeichenketten
- Schleifen
- Dictionaries

Beschreibung: Schreiben Sie ein Python-Programm, das die Vorkommen eines bestimmten Zeichens in einer gegebenen Zeichenkette zählt.

Lösung:

```
input_string = input("Enter a string: ")
target_char = input("Enter a character to count: ")

count = input_string.lower().count(target_char.lower())
print(f"The character '{target_char}' occurs {count} times in the string.")
```

Übung 18: Ausgabe des ASCII-Werts eines Zeichens

Konzepte:

- Ein-/Ausgabe
- Funktion ord()

Beschreibung: Schreiben Sie ein Python-Programm, das ein einzelnes Zeichen als Eingabe nimmt und seinen ASCII-Wert anzeigt.

Lösung:

```
char = input("Enter a single character: ")

if len(char) == 1:
    print(f"The ASCII value of '{char}' is {ord(char)}")
else:
    print("Invalid input. Please enter a single character.")
```

Übung 19: Einfacher Taschenrechner

Konzepte:

- Funktionen

- Ein-/Ausgabe

- Bedingte Anweisungen

Beschreibung: Schreiben Sie ein Python-Programm, das einen einfachen Taschenrechner erstellt, der Addition, Subtraktion, Multiplikation und Division durchführen kann. Das Programm soll den Benutzer nach der Operation, den beiden Zahlen fragen und dann das Ergebnis anzeigen.

Lösung:

```python
def add(x, y):
    return x + y

def subtract(x, y):
    return x - y

def multiply(x, y):
    return x * y

def divide(x, y):
    return x / y

operation = input("Enter the operation (add, subtract, multiply, divide): ")
num1 = float(input("Enter the first number: "))
num2 = float(input("Enter the second number: "))

if operation.lower() == "add":
    print(f"The result is: {add(num1, num2)}")
elif operation.lower() == "subtract":
    print(f"The result is: {subtract(num1, num2)}")
elif operation.lower() == "multiply":
    print(f"The result is: {multiply(num1, num2)}")
elif operation.lower() == "divide":
    if num2 == 0:
        print("Error: Division by zero is not allowed.")
    else:
        print(f"The result is: {divide(num1, num2)}")
else:
    print("Invalid operation.")
```

Übung 20: Längstes Wort in einem Satz

Konzepte:

- Zeichenketten

- Schleifen

- Zeichenkettenmanipulation

Beschreibung: Schreiben Sie ein Python-Programm, das einen Satz als Eingabe nimmt und das längste Wort des Satzes zurückgibt.

Lösung:

```python
input_sentence = input("Enter a sentence: ")
words = input_sentence.split()

longest_word = ""
max_length = 0

for word in words:
    if len(word) > max_length:
        max_length = len(word)
        longest_word = word

print(f"The longest word in the sentence is: {longest_word}")
```

Übung 21: Durchschnitt von Zahlen in einer Liste berechnen

Konzepte:

- Listen

- Schleifen

- Arithmetik

Beschreibung: Schreiben Sie ein Python-Programm, das den Durchschnitt einer Liste von Zahlen berechnet.

Lösung:

```python
numbers = [float(x) for x in input("Enter a list of numbers separated by spaces: ").split()]
average = sum(numbers) / len(numbers)

print(f"The average of the numbers is: {average:.2f}")
```

Übung 22: Gemeinsame Elemente in zwei Listen

Konzepte:

- Listen

- Schleifen

- Mengen

Beschreibung: Schreiben Sie ein Python-Programm, das zwei Listen nimmt und eine Liste mit gemeinsamen Elementen zurückgibt.

Lösung:

```python
list1 = input("Enter the first list of numbers separated by spaces: ").split()
list2 = input("Enter the second list of numbers separated by spaces: ").split()

common_elements = list(set(list1) & set(list2))
print(f"The common elements in the two lists are: {common_elements}")
```

Übung 23: Die kleinste und größte Zahl in einer Liste finden

Konzepte:

- Listen

- Schleifen

- Funktionen min() und max()

Beschreibung: Schreiben Sie ein Python-Programm, das eine Liste von Zahlen als Eingabe nimmt und die kleinste und größte Zahl der Liste zurückgibt.

Lösung:

```python
numbers = [float(x) for x in input("Enter a list of numbers separated by spaces: ").split()]

smallest_number = min(numbers)
largest_number = max(numbers)

print(f"The smallest number is: {smallest_number}")
print(f"The largest number is: {largest_number}")
```

Übung 24: Duplikate aus einer Liste entfernen

Konzepte:

- Listen

- Mengen

- List Comprehensions

Beschreibung: Schreiben Sie ein Python-Programm, das eine Liste nimmt und eine neue Liste ohne Duplikate zurückgibt.

Lösung:

```python
input_list = input("Enter a list of elements separated by spaces: ").split()
unique_list = list(dict.fromkeys(input_list))

print(f"The list without duplicates is: {unique_list}")
```

Übung 25: Eine Liste in aufsteigender und absteigender Reihenfolge sortieren

Konzepte:

- Listen

- Sortierung

Beschreibung: Schreiben Sie ein Python-Programm, das eine Liste von Zahlen als Eingabe nimmt und dieselbe Liste in aufsteigender und absteigender Reihenfolge sortiert zurückgibt.

Lösung:

```python
numbers = [float(x) for x in input("Enter a list of numbers separated by spaces: ").split()]

ascending_sorted_list = sorted(numbers)
descending_sorted_list = sorted(numbers, reverse=True)

print(f"The list sorted in ascending order is: {ascending_sorted_list}")
print(f"The list sorted in descending order is: {descending_sorted_list}")
```

Übung 26: Quadrat und Würfel von Zahlen in einer Liste

Konzepte:

- Listen

- Schleifen

- List Comprehensions

Beschreibung: Schreiben Sie ein Python-Programm, das eine Liste von Zahlen nimmt und eine neue Liste zurückgibt, die das Quadrat und den Würfel jeder Zahl enthält.

Lösung:

```
numbers = [int(x) for x in input("Enter a list of numbers separated by spaces:
").split()]
squares_and_cubes = [(x**2, x**3) for x in numbers]

print(f"The squares and cubes of the numbers are: {squares_and_cubes}")
```

Übung 27: Zählen der Anzahl von Wörtern in einem Satz

Konzepte:

- Zeichenketten

- Zeichenkettenmanipulation

Beschreibung: Schreiben Sie ein Python-Programm, das einen Satz als Eingabe nimmt und die Anzahl der Wörter im Satz zählt.

Lösung:

```
input_sentence = input("Enter a sentence: ")
words = input_sentence.split()
word_count = len(words)

print(f"The number of words in the sentence is: {word_count}")
```

Übung 28: Zwei Variablen tauschen

Konzepte:

- Variablen

- Tupel

Beschreibung: Schreiben Sie ein Python-Programm, das zwei Variablen als Eingabe nimmt und ihre Werte austauscht.

Lösung:

```python
x = input("Enter the value of x: ")
y = input("Enter the value of y: ")

print(f"Before swapping: x = {x}, y = {y}")

x, y = y, x

print(f"After swapping: x = {x}, y = {y}")
```

Übung 29: Abstand zwischen zwei Punkten

Konzepte:

- Funktionen

- Ein-/Ausgabe

- Math-Modul

Beschreibung: Schreiben Sie ein Python-Programm, das den Abstand zwischen zwei Punkten in einem 2D-Raum berechnet. Die Koordinaten der Punkte sollen vom Benutzer eingegeben werden.

Lösung:

```python
import math

def distance(x1, y1, x2, y2):
    return math.sqrt((x2 - x1)**2 + (y2 - y1)**2)

x1, y1 = map(float, input("Enter the coordinates of the first point (x1, y1): ").split())
x2, y2 = map(float, input("Enter the coordinates of the second point (x2, y2): ").split())

result = distance(x1, y1, x2, y2)
print(f"The distance between the two points is: {result:.2f}")
```

Übung 30: Temperatur von Celsius in Fahrenheit umrechnen und umgekehrt

Konzepte:

- Funktionen

- Ein-/Ausgabe

- Bedingte Anweisungen

Beschreibung: Schreiben Sie ein Python-Programm, das Temperaturen zwischen Grad Celsius und Grad Fahrenheit umrechnet. Der Benutzer soll den Temperaturwert und die Einheit angeben.

Lösung:

```python
def celsius_to_fahrenheit(celsius):
    return (celsius * 9/5) + 32

def fahrenheit_to_celsius(fahrenheit):
    return (fahrenheit - 32) * 5/9

temperature = float(input("Enter the temperature value: "))
unit = input("Enter the unit (C for Celsius, F for Fahrenheit): ")

if unit.upper() == "C":
    result = celsius_to_fahrenheit(temperature)
    print(f"{temperature} Celsius is equal to {result:.2f} Fahrenheit")
elif unit.upper() == "F":
    result = fahrenheit_to_celsius(temperature)
    print(f"{temperature} Fahrenheit is equal to {result:.2f} Celsius")
else:
    print("Invalid unit. Please enter 'C' for Celsius or 'F' for Fahrenheit.")
```

Mittelstufe - Konzepte

1. Asynchrone Programmierung mit asyncio

Asynchrone Programmierung ist ein Programmierparadigma, das es dir ermöglicht, Programme zu schreiben, die mehrere Aufgaben gleichzeitig ausführen können, ohne den Hauptausführungsthread zu blockieren. Python bietet ein eingebautes Modul namens **asyncio**, mit dem du asynchrone Programme mithilfe von Koroutinen und Event-Loops schreiben kannst. Hier ist ein Beispiel:

```python
import asyncio

async def say_hello():
    print('Hello')
    await asyncio.sleep(1)
    print('World')

async def main():
    await asyncio.gather(say_hello(), say_hello())

asyncio.run(main())
```

In diesem Beispiel definieren wir zwei Koroutinen (**say_hello()** und **main()**), die das Schlüsselwort **async** verwenden, um anzuzeigen, dass sie asynchron ausgeführt werden können. Innerhalb der Koroutine **say_hello()** geben wir 'Hallo' aus, warten 1 Sekunde mit der Funktion **asyncio.sleep()** und geben dann 'Welt' aus.

In der Koroutine **main()** verwenden wir die Funktion **asyncio.gather()**, um die Koroutine **say_hello()** zweimal gleichzeitig auszuführen. Schließlich verwenden wir die Funktion **asyncio.run()**, um die Koroutine **main()** in einer Event-Loop auszuführen.

2. Grundlegende Datenanalyse mit Pandas

Pandas bietet auch Werkzeuge für die grundlegende Datenanalyse, wie die Berechnung von zusammenfassenden Statistiken und die Erstellung von Diagrammen. Hier sind einige Beispiele:

- Zusammenfassende Statistiken: Du kannst zusammenfassende Statistiken für einen DataFrame oder eine bestimmte Spalte mit Methoden wie **describe()**, **mean()**, **median()**, **std()** und **var()** berechnen. Um beispielsweise den Mittelwert und die Standardabweichung einer Spalte zu berechnen, kannst du den folgenden Code verwenden:

```
mean = df['column_name'].mean()
std = df['column_name'].std()
```

- Diagramme: Du kannst verschiedene Arten von Diagrammen mit der Methode **plot()** eines DataFrames oder einer bestimmten Spalte erstellen. Pandas verwendet Matplotlib, um die Diagramme zu erstellen. Um beispielsweise ein Liniendiagramm einer Spalte zu erstellen, kannst du den folgenden Code verwenden:

```
df['column_name'].plot(kind='line')
```

Du kannst das Diagramm auch anpassen, indem du zusätzliche Parameter an die Methode **plot()** übergibst.

3. Browser-Automatisierung und DOM-Manipulation

Browser-Automatisierung und DOM-Manipulation sind Techniken zur Interaktion mit Webseiten mittels Skripten oder automatisierten Tools. Die Python-Bibliothek **Selenium** bietet ein leistungsstarkes und flexibles Framework zur Automatisierung von Webbrowsern und zur Durchführung von Web-Scraping-Aufgaben.

Hier ist ein Beispiel, wie du **Selenium** verwenden kannst, um einen Webbrowser zu automatisieren und das DOM zu manipulieren:

```
from selenium import webdriver

# Create a webdriver instance and load a website
driver = webdriver.Chrome()
driver.get('<https://www.example.com>')

# Find an element on the page using a CSS selector and set its value
element = driver.find_element_by_css_selector('#search')
element.send_keys('python')

# Submit a form on the page
form = driver.find_element_by_css_selector('#search-form')
form.submit()

# Wait for some time to let the search results load
driver.implicitly_wait(10)
```

```
# Find a list of links on the search results page and click the first one
links = driver.find_elements_by_css_selector('.result a')
links[0].click()

# Wait for some time to let the new page load
driver.implicitly_wait(10)

# Print the title of the new page
print(driver.title)

# Close the browser window
driver.quit()
```

In diesem Beispiel erstellen wir eine **webdriver**-Instanz mit dem Chrome-Browsertreiber und laden eine Website namens **https://www.example.com**. Wir verwenden verschiedene von **Selenium** bereitgestellte Methoden, um mit Elementen auf der Seite zu interagieren, wie das Finden eines Elements anhand seines CSS-Selektors, das Setzen seines Wertes, das Absenden eines Formulars und das Klicken auf einen Link. Dann warten wir eine Weile, damit die Suchergebnisse und die neue Seite geladen werden können, und geben den Titel der neuen Seite mit dem Attribut **title** der **webdriver**-Instanz aus. Schließlich schließen wir das Browserfenster mit der Methode **quit()**.

4. Klassen, Objekte und Vererbung

Klassen, Objekte und Vererbung sind grundlegende Konzepte in der objektorientierten Programmierung (OOP). Eine Klasse ist ein Bauplan zur Erstellung von Objekten, die Instanzen der Klasse sind. Eine Klasse definiert die Attribute (Daten) und Methoden (Funktionen) eines Objekts. Vererbung ist ein Mechanismus in der OOP, der es einer Klasse ermöglicht, Attribute und Methoden einer anderen Klasse zu erben.

Hier ist ein Beispiel, wie man Python verwendet, um Klassen, Objekte und Vererbung zu definieren:

```
class Animal:
    def __init__(self, name):
        self.name = name

    def speak(self):
        print(f"{self.name} makes a sound.")

class Dog(Animal):
    def __init__(self, name):
        super().__init__(name)

    def speak(self):
        print(f"{self.name} barks.")
```

```
# Create objects and call their methods
a = Animal("Generic animal")
a.speak()
d = Dog("Rover")
d.speak()
```

In diesem Beispiel definieren wir zwei Klassen: **Animal** und **Dog**. Die Klasse **Animal** hat eine **_init_()**-Methode, die das Attribut **name** initialisiert, und eine **speak()**-Methode, die eine allgemeine Nachricht ausgibt. Die Klasse **Dog** erbt von der Klasse **Animal** und überschreibt die **speak()**-Methode mit einer spezifischen Nachricht. Wir erstellen Objekte beider Klassen und rufen ihre **speak()**-Methoden auf. Dieses Beispiel demonstriert die grundlegenden Prinzipien von Klassen, Objekten und Vererbung in Python.

5. Kommandozeilenargumente mit dem argparse-Modul

Das **argparse**-Modul bietet eine Möglichkeit, Kommandozeilenargumente in einem Python-Skript zu analysieren. Es ermöglicht dir, die Argumente zu definieren, die dein Skript erwartet, sowie deren Typen, und es generiert Hilfemeldungen und Fehlermeldungen für den Benutzer. Hier ist ein Beispiel:

```
import argparse

parser = argparse.ArgumentParser(description='Description of your script')
parser.add_argument('-f', '--file', type=str, required=True, help='Path to the input file')
parser.add_argument('-n', '--number', type=int, default=10, help='Number of items to process')
args = parser.parse_args()

print(args.file)
print(args.number)
```

In diesem Beispiel erwartet das Skript zwei Argumente: **-f/--file**, das ein erforderliches Argument vom Typ String ist, und **-n/--number**, das ein optionales Argument vom Typ Integer mit einem Standardwert von 10 ist. Wenn das Skript mit der Option **-h** oder **--help** ausgeführt wird, generiert argparse eine Hilfemeldung basierend auf den von dir definierten Argumenten.

6. Datenbankverbindung mit dem SQLite3-Modul

Das **sqlite3**-Modul in Python bietet eine einfache Möglichkeit, mit SQLite-Datenbanken zu arbeiten. SQLite ist eine leichtgewichtige, serverlose Datenbank-Engine, die Daten in einer einzelnen Datei auf der Festplatte speichert. Das **sqlite3**-Modul ermöglicht es dir, Datenbanken zu erstellen und zu manipulieren sowie SQL-Befehle gegen sie auszuführen.

Hier ist ein Beispiel, wie man Python verwendet, um eine Verbindung zu einer SQLite-Datenbank herzustellen:

```python
import sqlite3

# Connect to a database (or create it if it doesn't exist)
conn = sqlite3.connect('example.db')

# Create a table and insert some data
c = conn.cursor()
c.execute('''CREATE TABLE users (id INTEGER PRIMARY KEY, name TEXT, email TEXT)''')
c.execute('''INSERT INTO users (name, email) VALUES (?, ?)''', ('John',
'john@example.com'))
c.execute('''INSERT INTO users (name, email) VALUES (?, ?)''', ('Jane',
'jane@example.com'))

# Commit the changes and close the connection
conn.commit()
conn.close()
```

In diesem Beispiel verwenden wir die **connect()**-Methode des **sqlite3**-Moduls, um eine Verbindung zu einer SQLite-Datenbank namens **example.db** herzustellen. Wenn die Datenbank nicht existiert, wird sie erstellt. Dann erstellen wir eine Tabelle **users** mit drei Spalten: **id**, **name** und **email**. Wir fügen zwei Zeilen Daten in die Tabelle ein, indem wir die **execute()**-Methode und Platzhalter für die Werte verwenden. Schließlich bestätigen wir die Änderungen und schließen die Verbindung. Dieses Beispiel demonstriert die grundlegenden Prinzipien der Verbindung zu einer Datenbank mit dem **sqlite3**-Modul in Python.

7. Faltungsneuronale Netze und Bilderkennung

Faltungsneuronale Netze (CNN) sind eine Art neuronales Netz, die besonders gut für Bilderkennungs- und Klassifizierungsaufgaben geeignet sind. CNNs bestehen aus Faltungsschichten, die Filter auf Eingangsbilder anwenden, Pooling-Schichten, die die Größe der Ausgaben der Faltungsschichten reduzieren, und vollständig verbundenen Schichten, die die endgültige Klassifizierung durchführen. Die Python-Bibliothek **Keras** bietet eine High-Level-API zum Erstellen und Trainieren von CNNs, mit Unterstützung für eine breite Palette von Netzwerkarchitekturen, Schichten, Aktivierungen, Optimierern, Verlustfunktionen und Metriken.

Hier ist ein Beispiel, wie man **Keras** verwendet, um ein CNN für die Bilderkennung zu erstellen und zu trainieren:

```python
from keras.models import Sequential
from keras.layers import Conv2D, MaxPooling2D, Flatten, Dense
from keras.optimizers import SGD
from keras.datasets import mnist
```

PYTHON, WERDE EIN MEISTER

```python
from keras.utils import to_categorical

# Load the MNIST dataset
(X_train, y_train), (X_test, y_test) = mnist.load_data()

# Preprocess the images and labels
X_train = X_train.reshape((X_train.shape[0], 28, 28, 1))
X_test = X_test.reshape((X_test.shape[0], 28, 28, 1))
X_train = X_train.astype('float32') / 255
X_test = X_test.astype('float32') / 255
y_train = to_categorical(y_train)
y_test = to_categorical(y_test)

# Define a CNN model
model = Sequential()
model.add(Conv2D(32, (3, 3), activation='relu', input_shape=(28, 28, 1)))
model.add(MaxPooling2D((2, 2)))
model.add(Conv2D(64, (3, 3), activation='relu'))
model.add(MaxPooling2D((2, 2)))
model.add(Conv2D(64, (3, 3), activation='relu'))
model.add(Flatten())
model.add(Dense(64, activation='relu'))
model.add(Dense(10, activation='softmax'))

# Compile the model with an optimizer, loss function, and metric
model.compile(optimizer=SGD(lr=0.01),                 loss='categorical_crossentropy',
metrics=['accuracy'])

# Train the model on the training set
model.fit(X_train, y_train, epochs=5, batch_size=64)

# Evaluate the model on the testing set
loss, accuracy = model.evaluate(X_test, y_test)

# Print the results
print('Loss:', loss)
print('Accuracy:', accuracy)
```

In diesem Beispiel laden wir den MNIST-Datensatz mit der Funktion **mnist.load_data()**, verarbeiten die Bilder und Labels vor und definieren ein CNN-Modell mit der Klasse **Sequential()** und den entsprechenden Schichten **Conv2D()**, **MaxPooling2D()**, **Flatten()** und **Dense()**. Dann kompilieren wir das Modell mit einem Optimizer, einer Verlustfunktion und einer Metrik mittels der **compile()**-Methode und trainieren das Modell auf dem Trainingsdatensatz mit der **fit()**-Methode. Schließlich evaluieren wir das Modell auf dem Testdatensatz mit der **evaluate()**-Methode und geben den Verlust sowie die Genauigkeit des Modells in der Konsole aus.

Dieses Beispiel demonstriert die grundlegenden Schritte beim Aufbau und Training eines CNN mit **Keras** sowie die Bedeutung der Datenvorverarbeitung und Modellbewertung im maschinellen Lernworkflow.

8. Koroutinen

Eine Koroutine ist eine spezielle Art von Funktion, die während ihrer Ausführung pausiert und wieder fortgesetzt werden kann. Koroutinen werden umfassend in der asynchronen Programmierung eingesetzt, um mehrere Aufgaben gleichzeitig ausführen zu können, ohne den Hauptausführungsthread zu blockieren. Hier ist ein Beispiel für eine Koroutine:

```python
import asyncio

async def say_hello():
    print('Hello')
    await asyncio.sleep(1)
    print('World')

asyncio.run(say_hello())
```

In diesem Beispiel definieren wir eine Koroutine namens **say_hello()** mit dem Schlüsselwort **async**. Innerhalb der Koroutine geben wir 'Hello' aus, warten 1 Sekunde mit der Funktion **asyncio.sleep()** und geben dann 'World' aus. Anschließend führen wir die Koroutine mit der Funktion **asyncio.run()** aus.

Koroutinen ähneln regulären Funktionen, verwenden jedoch das Schlüsselwort **await**, um anzuzeigen, dass sie auf ein Ergebnis warten oder eine Aufgabe abgeschlossen wird. Koroutinen können mithilfe einer Ereignisschleife gleichzeitig ausgeführt werden.

9. Erstellung und Manipulation von Arrays

Arrays sind eine grundlegende Datenstruktur in der Informatik und werden häufig für verschiedene Datenanalyseaufgaben verwendet. Python bietet einen umfassenden Satz von Werkzeugen zur Erstellung und Manipulation von Arrays, darunter die Klassen **list** und **array** sowie spezialisierte Bibliotheken wie NumPy und Pandas.

Hier ist ein Beispiel, wie man Python verwendet, um Arrays zu erstellen und zu manipulieren:

```python
import array

# Create a Python array
a = array.array('i', [1, 2, 3, 4, 5])

# Print the array and its properties
print(a)
```

```
print(a.typecode)
print(len(a))

# Manipulate the array
a[2] = 6
b = a[1:4]
c = array.array('i', [6, 7, 8])
d = a + c

# Print the results
print(a)
print(b)
print(d)
```

In diesem Beispiel verwenden wir die Klasse **array** aus der Python-Standardbibliothek, um ein Python-Array **a** zu erstellen, und geben seinen Typcode und seine Länge aus. Dann manipulieren wir das Array, indem wir eines seiner Elemente ändern, einen Teilbereich des Arrays erstellen und ein anderes Array hinzufügen. Schließlich geben wir die Ergebnisse dieser Operationen aus. Dieses Beispiel demonstriert die grundlegenden Prinzipien des Erstellens und Manipulierens von Arrays in Python.

10. Tabellenerstellung und Dateneinfügung

Wenn du mit relationalen Datenbanken arbeitest, erstellst du typischerweise Tabellen, um deine Daten zu speichern. Du kannst Tabellen erstellen und Daten einfügen, indem du SQL-Anweisungen verwendest. Hier ist ein Beispiel:

```
import sqlite3

# Connect to the database
conn = sqlite3.connect('example.db')

# Create a cursor object to execute SQL queries
c = conn.cursor()

# Create a table
c.execute('''CREATE TABLE users
             (id INTEGER PRIMARY KEY, name TEXT, age INTEGER)''')

# Insert data into the table
c.execute("INSERT INTO users VALUES (1, 'John', 30)")
c.execute("INSERT INTO users VALUES (2, 'Jane', 25)")

# Commit the changes
conn.commit()

# Close the connection
conn.close()
```

In diesem Beispiel stellen wir zunächst eine Verbindung zu einer Datenbank namens **example.db** her. Dann erstellen wir eine Tabelle namens **users** mit drei Spalten (**id**, **name** und **age**) und fügen zwei Zeilen mit Daten ein. Wir bestätigen die Änderungen in der Datenbank und schließen dann die Verbindung zur Datenbank.

11. Tabellenerstellung und Datenabfrage

Das Erstellen von Tabellen und Abfragen von Daten sind grundlegende Operationen in relationalen Datenbanken. Die Python-Bibliothek **sqlite3** bietet eine leichtgewichtige und benutzerfreundliche Schnittstelle für die Arbeit mit SQLite-Datenbanken, die eine beliebte Option für kleine und mittlere Projekte sind.

Hier ist ein Beispiel, wie man eine Datenbanktabelle erstellt und Daten mit **sqlite3** abfragt:

```python
import sqlite3

# Connect to a database
conn = sqlite3.connect('example.db')

# Create a database table
conn.execute('CREATE TABLE users (id INTEGER PRIMARY KEY, name TEXT, email TEXT)')

# Insert some data into the table
conn.execute('INSERT INTO users (name, email) VALUES (?, ?)', ('John Doe',
'john@example.com'))
conn.execute('INSERT INTO users (name, email) VALUES (?, ?)', ('Jane Smith',
'jane@example.com'))
conn.commit()

# Query the data from the table
cursor = conn.execute('SELECT name, email FROM users')
rows = cursor.fetchall()
for row in rows:
    print(row[0], row[1])
```

In diesem Beispiel stellen wir eine Verbindung zu einer SQLite-Datenbank namens **'example.db'** mit der Funktion **sqlite3.connect()** her. Wir erstellen eine Datenbanktabelle namens **'users'** mit der **execute()**-Methode des Verbindungsobjekts und fügen mit der **execute()**-Methode und SQL-Abfragen einige Daten in die Tabelle ein. Schließlich fragen wir die Daten aus der Tabelle mit der **execute()**-Methode und einer SELECT-Anweisung ab und geben die Ergebnisse mit einer for-Schleife aus.

Es ist wichtig zu beachten, dass die **execute()**-Methode ein Cursor-Objekt zurückgibt, das wir verwenden können, um die Ergebnisse einer Abfrage zu erhalten. Die **fetchall()**-Methode des Cursor-Objekts gibt eine Liste von Tupeln zurück, wobei jedes Tupel die Werte einer Zeile im Ergebnissatz enthält.

12. Datenanalyse mit Pandas

Pandas ist eine leistungsstarke Bibliothek zur Datenanalyse für Python. Hier sind einige Beispiele für das, was du mit Pandas machen kannst:

- Datenbereinigung: Du kannst Pandas verwenden, um deine Daten zu bereinigen und vorzuverarbeiten. Dies umfasst den Umgang mit fehlenden Werten, die Transformation von Datentypen und die Behandlung von Ausreißern und Fehlern.

- Datenexploration: Pandas bietet Werkzeuge zur Erkundung und Visualisierung deiner Daten. Dazu gehören die Berechnung von zusammenfassenden Statistiken, die Erstellung von Histogrammen und Streudiagrammen sowie die Gruppierung und Aggregation von Daten.

- Datenmodellierung: Du kannst Pandas verwenden, um prädiktive Modelle zu erstellen und zu bewerten. Dies umfasst Feature-Engineering, Modellauswahl und Hyperparameter-Tuning.

Insgesamt bietet Pandas eine umfassende Sammlung von Werkzeugen für die Arbeit mit Daten in Python.

13. Datenanalyse mit NumPy

NumPy ist eine beliebte numerische Berechnungsbibliothek für Python, die ein leistungsstarkes Array-Objekt und eine umfassende Sammlung von Werkzeugen für die Arbeit mit Arrays bietet. NumPy-Arrays werden für eine Vielzahl von Datenanalyseaufgaben verwendet, darunter statistische Analysen, Datenverarbeitung und wissenschaftliche Berechnungen.

Hier ist ein Beispiel dafür, wie man NumPy zum Erstellen und Manipulieren von Arrays verwendet:

```python
import numpy as np

# Create a NumPy array
a = np.array([1, 2, 3, 4, 5])

# Print the array and its properties
print(a)
print(a.shape)
print(a.dtype)

# Perform array operations
b = a + 1
c = a * 2
d = np.sqrt(a)
e = np.sum(a)
```

```
# Print the results
print(b)
print(c)
print(d)
print(e)
```

In diesem Beispiel verwenden wir die **numpy**-Bibliothek, um ein NumPy-Array **a** zu erstellen, und geben seine Form und seinen Datentyp aus. Dann führen wir verschiedene Operationen mit dem Array durch, einschließlich Addition, Multiplikation, Quadratwurzel und Summierung. Schließlich geben wir die Ergebnisse dieser Operationen aus. Dieses Beispiel demonstriert die grundlegenden Prinzipien der Verwendung von NumPy für die Datenanalyse.

14. Datenverschlüsselung mit der cryptography-Bibliothek

Datenverschlüsselung ist der Prozess der Umwandlung von Klartext in einen geheimen Code, um ihn vor unbefugtem Zugriff zu schützen. Die **cryptography**-Bibliothek von Python bietet eine breite Palette kryptographischer Primitive wie Verschlüsselungen, Hashes und Nachrichtenauthentifizierungscodes, um dir bei der Implementierung von Ver- und Entschlüsselungsalgorithmen in deinen Python-Programmen zu helfen.

Hier ist ein Beispiel, wie man Daten mit der **cryptography**-Bibliothek verschlüsselt und entschlüsselt:

```
from cryptography.fernet import Fernet

# Generate a secret key
key = Fernet.generate_key()

# Create a Fernet cipher object
cipher = Fernet(key)

# Encrypt the data
data = b'some plain text data'
encrypted_data = cipher.encrypt(data)

# Decrypt the data
decrypted_data = cipher.decrypt(encrypted_data)
```

In diesem Beispiel generieren wir einen geheimen Schlüssel mit der Funktion **Fernet.generate_key()** und erstellen ein Fernet-Verschlüsselungsobjekt mit diesem Schlüssel. Wir verwenden die **encrypt()**-Methode, um einige Klartextdaten zu verschlüsseln, und speichern die verschlüsselten Daten in der Variable **encrypted_data**. Dann verwenden wir die **decrypt()**-Methode, um die verschlüsselten Daten zu entschlüsseln, und speichern die entschlüsselten Daten in der Variable **decrypted_data**.

Die **cryptography**-Bibliothek bietet viele weitere Funktionen und Algorithmen für die Ver- und Entschlüsselung von Daten, einschließlich symmetrischer und asymmetrischer Verschlüsselung.

15. Datenmanipulation mit NumPy und Pandas

NumPy und Pandas sind beliebte Python-Bibliotheken für die Datenmanipulation und -analyse. NumPy bietet Unterstützung für mehrdimensionale Arrays und mathematische Operationen an Arrays, während Pandas Unterstützung für Dataframes und Datenmanipulationsoperationen an Dataframes bietet.

Hier ist ein Beispiel, wie man NumPy und Pandas zur Datenmanipulation verwendet:

```python
import numpy as np
import pandas as pd

# Create a NumPy array
arr = np.array([[1, 2], [3, 4], [5, 6]])

# Print the array
print(arr)

# Compute the mean and standard deviation of the array
print(np.mean(arr))
print(np.std(arr))

# Create a Pandas data frame
df = pd.DataFrame({'name': ['Alice', 'Bob', 'Charlie'], 'age': [25, 30, 35], 'gender':
['F', 'M', 'M']})

# Print the data frame
print(df)

# Filter the data frame to include only rows with age greater than 30
df_filtered = df[df['age'] > 30]

# Print the filtered data frame
print(df_filtered)
```

In diesem Beispiel verwenden wir NumPy, um ein zweidimensionales Array **arr** zu erstellen und seinen Mittelwert und seine Standardabweichung zu berechnen. Dann verwenden wir Pandas, um einen Dataframe **df** mit drei Spalten zu erstellen: **name**, **age** und **gender**. Wir filtern den Dataframe, um nur Zeilen mit einem Alter über 30 einzuschließen, und speichern den gefilterten Dataframe in einer neuen Variable **df_filtered**. Schließlich geben wir das Array und die Dataframes aus. Dieses Beispiel demonstriert die grundlegenden Prinzipien der Datenmanipulation mit NumPy und Pandas.

16. Datenmanipulation mit Pandas

Pandas bietet viele leistungsstarke Tools zur Manipulation von Daten in einem DataFrame. Hier sind einige Beispiele:

- Filtern: Du kannst Zeilen in einem DataFrame basierend auf bestimmten Kriterien mit boolescher Indexierung filtern. Um beispielsweise einen DataFrame zu filtern, um nur Zeilen einzuschließen, bei denen eine bestimmte Spalte einen Wert größer als eine bestimmte Zahl hat, kannst du folgenden Code verwenden:

```
filtered_df = df[df['column_name'] > 10]
```

- Gruppierung: Du kannst Zeilen in einem DataFrame basierend auf den Werten in einer oder mehreren Spalten gruppieren und dann Aggregationsfunktionen auf die Gruppen anwenden. Um beispielsweise einen DataFrame nach den Werten in einer Spalte zu gruppieren und den Mittelwert einer anderen Spalte für jede Gruppe zu berechnen, kannst du folgenden Code verwenden:

```
grouped_df = df.groupby('column_name')['other_column'].mean()
```

- Zusammenführung: Du kannst zwei oder mehr DataFrames basierend auf einer gemeinsamen Spalte oder einem Index kombinieren. Um beispielsweise zwei DataFrames an einer gemeinsamen Spalte zusammenzuführen, kannst du folgenden Code verwenden:

```
merged_df = pd.merge(df1, df2, on='column_name')
```

- Umformatierung: Du kannst einen DataFrame mit Methoden wie pivot(), melt() und stack() umformatieren. Diese Methoden ermöglichen es dir, einen DataFrame von einem breiten Format in ein langes Format oder umgekehrt zu transformieren. Um beispielsweise einen DataFrame vom langen ins breite Format zu pivotieren, kannst du folgenden Code verwenden:

```
pivoted_df = df.pivot(index='index_column', columns='column_name', values='value_column')
```

17. Datenvorbereitung, Modelltraining und Vorhersage

Datenvorbereitung, Modelltraining und Vorhersage sind häufige Schritte in Machine-Learning-Workflows. Die **scikit-learn**-Bibliothek von Python bietet ein leistungsstarkes und benutzerfreundliches Framework zur Implementierung von Machine-Learning-Algorithmen und -Modellen sowie Funktionen und Klassen für Datenvorverarbeitung, Feature-Selektion, Modellauswahl und Modellbewertung.

Hier ist ein Beispiel, wie man **scikit-learn** zur Datenvorbereitung, zum Trainieren eines Modells und zum Treffen von Vorhersagen für neue Daten verwendet:

```
from sklearn.datasets import load_iris
from sklearn.model_selection import train_test_split
from sklearn.tree import DecisionTreeClassifier
from sklearn.metrics import accuracy_score

# Load the Iris dataset
iris = load_iris()

# Split the dataset into training and testing sets
X_train, X_test, y_train, y_test = train_test_split(iris.data, iris.target,
test_size=0.3, random_state=42)

# Train a decision tree classifier on the training set
clf = DecisionTreeClassifier()
clf.fit(X_train, y_train)

# Make predictions on new data
new_data = [[5.1, 3.5, 1.4, 0.2], [6.2, 2.9, 4.3, 1.3], [7.7, 3.8, 6.7, 2.2]]
new_predictions = clf.predict(new_data)

# Print the results
print('New data:', new_data)
print('New predictions:', new_predictions)
```

In diesem Beispiel laden wir den Iris-Datensatz mithilfe der Funktion **load_iris()**, teilen den Datensatz in Trainings- und Testsets mithilfe der Funktion **train_test_split()** und trainieren einen Entscheidungsbaum-Klassifikator auf dem Trainingsset mithilfe der Klasse **DecisionTreeClassifier()**. Dann verwenden wir das trainierte Modell, um Vorhersagen für neue Daten mithilfe der Methode **predict()** des Klassifikator-Objekts zu treffen. Schließlich geben wir die neuen Daten und die entsprechenden Vorhersagen in der Konsole aus. Dieses Beispiel demonstriert den grundlegenden Arbeitsablauf der Datenvorbereitung, des Modelltrainings und der Vorhersage im maschinellen Lernen.

18. Datenvisualisierung mit Matplotlib

Matplotlib ist eine beliebte Datenvisualisierungsbibliothek für Python, die einen umfassenden Satz von Werkzeugen zur Erstellung einer breiten Palette von Grafiken und Diagrammen bietet. Matplotlib ist benutzerfreundlich und hochgradig anpassbar konzipiert und unterstützt eine Vielzahl von Datenformaten und Ausgabeformaten.

Hier ist ein Beispiel, wie man Matplotlib verwendet, um ein einfaches Liniendiagramm zu erstellen:

```python
import matplotlib.pyplot as plt

# Define the data to be plotted
x = [1, 2, 3, 4, 5]
y = [10, 8, 6, 4, 2]

# Create a Matplotlib figure and axis
fig, ax = plt.subplots()

# Plot the data as a line
ax.plot(x, y)

# Set the axis labels and title
ax.set_xlabel('X axis')
ax.set_ylabel('Y axis')
ax.set_title('My plot')

# Show the plot
plt.show()
```

In diesem Beispiel definieren wir die Daten, die geplottet werden sollen, als zwei Listen (**x** und **y**) und erstellen eine Matplotlib-Figur und -Achsen mit der Methode **subplots()**. Wir plotten die Daten als Linie mit der Methode **plot()** und setzen die Achsenbeschriftungen und den Titel mit den Methoden **set_xlabel()**, **set_ylabel()** und **set_title()**. Schließlich zeigen wir den Plot mit der Methode **show()** an. Dieses Beispiel demonstriert die grundlegenden Prinzipien der Datenvisualisierung mit Matplotlib.

19. Deep Learning mit Keras

Deep Learning ist ein Teilgebiet des maschinellen Lernens, das die Verwendung künstlicher neuronaler Netze zum Modellieren und Lösen komplexer Probleme umfasst. Die **Keras**-Bibliothek von Python bietet eine High-Level-API zum Erstellen und Trainieren von tiefen neuronalen Netzen mit Unterstützung für eine breite Palette von Netzwerkarchitekturen, Schichten, Aktivierungen, Optimierern, Verlustfunktionen und Metriken.

Hier ist ein Beispiel, wie man **Keras** zum Erstellen und Trainieren eines einfachen neuronalen Netzes verwendet:

```python
from keras.models import Sequential
from keras.layers import Dense
from keras.optimizers import SGD
from sklearn.datasets import load_iris
from sklearn.model_selection import train_test_split
```

```python
# Load the Iris dataset
iris = load_iris()

# Split the dataset into training and testing sets
X_train, X_test, y_train, y_test = train_test_split(iris.data, iris.target,
test_size=0.3, random_state=42)

# Define a neural network model
model = Sequential()
model.add(Dense(units=10, activation='relu', input_dim=4))
model.add(Dense(units=3, activation='softmax'))

# Compile the model with an optimizer, loss function, and metric
sgd = SGD(lr=0.01)
model.compile(optimizer=sgd, loss='categorical_crossentropy', metrics=['accuracy'])

# Train the model on the training set
model.fit(X_train, y_train, epochs=100, batch_size=32)

# Evaluate the model on the testing set
loss, accuracy = model.evaluate(X_test, y_test)

# Print the results
print('Loss:', loss)
print('Accuracy:', accuracy)
```

In diesem Beispiel laden wir den Iris-Datensatz mithilfe der Funktion **load_iris()**, teilen den Datensatz in Trainings- und Testsets mithilfe der Funktion **train_test_split()** und definieren ein neuronales Netzwerkmodell mithilfe der Klasse **Sequential()** und der Klasse **Dense()** für die Schichten. Dann kompilieren wir das Modell mit einem Optimizer, einer Verlustfunktion und einer Metrik mithilfe der Methode **compile()** und trainieren das Modell auf dem Trainingsset mithilfe der Methode **fit()**. Schließlich evaluieren wir das Modell auf dem Testset mithilfe der Methode **evaluate()** und geben den Verlust und die Genauigkeit des Modells in der Konsole aus.

20. E-Mails versenden mit der smtplib-Bibliothek

Die **smtplib**-Bibliothek von Python ermöglicht es dir, E-Mails über das Simple Mail Transfer Protocol (SMTP) zu versenden. Hier ist ein Beispiel:

```python
import smtplib

# Define the email message
subject = 'Test email'
body = 'This is a test email'
sender_email = 'your_email@example.com'
receiver_email = 'recipient@example.com'
```

```
message = f'Subject: {subject}\\n\\n{body}'

# Create a SMTP server object
smtp_server = smtplib.SMTP('smtp.gmail.com', 587)

# Start the TLS encryption
smtp_server.starttls()

# Log in to the SMTP server
smtp_server.login(sender_email, 'your_password')

# Send the email
smtp_server.sendmail(sender_email, receiver_email, message)

# Quit the SMTP server
smtp_server.quit()
```

In diesem Beispiel definieren wir die E-Mail-Nachricht mit Betreff, Textkörper, Absender-E-Mail und Empfänger-E-Mail. Dann erstellen wir ein SMTP-Server-Objekt mit der Funktion **smtplib.SMTP()** und geben den SMTP-Server und die Port-Nummer an. Wir starten die TLS-Verschlüsselung mit der Methode **starttls()** und melden uns am SMTP-Server mit der Methode **login()** an.

Anschließend verwenden wir die Methode **sendmail()**, um die E-Mail zu versenden, wobei wir die Absender-E-Mail, die Empfänger-E-Mail und die Nachricht angeben. Schließlich beenden wir die Verbindung zum SMTP-Server mit der Methode **quit()**.

21. Event-Loops

Ein Event-Loop ist ein Programmier-Konstrukt, das es ermöglicht, mehrere Aufgaben gleichzeitig in einem einzigen Ausführungsthread auszuführen. Im asyncio-Modul von Python ist ein Event-Loop ein Objekt, das die Ausführung von Coroutinen und anderen asynchronen Aufgaben verwaltet.

Hier ist ein Beispiel, wie man einen Event-Loop verwendet, um eine Coroutine auszuführen:

```
import asyncio

async def say_hello():
    print('Hello')
    await asyncio.sleep(1)
    print('World')

loop = asyncio.get_event_loop()
loop.run_until_complete(say_hello())
loop.close()
```

In diesem Beispiel definieren wir eine Coroutine namens **say_hello()**. Dann erstellen wir einen Event-Loop mit der Funktion **asyncio.get_event_loop()** und verwenden die Methode **run_until_complete()**, um die Coroutine **say_hello()** auszuführen. Schließlich schließen wir den Event-Loop mit der Methode **close()**.

Event-Loops ermöglichen es dir, mehrere Coroutinen und andere asynchrone Aufgaben gleichzeitig auszuführen, ohne den Hauptausführungsthread zu blockieren. Du kannst Event-Loops auch verwenden, um E/A-Operationen, Netzwerkverbindungen und andere Arten von asynchronen Aufgaben zu verwalten.

22. Datei-E/A in Python

Datei-E/A (Eingabe/Ausgabe) bezieht sich auf den Prozess des Lesens und Schreibens in Dateien auf der Festplatte oder anderen Speichergeräten. Die eingebaute Funktion **open()** in Python ermöglicht es dir, Dateien in verschiedenen Modi zu öffnen, wie Nur-Lesen, Nur-Schreiben oder Anhänge-Modus.

Hier ist ein Beispiel, wie man eine Datei zum Lesen öffnet und ihren Inhalt liest:

```
# Open a file for reading
with open('file.txt', 'r') as file:
    # Read the entire contents of the file
    contents = file.read()
    # Print the contents of the file
    print(contents)
```

In diesem Beispiel verwenden wir die Funktion **open()**, um eine Datei namens **file.txt** im Nur-Lese-Modus mit dem Modus-Spezifizierer **'r'** zu öffnen. Wir verwenden eine **with**-Anweisung, um sicherzustellen, dass die Datei automatisch geschlossen wird, wenn der Block verlassen wird. Wir lesen den gesamten Inhalt der Datei mit der Methode **read()** und speichern ihn in der Variable **contents**. Dann geben wir den Inhalt der Datei aus.

23. GUI-Programmierung mit der Tkinter-Bibliothek

Die GUI-Programmierung (Grafische Benutzeroberfläche) ermöglicht es dir, interaktive und benutzerfreundliche Anwendungen mit Schaltflächen, Menüs, Textfeldern und anderen visuellen Elementen zu erstellen. Die **Tkinter**-Bibliothek von Python bietet eine einfache und benutzerfreundliche Schnittstelle zur Erstellung von GUI-Anwendungen in Python.

Hier ist ein Beispiel, wie man eine einfache GUI-Anwendung mit **Tkinter** erstellt:

```
import tkinter as tk

# Create a new window
```

```
window = tk.Tk()

# Create a label
label = tk.Label(window, text='Hello, Tkinter!')

# Add the label to the window
label.pack()

# Start the main event loop
window.mainloop()
```

In diesem Beispiel erstellen wir ein neues Fenster mit der Funktion **tk.Tk()** und erstellen ein Label mit der Funktion **tk.Label()**. Wir fügen das Label zum Fenster hinzu, indem wir die Methode **pack()** verwenden, und starten die Hauptereignisschleife mit der Methode **mainloop()**.

Tkinter bietet viele weitere Widgets und Optionen zur Erstellung von GUI-Anwendungen, wie Schaltflächen, Menüs, Textfelder und Bilder. Du kannst **Tkinter** auch verwenden, um Ereignisse und Callbacks an Benutzeraktionen zu binden, wie Schaltflächenklicks oder Menüauswahlen.

24. GUI-Programmierung mit PyQt

PyQt ist eine Sammlung von Python-Bindungen für das Qt-Anwendungs-Framework, das weithin zur Erstellung grafischer Benutzeroberflächen (GUIs) in verschiedenen Programmiersprachen verwendet wird. PyQt bietet eine High-Level-API zum Erstellen von GUI-Anwendungen unter Verwendung einer Kombination von Qt-Widgets und Python-Code, mit Unterstützung für eine breite Palette von Widgets, Layouts, Signalen, Slots und Ereignisbehandlung.

Hier ist ein Beispiel, wie man PyQt verwendet, um eine einfache GUI-Anwendung zu erstellen:

```
from PyQt5.QtWidgets import QApplication, QWidget, QLabel, QVBoxLayout

# Define the PyQt application
app = QApplication([])

# Define a PyQt widget with a layout and a label
widget = QWidget()
layout = QVBoxLayout()
label = QLabel('Hello, world!')
layout.addWidget(label)
widget.setLayout(layout)
widget.show()

# Run the PyQt application
app.exec_()
```

In diesem Beispiel erstellen wir eine einfache PyQt-Anwendung mit der Klasse **QApplication()** und definieren ein Widget **QWidget()** mit einem Layout **QVBoxLayout()** und einem Label **QLabel()**. Wir fügen das Label zum Layout hinzu, indem wir die Methode **addWidget()** verwenden, und setzen das Layout des Widgets mit der Methode **setLayout()**. Schließlich zeigen wir das Widget mit der Methode **show()** an und führen die PyQt-Anwendung mit der Methode **exec_()** aus. Dieses Beispiel demonstriert die grundlegende Struktur einer PyQt-Anwendung und wie man Widgets mit Layouts und Ereignisbehandlung erstellt und anzeigt.

25. HTML-Analyse und -Navigation

HTML-Analyse und -Navigation ist der Prozess der Extraktion spezifischer Daten aus HTML-Dokumenten durch Identifizierung und Manipulation ihrer strukturellen Elemente wie Tags, Attribute und Inhalte. Die **BeautifulSoup**-Bibliothek von Python bietet eine flexible und leistungsstarke Schnittstelle zum Analysieren und Navigieren von HTML-Dokumenten.

Hier ist ein Beispiel, wie man **BeautifulSoup** zum Analysieren und Navigieren eines HTML-Dokuments verwendet:

```python
from bs4 import BeautifulSoup

# Load an HTML document
html = """
<html>
  <head>
    <title>My Page</title>
  </head>
  <body>
    <h1>Welcome to my page!</h1>
    <p>This is some text.</p>
    <ul>
      <li>Item 1</li>
      <li>Item 2</li>
      <li>Item 3</li>
    </ul>
  </body>
</html>
"""

# Parse the HTML document using BeautifulSoup
soup = BeautifulSoup(html, 'html.parser')

# Find the title tag
title = soup.title

# Find the h1 tag
h1 = soup.h1

# Find the first li tag
```

```
li = soup.li

# Find all the li tags
lis = soup.find_all('li')

# Print the results
print(title.text)
print(h1.text)
print(li.text)
for li in lis:
    print(li.text)
```

In diesem Beispiel laden wir ein HTML-Dokument als String und analysieren es mit der **BeautifulSoup**-Bibliothek. Wir verwenden verschiedene Methoden und Funktionen, die von **BeautifulSoup** bereitgestellt werden, um bestimmte Elemente aus dem HTML-Dokument zu extrahieren, wie die Tags title, h1 und li. Dann geben wir den Textinhalt dieser Elemente aus.

26. HTML-Analyse mit BeautifulSoup

BeautifulSoup ist eine Python-Bibliothek, mit der du HTML- und XML-Dokumente analysieren kannst. Sie erleichtert die Extraktion von Daten aus HTML-Dokumenten, indem sie eine einfache Möglichkeit bietet, durch die Dokumentstruktur zu navigieren und zu suchen. Um BeautifulSoup zu verwenden, musst du es zuerst installieren:

```
pip install beautifulsoup4
Dann kannst du ein BeautifulSoup-Objekt aus einem HTML-String oder einer Datei
erstellen:
cssCopy code
from bs4 import BeautifulSoup

# Parse an HTML string
html = '<html><body><h1>Hello, world!</h1></body></html>'
soup = BeautifulSoup(html, 'html.parser')

# Parse an HTML file
with open('example.html') as f:
    soup = BeautifulSoup(f, 'html.parser')
```

Sobald du ein BeautifulSoup-Objekt hast, kannst du dessen Methoden und Eigenschaften nutzen, um durch die Dokumentstruktur zu navigieren und Daten zu extrahieren. Um zum Beispiel den Text eines Elements mit einem bestimmten Tag-Namen zu erhalten, kannst du die Methode find() verwenden:

```
h1_element = soup.find('h1')
text = h1_element.text
```

27. HTTP-Methoden und Routing

HTTP (Hypertext Transfer Protocol) ist das Protokoll, das für die Datenübertragung im Web verwendet wird. HTTP-Anfragen können verschiedene Methoden wie GET, POST, PUT und DELETE verwenden, um unterschiedliche Aktionen an einer Ressource durchzuführen. Hier ist ein Beispiel für das Routing von HTTP-Anfragen mit dem Flask-Framework:

```python
from flask import Flask, request

app = Flask(__name__)

@app.route('/', methods=['GET', 'POST'])
def index():
    if request.method == 'GET':
        return 'This is a GET request'
    elif request.method == 'POST':
        return 'This is a POST request'

if __name__ == '__main__':
    app.run()
```

In diesem Beispiel definieren wir eine Route für die Root-URL (*/*) und geben an, dass sie sowohl GET- als auch POST-Anfragen mit dem Parameter **methods** verarbeiten kann. Innerhalb der Routen-Funktion verwenden wir das Attribut **request.method**, um den Anfragetyp zu bestimmen und je nach Methode eine unterschiedliche Antwort zurückzugeben.

Du kannst Routing verwenden, um verschiedene Arten von Anfragen zu bearbeiten und je nach angeforderter URL und Daten unterschiedliche Aktionen auszuführen.

28. HTTP-Anfragen mit dem requests-Modul

Wenn du auf Daten einer Website zugreifen möchtest, kannst du eine HTTP-Anfrage an den Server der Website senden. Das requests-Modul in Python ermöglicht dir dies. Um eine Anfrage mit requests zu stellen, musst du zuerst das Modul importieren:

pythonCopy code

import requests

Dann kannst du die Methode requests.get() verwenden, um eine GET-Anfrage an eine URL zu senden und die Antwort zu erhalten:

```python
response = requests.get('<https://www.example.com>')
```

Anschließend kannst du auf den Inhalt der Antwort, den Statuscode, die Header und andere Informationen über die Eigenschaften des Antwortobjekts zugreifen. Um beispielsweise den HTML-Inhalt der Antwort zu erhalten, kannst du die Eigenschaft text verwenden:

```
html_content = response.text
```

29. Bildmanipulation und -konvertierung

Pillow bietet viele Funktionen zur Manipulation und Konvertierung von Bildern. Hier sind einige Beispiele:

- Zuschneiden: Du kannst ein Bild mit der Methode **crop()** zuschneiden. Zum Beispiel:

```python
from PIL import Image

# Open an image file
image = Image.open('image.jpg')

# Crop the image
image = image.crop((100, 100, 300, 300))

# Save the image to a file
image.save('image_cropped.jpg')
```

- Rotation: Du kannst ein Bild mit der Methode rotate() drehen. Zum Beispiel:

```python
from PIL import Image

# Open an image file
image = Image.open('image.jpg')

# Rotate the image
image = image.rotate(45)

# Save the image to a file
image.save('image_rotated.jpg')
```

- Formatkonvertierung: Du kannst ein Bild in ein anderes Format umwandeln, indem du die Methode save() verwendest und das Format im Dateinamen angibst. Zum Beispiel:

```python
from PIL import Image

# Open an image file
image = Image.open('image.jpg')

# Convert the image to PNG format
```

```
image.save('image.png')
```

Pillow bietet viele weitere Funktionen zur Arbeit mit Bildern, einschließlich Größenänderung, Filterung und Verbesserung.

30. Bildverarbeitung mit der Pillow-Bibliothek

Pillow ist eine beliebte Python-Bibliothek für die Arbeit mit Bildern. Sie bietet eine breite Palette von Funktionen zum Öffnen, Bearbeiten und Speichern von Bilddateien in verschiedenen Formaten. Hier ist ein Beispiel:

```python
from PIL import Image

# Open an image file
image = Image.open('image.jpg')

# Resize the image
image = image.resize((500, 500))

# Convert the image to grayscale
image = image.convert('L')

# Save the image to a file
image.save('image_processed.jpg')
```

In diesem Beispiel öffnen wir eine Bilddatei mit der Funktion **Image.open()** und ändern ihre Größe mit der Methode **resize()**. Dann konvertieren wir das Bild in Graustufen mit der Methode **convert()** und speichern es in einer Datei mit der Methode **save()**. Pillow bietet viele weitere Funktionen für die Arbeit mit Bildern, einschließlich Zuschneiden, Drehen und Filtern.

31. JSON-Verarbeitung

JSON (JavaScript Object Notation) ist ein leichtgewichtiges Datenaustauschformat, das in Webanwendungen weit verbreitet ist. Python stellt ein integriertes Modul namens **json** bereit, mit dem du JSON-Daten analysieren und generieren kannst. Hier sind einige Beispiele:

- Verarbeitung: Du kannst einen JSON-String in ein Python-Objekt umwandeln, indem du die Funktion **json.loads()** verwendest. Zum Beispiel:

```python
import json

json_string = '{"name": "John", "age": 30, "city": "New York"}'
data = json.loads(json_string)

print(data['name'])
```

```
print(data['age'])
print(data['city'])
```

- Generierung: Du kannst einen JSON-String aus einem Python-Objekt mit der Funktion json.dumps() erzeugen. Zum Beispiel:

```
import json

data = {
    'name': 'John',
    'age': 30,
    'city': 'New York'
}

json_string = json.dumps(data)
print(json_string)
```

Das **json**-Modul bietet auch verschiedene andere Funktionen zum Codieren und Decodieren von JSON-Daten mit fortgeschritteneren Funktionen.

32. Liniendiagramme und Beschriftungen

Liniendiagramme sind eine häufige Art von Diagramm zur Visualisierung von Daten im Zeitverlauf und werden in wissenschaftlichen, finanziellen und ingenieurwissenschaftlichen Anwendungen weit verbreitet eingesetzt. Liniendiagramme zeigen typischerweise die Beziehung zwischen zwei Variablen (x und y), wobei eine Variable entlang der horizontalen Achse und die andere Variable entlang der vertikalen Achse aufgetragen wird. Liniendiagramme können mit einer Vielzahl von Beschriftungen und Anmerkungen angepasst werden, einschließlich Achsenbeschriftungen, Titeln, Legenden und Anmerkungen.

Hier ist ein Beispiel, wie du Matplotlib verwenden kannst, um ein Liniendiagramm mit Beschriftungen zu erstellen:

```python
pythonCopy code
import matplotlib.pyplot as plt

# Define the data to be plotted
x = [1, 2, 3, 4, 5]
y = [10, 8, 6, 4, 2]

# Create a Matplotlib figure and axis
fig, ax = plt.subplots()

# Plot the data as a line with labels
ax.plot(x, y, label='My line plot')
```

```
# Set the axis labels, title, and legend
ax.set_xlabel('X axis')
ax.set_ylabel('Y axis')
ax.set_title('My plot')
ax.legend()

# Show the plot
plt.show()
```

In diesem Beispiel definieren wir die zu plottenden Daten als zwei Listen (**x** und **y**) und erstellen eine Matplotlib-Figur und -Achsen mit der Methode **subplots()**. Wir plotten die Daten als Linie mit einer Beschriftung mittels der Methode **plot()** und dem Parameter **label**. Wir setzen die Achsenbeschriftungen, den Titel und die Legende mit den Methoden **set_xlabel()**, **set_ylabel()**, **set_title()** und **legend()**. Schließlich zeigen wir den Plot mit der Methode **show()** an. Dieses Beispiel demonstriert die grundlegenden Prinzipien zur Erstellung eines Liniendiagramms mit Beschriftungen unter Verwendung von Matplotlib.

33. Laden und Manipulation von Daten mit DataFrames

DataFrames sind eine Datenstruktur, die von der Bibliothek **pandas** bereitgestellt wird und mit der du tabellarische Daten speichern und manipulieren kannst, ähnlich wie eine Tabellenkalkulation oder Datenbanktabelle. DataFrames bieten viele integrierte Funktionen und Methoden zur Datenmanipulation wie Filtern, Sortieren, Gruppieren und Aggregieren.

Hier ist ein Beispiel zum Laden von Daten aus einer CSV-Datei in einen DataFrame und zur Manipulation der Daten:

```
import pandas as pd

# Load data from a CSV file into a DataFrame
df = pd.read_csv('data.csv')

# Print the first five rows of the DataFrame
print(df.head())

# Filter the data to only show rows where the value in column A is greater than 10
filtered = df[df['A'] > 10]

# Group the data by the values in column B and calculate the mean of column C for each
group
grouped = df.groupby('B')['C'].mean()

# Sort the data by the values in column A in descending order
sorted = df.sort_values('A', ascending=False)

# Save the filtered, grouped, and sorted data to new CSV files
filtered.to_csv('filtered.csv', index=False)
```

```
grouped.to_csv('grouped.csv')
sorted.to_csv('sorted.csv', index=False)
```

In diesem Beispiel verwenden wir die **pandas**-Bibliothek, um Daten aus einer CSV-Datei namens **data.csv** in einen DataFrame zu laden. Anschließend manipulieren wir die Daten auf verschiedene Weise, wie Filtern, Gruppieren und Sortieren. Wir speichern die bearbeiteten Daten in neuen CSV-Dateien namens **filtered.csv**, **grouped.csv** und **sorted.csv**.

34. Logging-Stufen und Handler

Das **logging**-Modul unterstützt verschiedene Logging-Stufen, die zur Steuerung der Ausführlichkeit und des Schweregrads von Protokollmeldungen verwendet werden können. Hier sind die standardmäßigen Logging-Stufen, die vom **logging**-Modul unterstützt werden, in aufsteigender Reihenfolge des Schweregrads:

- **DEBUG**
- **INFO**
- **WARNING**
- **ERROR**
- **CRITICAL**

Sie können die Logging-Stufe für Ihr Programm mit der Funktion **basicConfig()** konfigurieren oder indem Sie ein benutzerdefiniertes **Logger**-Objekt erstellen.

Das **logging**-Modul unterstützt auch verschiedene Handler, die verwendet werden können, um anzugeben, wohin Protokollmeldungen gesendet werden sollen, wie z.B. eine Datei, Konsole oder Netzwerk-Socket. Einige der integrierten Handler, die vom **logging**-Modul unterstützt werden, umfassen:

- **StreamHandler**: Sendet Protokollmeldungen an die Konsole.
- **FileHandler**: Sendet Protokollmeldungen an eine Datei.
- **SMTPHandler**: Sendet Protokollmeldungen an eine E-Mail-Adresse.
- **SysLogHandler**: Sendet Protokollmeldungen an das Systemprotokoll.

Sie können die Logging-Handler für Ihr Programm mit der Funktion **basicConfig()** konfigurieren oder indem Sie ein benutzerdefiniertes **Logger**-Objekt erstellen.

35. Logging in Python

Logging ist der Prozess der Aufzeichnung von Nachrichten oder Ereignissen eines Programms in einer Datei oder Konsole zur späteren Analyse und Fehlerbehebung. Das integrierte Python-Modul **logging** bietet ein leistungsstarkes und flexibles Logging-Framework, mit dem Sie Nachrichten auf verschiedenen Schweregraden protokollieren können, wie debug, info, warning, error und critical.

Hier ist ein Beispiel, wie Sie das **logging**-Modul verwenden können, um Nachrichten in eine Datei und Konsole zu protokollieren:

```python
import logging

# Configure the logging system
logging.basicConfig(filename='example.log', level=logging.DEBUG)

# Log some messages
logging.debug('This is a debug message')
logging.info('This is an info message')
logging.warning('This is a warning message')
logging.error('This is an error message')
logging.critical('This is a critical message')
```

In diesem Beispiel verwenden wir die Funktion **basicConfig()**, um das Logging-System so zu konfigurieren, dass Nachrichten in eine Datei namens **example.log** geschrieben werden und die Logging-Stufe auf **DEBUG** gesetzt wird. Anschließend verwenden wir die Logging-Funktionen **debug()**, **info()**, **warning()**, **error()** und **critical()**, um Nachrichten mit unterschiedlichen Schweregraden zu protokollieren.

36. Maschinelles Lernen mit scikit-learn

Maschinelles Lernen ist ein Teilbereich der künstlichen Intelligenz, der die Entwicklung von Algorithmen und Modellen umfasst, die aus Daten lernen und auf Basis dieser Daten Vorhersagen oder Entscheidungen treffen können. Die Python-Bibliothek **scikit-learn** bietet ein leistungsstarkes und benutzerfreundliches Framework zur Implementierung von Algorithmen und Modellen des maschinellen Lernens.

Hier ist ein Beispiel, wie du **scikit-learn** für überwachtes Lernen mit einem Datensatz verwenden kannst:

```python
from sklearn.datasets import load_iris
from sklearn.model_selection import train_test_split
from sklearn.tree import DecisionTreeClassifier
from sklearn.metrics import accuracy_score
```

```
# Load the Iris dataset
iris = load_iris()

# Split the dataset into training and testing sets
X_train, X_test, y_train, y_test = train_test_split(iris.data, iris.target,
test_size=0.3, random_state=42)

# Train a decision tree classifier on the training set
clf = DecisionTreeClassifier()
clf.fit(X_train, y_train)

# Make predictions on the testing set and calculate the accuracy
y_pred = clf.predict(X_test)
accuracy = accuracy_score(y_test, y_pred)

# Print the results
print('Accuracy:', accuracy)
```

In diesem Beispiel führen wir Textvorverarbeitung und -analyse eines Textabschnitts mit der NLTK-Bibliothek durch. Zuerst tokenisieren wir den Text in Wörter mit der Funktion **word_tokenize()**. Dann entfernen wir Stoppwörter und Interpunktion aus den tokenisierten Wörtern. Nach der Vorverarbeitung verwenden wir die Funktion **pos_tag()**, um eine Kennzeichnung der Wortarten durchzuführen. Schließlich extrahieren wir benannte Entitäten aus dem Text mit der Funktion **ne_chunk()**.

37. Verarbeitung natürlicher Sprache mit der NLTK-Bibliothek

Die Verarbeitung natürlicher Sprache (NLP) ist das Studium computergestützter Methoden zum Verstehen und Erzeugen menschlicher Sprache. Die Python-Bibliothek **NLTK** (Natural Language Toolkit) bietet eine umfassende Sammlung von Werkzeugen und Ressourcen für NLP, wie Textvorverarbeitung, Wortartenkennzeichnung, Erkennung benannter Entitäten, Stimmungsanalyse und Algorithmen des maschinellen Lernens.

Hier ist ein Beispiel, wie man **NLTK** zur Durchführung von Textvorverarbeitung und -analyse eines Textabschnitts verwenden kann:

```
import nltk
from nltk.tokenize import word_tokenize
from nltk.corpus import stopwords
from nltk.stem import WordNetLemmatizer
from nltk.sentiment import SentimentIntensityAnalyzer

# Download and install required resources
nltk.download('punkt')
nltk.download('stopwords')
```

```
nltk.download('wordnet')
nltk.download('vader_lexicon')

# Define some text to analyze
text = 'This is a sample sentence for NLP analysis.'

# Tokenize the text into words
tokens = word_tokenize(text)

# Remove stop words from the tokens
stop_words = set(stopwords.words('english'))
filtered_tokens = [word for word in tokens if word.lower() not in stop_words]

# Lemmatize the filtered tokens
lemmatizer = WordNetLemmatizer()
lemmatized_tokens = [lemmatizer.lemmatize(word) for word in filtered_tokens]

# Perform sentiment analysis on the text
analyzer = SentimentIntensityAnalyzer()
scores = analyzer.polarity_scores(text)

# Print the results
print('Original text:', text)
print('Tokenized text:', tokens)
print('Filtered text:', filtered_tokens)
print('Lemmatized text:', lemmatized_tokens)
print('Sentiment scores:', scores)
```

In diesem Beispiel definieren wir eine Klasse namens Car unter Verwendung der objektorientierten Programmiermerkmale von Python. Die Klasse Car hat zwei Attribute: make und model, die jeweils die Marke und das Modell des Autos repräsentieren. Wir definieren auch eine Methode namens drive(), die das Fahren des Autos simuliert, indem sie eine Nachricht auf der Konsole ausgibt.

38. Objektorientierte Programmierung in Python

Die objektorientierte Programmierung (OOP) ist ein weit verbreitetes Programmierparadigma zum Aufbau komplexer Softwaresysteme. OOP beinhaltet die Organisation von Code in Objekte, die Instanzen von Klassen sind, welche Daten und Verhalten kapseln. Python bietet vollständige Unterstützung für OOP, einschließlich Klassen, Objekte, Vererbung und Polymorphismus.

Hier ist ein Beispiel, wie man Python verwendet, um eine einfache Klasse zu definieren:

```
class Person:
    def __init__(self, name, age):
        self.name = name
        self.age = age
```

```
    def say_hello(self):
        print(f"Hello, my name is {self.name} and I am {self.age} years old.")

# Create a Person object and call its methods
p = Person("John", 30)
p.say_hello()
```

In diesem Beispiel definieren wir eine einfache Klasse namens Person mit Attributen für Name und Alter sowie einer Methode say_hello(). Dann erstellen wir eine Instanz der Klasse Person namens p mit dem Namen "John" und dem Alter 30 und rufen ihre Methode say_hello() auf. Dieses Beispiel veranschaulicht die grundlegenden Konzepte der objektorientierten Programmierung in Python, die die Organisation des Codes, die Modularität und die Wiederverwendbarkeit verbessern können, was die Entwicklung komplexer, aber handhabbarer Systeme erleichtert.

39. Objekt-relationales Mapping mit SQLAlchemy

Objekt-relationales Mapping (ORM) ist eine Programmiertechnik, die es dir ermöglicht, relationale Datenbanktabellen auf Objekte in deinem Code abzubilden und umgekehrt. Die Python-Bibliothek **SQLAlchemy** bietet ein leistungsstarkes und flexibles ORM-Framework, mit dem du mit Datenbanken über Python-Objekte und SQL-Abfragen interagieren kannst.

Hier ist ein Beispiel, wie du **SQLAlchemy** verwenden kannst, um eine Datenbanktabelle zu erstellen und Daten abzufragen:

```
from sqlalchemy import create_engine, Column, Integer, String
from sqlalchemy.orm import sessionmaker
from sqlalchemy.ext.declarative import declarative_base

# Create a database engine and session
engine = create_engine('sqlite:///example.db')
Session = sessionmaker(bind=engine)
session = Session()

# Define a database table using a declarative base
Base = declarative_base()
class User(Base):
    __tablename__ = 'users'
    id = Column(Integer, primary_key=True)
    name = Column(String)
    email = Column(String)

# Create the database table
Base.metadata.create_all(engine)

# Add some data to the table
user1 = User(name='John Doe', email='john@example.com')
```

```
user2 = User(name='Jane Smith', email='jane@example.com')
session.add(user1)
session.add(user2)
session.commit()

# Query the data from the table
users = session.query(User).all()
for user in users:
    print(user.name, user.email)
```

In diesem Beispiel erstellen wir eine Datenbanktabelle namens 'users' unter Verwendung einer deklarativen Basisklasse. Dann fügen wir der Tabelle einige Daten mit einem Session-Objekt und SQL-Abfragen hinzu. Schließlich fragen wir die Daten aus der Tabelle mit der query()-Methode des Session-Objekts ab und geben die Ergebnisse aus.

40. Musterabgleich und -ersetzung

Musterabgleich und -ersetzung sind Techniken, um bestimmte Muster in Texten mithilfe von regulären Ausdrücken oder anderen Matching-Algorithmen zu finden und zu ersetzen. Das **re**-Modul von Python bietet eine leistungsstarke Sammlung von Funktionen und Methoden für Musterabgleich und -ersetzung.

Hier ist ein Beispiel, wie man Musterabgleich und -ersetzung in Python verwenden kann:

```
import re

# Find all email addresses in a string and replace them with 'redacted'
string = 'My email is john@example.com and my friend\\'s email is jane@example.com'
redacted = re.sub(r'\\b[\\w.-]+@[\\w.-]+\\.[\\w.-]+\\b', 'redacted', string)
print(redacted)
```

In diesem Beispiel verwenden wir einen regulären Ausdruck, um alle E-Mail-Adressen in einer Zeichenkette zu finden und sie durch das Wort 'redacted' zu ersetzen. Das Muster des regulären Ausdrucks findet Zeichenketten, die E-Mail-Adressen ähneln, wie 'john@example.com' und 'jane@example.com'.

41. Datenabfrage mit SQL

Nachdem du Daten in eine Tabelle eingefügt hast, kannst du sie mit SQL-Abfragen abrufen. Hier ist ein Beispiel:

```
import sqlite3

# Connect to the database
conn = sqlite3.connect('example.db')
```

```
# Create a cursor object to execute SQL queries
c = conn.cursor()

# Execute a SELECT query
c.execute("SELECT * FROM users")
rows = c.fetchall()
for row in rows:
    print(row)

# Close the connection
conn.close()
```

In diesem Beispiel stellen wir zunächst eine Verbindung zur Datenbank **example.db** her und erstellen ein Cursor-Objekt. Dann führen wir eine SELECT-Abfrage aus, um alle Zeilen aus der Tabelle **users** abzurufen, erhalten die Ergebnisse mit der Methode **fetchall()** und geben sie aus. Schließlich schließen wir die Datenbankverbindung.

Du kannst SQL auch zum Filtern, Sortieren und Aggregieren von Daten sowie für komplexere Operationen an deinen Daten verwenden.

42. Daten lesen und filtern

Das Lesen und Filtern von Daten ist eine häufige Aufgabe bei der Datenanalyse und -verarbeitung. Python bietet eine breite Palette von Werkzeugen zum Lesen und Filtern von Daten, darunter das Modul **csv**, die Bibliothek **pandas** und die integrierte Funktion **filter()**.

Hier ist ein Beispiel, wie man Python zum Lesen und Filtern von Daten verwenden kann:

```
import csv

# Read a CSV file and filter its contents
with open('data.csv', 'r') as f:
    reader = csv.DictReader(f)
    data = [row for row in reader if row['score'] > '90']

# Print the filtered data
for row in data:
    print(row['name'], row['score'])
```

In diesem Beispiel verwenden wir das Modul **csv**, um den Inhalt einer CSV-Datei **data.csv** zu lesen und in einer Liste von Wörterbüchern zu speichern. Anschließend filtern wir die Liste, um nur die Zeilen mit einer Punktzahl über 90 einzubeziehen, und geben die gefilterten Daten aus. Dieses Beispiel demonstriert die Grundprinzipien des Lesens und Filterns von Daten in Python.

43. Lesen und Schreiben von Dateien

Neben dem Lesen und Schreiben von Dateien kannst du auch Daten an Dateien anhängen, neue Dateien erstellen und Dateien löschen mit der **open()**-Funktion von Python. Hier sind einige Beispiele:

Daten an eine Datei anhängen:

```python
# Open a file for appending
with open('file.txt', 'a') as file:
    # Append some text to the file
    file.write('Hello, again!')
```

In diesem Beispiel verwenden wir die Funktion **open()**, um eine Datei namens **file.txt** im Anhängemodus mit dem Modusspezifizierer **'a'** zu öffnen. Wir verwenden eine **with**-Anweisung, um sicherzustellen, dass die Datei automatisch geschlossen wird, wenn der Block verlassen wird. Wir fügen der Datei Text hinzu, indem wir die Methode **write()** verwenden.

Eine neue Datei erstellen:

```python
# Open a new file for writing
with open('new_file.txt', 'w') as file:
    # Write some text to the file
    file.write('This is a new file!')
```

In diesem Beispiel verwenden wir die Funktion **open()**, um eine neue Datei namens **new_file.txt** im Schreibmodus mit dem Modusspezifizierer **'w'** zu öffnen. Wir verwenden eine **with**-Anweisung, um sicherzustellen, dass die Datei automatisch geschlossen wird, wenn der Block verlassen wird. Wir schreiben Text in die Datei, indem wir die Methode **write()** verwenden.

Eine Datei löschen:

```python
import os

# Delete a file
os.remove('file.txt')
```

In diesem Beispiel verwenden wir die Funktion **os.remove()**, um eine Datei namens **file.txt** aus dem Dateisystem zu löschen.

Die **open()**-Funktion von Python ermöglicht es dir auch, zusätzliche Parameter wie Kodierung, Pufferung und Zeilenumbruchoptionen anzugeben. Es ist wichtig sicherzustellen, dass Dateien ordnungsgemäß geschlossen werden und dass Dateipfade und Berechtigungen korrekt behandelt werden, um Fehler und Sicherheitsprobleme zu vermeiden.

PYTHON, WERDE EIN MEISTER

44. Lesen und Schreiben von Dateien mit Pythons eingebauter open()-Funktion

Die eingebaute **open()**-Funktion von Python ermöglicht es dir, Dateien zu lesen und zu schreiben. Um eine Datei zum Lesen zu öffnen, kannst du den folgenden Code verwenden:

```
with open('file.txt', 'r') as f:
    content = f.read()
```

Das erste Argument von **open()** ist der Dateiname und das zweite Argument ist der Modus. **'r'** gibt an, dass die Datei zum Lesen geöffnet werden soll. Du kannst Dateien auch zum Schreiben öffnen, Inhalte hinzufügen oder im Binärmodus arbeiten, indem du einen anderen Modus angibst.

Um in eine Datei zu schreiben, kannst du den folgenden Code verwenden:

```
with open('file.txt', 'w') as f:
    f.write('Hello, world!')
```

Dies öffnet die Datei zum Schreiben und schreibt die Zeichenkette **'Hello, world!'** hinein.

45. Lesen und Schreiben von Textdateien

Das Lesen und Schreiben von Textdateien ist eine häufige Aufgabe in vielen Anwendungen, einschließlich Datenverarbeitung, Protokollanalyse und Berichterstellung. Python bietet eine breite Palette von Werkzeugen zum Lesen und Schreiben von Textdateien, darunter die eingebaute **open()**-Funktion und das **csv**-Modul.

Hier ist ein Beispiel, wie man Python zum Lesen und Schreiben von Textdateien verwenden kann:

```
# Read a text file
with open('input.txt', 'r') as f:
    data = f.read()

# Print the data
print(data)

# Write a text file
with open('output.txt', 'w') as f:
    f.write('Hello, world!')
```

In diesem Beispiel verwenden wir die eingebaute **open()**-Funktion, um den Inhalt einer Textdatei namens **input.txt** zu lesen und in einer Variable **data** zu speichern. Dann geben wir

www.cuantum.tech/books

91

den Inhalt der Datei aus. Wir verwenden auch die **open()**-Funktion, um eine neue Textdatei namens **output.txt** zu erstellen und schreiben die Zeichenkette "Hello, world!" hinein. Dieses Beispiel demonstriert die Grundprinzipien des Lesens und Schreibens von Textdateien in Python.

46. Einlesen von Daten aus einer CSV-Datei mit Pandas

Pandas ist eine Python-Bibliothek, die Werkzeuge für die Datenmanipulation und -analyse bereitstellt. Sie bietet auch eine praktische Möglichkeit, CSV-Dateien zu lesen und zu schreiben.

Pandas stellt die Funktion **read_csv()** bereit, um Daten aus einer CSV-Datei in einen Pandas DataFrame einzulesen. Um sie zu nutzen, musst du zuerst die Pandas-Bibliothek importieren:

```python
import pandas as pd
```

Dann kannst du die Funktion **read_csv()** verwenden, um die CSV-Datei zu lesen:

```python
df = pd.read_csv('data.csv')
```

Standardmäßig geht **read_csv()** davon aus, dass die erste Zeile der CSV-Datei Spaltenüberschriften enthält. Wenn deine CSV-Datei keine Spaltenüberschriften hat, kannst du den Parameter **header=None** verwenden, um dies anzugeben:

```python
df = pd.read_csv('data.csv', header=None)
```

Du kannst auch andere Parameter verwenden, um das Verhalten von **read_csv()** anzupassen, wie zum Beispiel das Festlegen des Trennzeichens, der Kodierung und der Datentypen der Spalten.

Sobald du einen DataFrame hast, kannst du seine Methoden und Eigenschaften nutzen, um die Daten zu manipulieren und zu analysieren. Zum Beispiel kannst du die ersten Zeilen des DataFrames mit der Methode **head()** abrufen:

```python
first_few_rows = df.head()
```

Oder du kannst den Mittelwert einer Spalte mit der Methode **mean()** berechnen:

```python
mean_of_column = df['column_name'].mean()
```

Insgesamt bietet Pandas eine leistungsstarke und flexible Möglichkeit, mit tabellarischen Daten in Python zu arbeiten.

47. Reguläre Ausdrücke in Python

Reguläre Ausdrücke sind ein leistungsstarkes und flexibles Werkzeug zur Suche und Manipulation von Textmustern in Python. Das integrierte Modul **re** von Python bietet eine umfangreiche Sammlung von Funktionen und Methoden für die Arbeit mit regulären Ausdrücken.

Hier ist ein Beispiel, wie man reguläre Ausdrücke in Python verwendet, um Text zu suchen und zu manipulieren:

```python
import re

# Match a string that contains 'cat'
string = 'The cat in the hat'
match = re.search('cat', string)
if match:
    print('Match found:', match.group(0))

# Replace all occurrences of 'cat' with 'dog'
new_string = re.sub('cat', 'dog', string)
print('New string:', new_string)
```

In diesem Beispiel verwenden wir die Funktion **re.search()**, um nach dem Muster **'cat'** in der Zeichenkette **'The cat in the hat'** zu suchen. Wenn eine Übereinstimmung gefunden wird, geben wir die übereinstimmende Teilzeichenkette mit der Methode **group()** aus. Dann verwenden wir die Funktion **re.sub()**, um alle Vorkommen von **'cat'** durch **'dog'** in der ursprünglichen Zeichenkette zu ersetzen, und geben die resultierende neue Zeichenkette aus.

Reguläre Ausdrücke bieten viele leistungsstarke Funktionen zur Suche und Manipulation von Textmustern, wie Zeichenklassen, Wiederholungsoperatoren, Anker, Gruppen und Rückverweise. Es ist wichtig, reguläre Ausdrücke sorgfältig und korrekt zu verwenden, da sie komplex und schwer zu debuggen sein können.

48. RESTful APIs und HTTP-Anfragen

Eine RESTful API (Representational State Transfer Application Programming Interface) ist ein Architekturstil zum Aufbau von Webdiensten, der es Clients ermöglicht, mit Serverressourcen über HTTP-Anfragen zu interagieren. RESTful APIs verwenden HTTP-Methoden (wie GET, POST, PUT und DELETE), um Operationen an Ressourcen durchzuführen (wie Abrufen, Erstellen, Aktualisieren und Löschen von Daten).

HTTP (Hypertext Transfer Protocol) ist das Protokoll, das zur Übertragung von Daten im Web verwendet wird. HTTP-Anfragen bestehen aus einer Anfragemethode (wie GET, POST, PUT oder

DELETE), einer URL (Uniform Resource Locator), die die zu zugreifende Ressource identifiziert, sowie optionalen Anfragekopfzeilen und Daten.

Hier ist ein Beispiel, wie man eine HTTP-GET-Anfrage an eine RESTful API sendet:

```python
import requests

response = requests.get('<https://api.example.com/resource>')
data = response.json()
```

In diesem Beispiel verwenden wir die Funktion **requests.get()**, um eine HTTP-GET-Anfrage an die URL **https://api.example.com/resource** zu senden. Wir speichern das Antwortobjekt in der Variable **response** und extrahieren die Antwortdaten im JSON-Format mit der Methode **response.json()**.

RESTful APIs können für eine breite Palette von Anwendungen eingesetzt werden, darunter Web- und Mobile-Anwendungen, Internet der Dinge (IoT)-Geräte und mehr.

49. RESTful-Architektur und HTTP-Methoden

REST (Representational State Transfer) ist ein beliebter Architekturstil zum Aufbau von Webdiensten, die Zugriff auf Daten und Ressourcen über das Internet bieten. RESTful APIs verwenden HTTP-Methoden (GET, POST, PUT, DELETE usw.), um CRUD-Operationen (Create, Read, Update, Delete) an Ressourcen durchzuführen, und nutzen typischerweise JSON oder XML als Datenformat. RESTful APIs sind darauf ausgelegt, zustandslos, skalierbar und cachebar zu sein und können von einer Vielzahl von Clients und Plattformen aus aufgerufen werden.

Hier ist ein Beispiel einer einfachen RESTful API mit dem Mikroframework Flask:

```python
from flask import Flask, jsonify, request

# Define the Flask app
app = Flask(__name__)

# Define a list of users
users = [
    {'id': 1, 'name': 'John', 'email': 'john@example.com'},
    {'id': 2, 'name': 'Jane', 'email': 'jane@example.com'},
    {'id': 3, 'name': 'Bob', 'email': 'bob@example.com'}
]

# Define a route for getting all users
@app.route('/users', methods=['GET'])
def get_users():
    return jsonify(users)

# Define a route for getting a single user
```

```python
@app.route('/users/<int:user_id>', methods=['GET'])
def get_user(user_id):
    for user in users:
        if user['id'] == user_id:
            return jsonify(user)
    return jsonify({'error': 'User not found'})

# Define a route for creating a new user
@app.route('/users', methods=['POST'])
def create_user():
    user = request.json
    user['id'] = len(users) + 1
    users.append(user)
    return jsonify(user)

# Define a route for updating an existing user
@app.route('/users/<int:user_id>', methods=['PUT'])
def update_user(user_id):
    user = request.json
    for i, u in enumerate(users):
        if u['id'] == user_id:
            users[i] = user
            return jsonify(user)
    return jsonify({'error': 'User not found'})

# Define a route for deleting an existing user
@app.route('/users/<int:user_id>', methods=['DELETE'])
def delete_user(user_id):
    for i, user in enumerate(users):
        if user['id'] == user_id:
            del users[i]
            return jsonify({'message': 'User deleted'})
    return jsonify({'error': 'User not found'})

# Run the Flask app
if __name__ == '__main__':
    app.run()
```

In diesem Beispiel definieren wir eine einfache RESTful-API mit dem Micro-Framework **Flask**, mit Routen zum Abrufen aller Benutzer, zum Abrufen eines einzelnen Benutzers, zum Erstellen eines neuen Benutzers, zum Aktualisieren eines vorhandenen Benutzers und zum Löschen eines vorhandenen Benutzers. Jede Route entspricht einer HTTP-Methode (GET, POST, PUT, DELETE) und gibt je nach Ergebnis der Operation JSON-Daten oder eine Fehlermeldung zurück.

50. Mustersuche in Texten

Die Suche nach Mustern in Texten ist eine häufige Aufgabe in vielen Anwendungen, darunter Textverarbeitung, Datenanalyse und natürliche Sprachverarbeitung. Python bietet eine breite

Palette von Werkzeugen zur Mustersuche in Texten, einschließlich regulärer Ausdrücke, String-Methoden und Drittanbieter-Bibliotheken wie NLTK und SpaCy.

Hier ist ein Beispiel, wie man Python zur Suche nach einem Muster in einem Text verwendet:

```python
import re

# Define a regular expression pattern
pattern = r'\\d+'

# Search for the pattern in a string
text = "There are 123 apples and 456 oranges."
matches = re.findall(pattern, text)

# Print the matches
print(matches)
```

In diesem Beispiel definieren wir ein reguläres Ausdrucksmuster, das mit einer oder mehreren Ziffern übereinstimmt. Wir suchen nach diesem Muster in einer Zeichenkette mit der Methode **findall()** des Moduls **re**, die eine Liste aller Übereinstimmungen zurückgibt. Schließlich geben wir die Übereinstimmungen aus. Dieses Beispiel demonstriert die grundlegenden Prinzipien der Mustersuche in Texten mit regulären Ausdrücken.

51. Client-Server-Architektur

Die Client-Server-Architektur ist ein gängiges Entwurfsmuster für Netzwerkanwendungen. In dieser Architektur stellt ein Serverprogramm mehreren Clientprogrammen über ein Netzwerk Dienste zur Verfügung. Die Clients senden Anfragen an den Server, und der Server antwortet mit den angeforderten Informationen oder Diensten.

Das Clientprogramm kann auf einem anderen Computer oder Gerät als das Serverprogramm ausgeführt werden. Die Kommunikation zwischen Server und Client erfolgt typischerweise über ein Kommunikationsprotokoll wie TCP/IP oder HTTP.

Hier ist ein Beispiel für eine einfache Client-Server-Architektur:

```python
# Server program
import socket

# Create a socket object
serversocket = socket.socket(socket.AF_INET, socket.SOCK_STREAM)

# Get the local machine name and port number
host = socket.gethostname()
port = 9999

# Bind the socket to a specific address and port
```

```python
serversocket.bind((host, port))

# Start listening for incoming connections
serversocket.listen(1)

# Wait for a client to connect
clientsocket, address = serversocket.accept()

# Send a message to the client
clientsocket.send('Hello, client!'.encode())

# Close the connection
clientsocket.close()

# Client program
import socket

# Create a socket object
clientsocket = socket.socket(socket.AF_INET, socket.SOCK_STREAM)

# Get the server hostname and port number
host = socket.gethostname()
port = 9999

# Connect to the server
clientsocket.connect((host, port))

# Receive the server's message
data = clientsocket.recv(1024)

# Print the message
print(data.decode())

# Close the connection
clientsocket.close()
```

In diesem Beispiel haben wir ein Server-Programm und ein Client-Programm, die über ein Netzwerk mittels Sockets kommunizieren. Das Server-Programm erstellt ein Socket-Objekt, bindet es an eine bestimmte Adresse und Port und wartet auf eingehende Verbindungen. Wenn sich ein Client verbindet, sendet der Server eine Nachricht an den Client und schließt die Verbindung.

Das Client-Programm erstellt ein Socket-Objekt, verbindet sich mit dem Server und empfängt die vom Server gesendete Nachricht. Schließlich beendet der Client die Verbindung.

Dieses Beispiel demonstriert die grundlegenden Prinzipien der Client-Server-Architektur in Python unter Verwendung von Sockets.

52. SMTP-Server und E-Mail-Authentifizierung

SMTP (Simple Mail Transfer Protocol) ist das Protokoll, das zum Versenden von E-Mails über das Internet verwendet wird. Wenn du eine E-Mail mit der **smtplib**-Bibliothek von Python sendest, musst du den SMTP-Server und die Portnummer angeben. Außerdem musst du die Zugangsdaten deines E-Mail-Kontos (wie deine E-Mail-Adresse und dein Passwort) bereitstellen, um dich beim SMTP-Server anzumelden.

SMTP-Server können eine Authentifizierung verlangen, um unbefugten Zugriff zu verhindern. Es gibt verschiedene Arten der E-Mail-Authentifizierung, wie SMTP-Authentifizierung, DKIM (DomainKeys Identified Mail) und SPF (Sender Policy Framework). Diese Methoden helfen dabei, die Identität des Absenders zu verifizieren und E-Mail-Spoofing und -Spam zu verhindern.

Bei der Verwendung der **smtplib**-Bibliothek zum Versenden von E-Mails ist es wichtig, dein E-Mail-Konto und die SMTP-Server-Einstellungen richtig zu konfigurieren, um eine erfolgreiche Zustellung zu gewährleisten und die Ablehnung oder Blockierung von E-Mails zu verhindern.

53. Socket-Programmierung mit dem socket-Modul

Die Socket-Programmierung ermöglicht es dir, Netzwerkverbindungen herzustellen und Daten zwischen Computern über ein Netzwerk auszutauschen. Python bietet ein integriertes Socket-Modul, mit dem du Sockets erstellen und für die Kommunikation über ein Netzwerk nutzen kannst. Hier ist ein Beispiel:

```python
import socket

# Create a socket object
s = socket.socket(socket.AF_INET, socket.SOCK_STREAM)

# Get local machine name
host = socket.gethostname()

# Define port number
port = 12345

# Bind the socket to a specific address and port
s.bind((host, port))

# Listen for incoming connections
s.listen(5)

# Wait for a client connection
client_socket, client_address = s.accept()
print('Got connection from', client_address)

# Send a message to the client
message = 'Thank you for connecting'
```

```
client_socket.send(message.encode())

# Close the client connection
client_socket.close()

# Close the server socket
s.close()
```

In diesem Beispiel erstellen wir zuerst ein Socket-Objekt mit der Funktion **socket.socket()**. Dann ermitteln wir den Namen des lokalen Rechners und definieren eine zu verwendende Portnummer. Wir binden den Socket an die Adresse und den Port mit der Methode **bind()** und beginnen dann, auf eingehende Verbindungen zu lauschen, indem wir die Methode **listen()** verwenden.

Wenn sich ein Client mit unserem Server verbindet, akzeptieren wir die Verbindung mit der Methode **accept()**, die einen Client-Socket und die Adresse des Clients zurückgibt. Dann senden wir eine Nachricht an den Client mit der Methode **send()** und schließen den Client-Socket.

Schließlich schließen wir den Server-Socket. Dies ist ein einfaches Beispiel, aber du kannst Socket-Programmierung nutzen, um komplexere Netzwerkanwendungen zu erstellen.

54. Zeichenkettenmanipulation

Zeichenkettenmanipulation bezieht sich auf den Prozess der Veränderung von Zeichenketten auf verschiedene Arten. Python bietet viele integrierte Zeichenkettenmethoden, die dir dies ermöglichen. Hier sind einige Beispiele:

```
# Get the length of a string
s = 'Hello, world!'
length = len(s)

# Convert a string to uppercase
s = 'Hello, world!'
uppercase = s.upper()

# Split a string into a list of substrings
s = 'Hello, world!'
substrings = s.split()

# Replace a substring with another string
s = 'Hello, world!'
new_s = s.replace('world', 'Python')
```

PYTHON, WERDE EIN MEISTER

55. Symmetrische und asymmetrische Verschlüsselung

Symmetrische Verschlüsselung ist eine Art der Verschlüsselung, bei der derselbe Schlüssel sowohl zum Verschlüsseln als auch zum Entschlüsseln von Daten verwendet wird. Bei der symmetrischen Verschlüsselung teilen sich Sender und Empfänger der Daten einen gemeinsamen geheimen Schlüssel, der zum Verschlüsseln und Entschlüsseln der Daten verwendet wird.

Asymmetrische Verschlüsselung, auch bekannt als Public-Key-Verschlüsselung, ist eine Art der Verschlüsselung, bei der zwei verschiedene Schlüssel zum Verschlüsseln und Entschlüsseln von Daten verwendet werden. Bei der asymmetrischen Verschlüsselung hat jede Partei einen öffentlichen und einen privaten Schlüssel. Der öffentliche Schlüssel kann mit jedem geteilt werden, während der private Schlüssel geheim gehalten werden muss. Daten, die mit einem öffentlichen Schlüssel verschlüsselt wurden, können nur mit dem entsprechenden privaten Schlüssel entschlüsselt werden.

Sowohl symmetrische als auch asymmetrische Verschlüsselung haben ihre eigenen Stärken und Schwächen und werden in verschiedenen Kontexten je nach Sicherheitsanforderungen und Leistungseinschränkungen eingesetzt.

56. Tokenisierung, Stemming und Part-of-Speech-Tagging (POS)

Tokenisierung, Stemming und Part-of-Speech-Tagging (POS) sind gängige Techniken, die in der natürlichen Sprachverarbeitung (NLP) verwendet werden, um Textdaten für die Analyse vorzuverarbeiten. Die Python-Bibliothek **NLTK** (Natural Language Toolkit) bietet einen umfassenden Satz von Werkzeugen und Ressourcen für NLP, wie Textvorverarbeitung, Part-of-Speech-Tagging, Named Entity Recognition, Sentiment-Analyse und Machine-Learning-Algorithmen.

Hier ist ein Beispiel, wie man **NLTK** verwendet, um Tokenisierung, Stemming und Part-of-Speech-Tagging in einem Textfragment durchzuführen:

```python
import nltk
from nltk.tokenize import word_tokenize
from nltk.stem import SnowballStemmer
from nltk import pos_tag

# Download and install required resources
nltk.download('punkt')
nltk.download('averaged_perceptron_tagger')

# Define some text to preprocess
text = 'The quick brown foxes jumped over the lazy dogs.'
```

```
# Tokenize the text into words
tokens = word_tokenize(text)

# Perform stemming on the tokens
stemmer = SnowballStemmer('english')
stemmed_tokens = [stemmer.stem(word) for word in tokens]

# Perform POS tagging on the tokens
pos_tags = pos_tag(tokens)

# Print the results
print('Original text:', text)
print('Tokenized text:', tokens)
print('Stemmed text:', stemmed_tokens)
print('POS tags:', pos_tags)
```

In diesem Beispiel verwenden wir verschiedene Funktionen und Ressourcen, die von **NLTK** bereitgestellt werden, um ein Textfragment vorzuverarbeiten. Wir tokenisieren den Text in Wörter mit der Funktion **word_tokenize()**, führen Stemming an den Tokens mit der Klasse **SnowballStemmer** durch und führen POS-Tagging (Wortarten) an den Tokens mit der Funktion **pos_tag()** durch. Die POS-Tags repräsentieren die syntaktische Kategorie jedes Wortes im Text, wie Substantiv, Verb, Adjektiv usw. Schließlich geben wir die Ergebnisse jedes Schritts in der Konsole aus.

57. Web-API-Integration mit der requests-Bibliothek

Die Python-Bibliothek **requests** bietet eine einfache und flexible Möglichkeit, HTTP-Anfragen zu senden und sich mit Web-APIs zu integrieren. Hier ist ein Beispiel:

```
import requests

response = requests.get('<https://api.example.com/resource>', params={'param1': 'value1'})
data = response.json()

response = requests.post('<https://api.example.com/resource>', json={'key1': 'value1'})
data = response.json()

response = requests.put('<https://api.example.com/resource/123>', json={'key1': 'value1'})
data = response.json()

response = requests.delete('<https://api.example.com/resource/123>')
```

In diesem Beispiel verwenden wir die Funktionen **requests.get()**, **requests.post()**, **requests.put()** und **requests.delete()**, um HTTP-Anfragen an verschiedene URLs und mit verschiedenen HTTP-Methoden zu senden. Wir verwenden die Parameter **params** und **json**, um Abfrageparameter und Anfragedaten in die Anfragen einzubeziehen.

Wir extrahieren die Antwortdaten im JSON-Format mit der Methode **response.json()**. Die **requests**-Bibliothek bietet auch viele andere Funktionen wie Anfrage-Header, Cookies, Timeouts und Authentifizierung, um die Integration mit Web-APIs zu erleichtern.

58. Web-API mit Flask

Web-APIs sind eine beliebte Methode, um Zugriff auf Daten und Dienste über das Internet bereitzustellen. Das Python-Mikroframework **Flask** bietet ein leichtgewichtiges und flexibles Framework zum Erstellen von Web-APIs unter Verwendung von HTTP-Anfragen und -Antworten. Flask ermöglicht es dir, Routen und Handler für eingehende Anfragen zu definieren und JSON oder andere Inhaltstypen als Antwort zurückzugeben.

Hier ist ein Beispiel, wie du **Flask** verwenden kannst, um eine einfache Web-API zu definieren:

```python
from flask import Flask, jsonify

# Define the Flask app
app = Flask(__name__)

# Define a route and a handler for the root endpoint
@app.route('/')
def hello():
    return 'Hello, world!'

# Define a route and a handler for a JSON API endpoint
@app.route('/api/data')
def data():
    data = {'name': 'John', 'age': 30, 'city': 'New York'}
    return jsonify(data)

# Run the Flask app
if __name__ == '__main__':
    app.run()
```

In diesem Beispiel definieren wir eine **Flask**-Anwendung mit der Klasse **Flask()** und legen zwei Routen mit dem Dekorator **route()** und der entsprechenden HTTP-Methode (standardmäßig GET) fest. Wir definieren einen Handler für den Root-Endpunkt, der eine einfache Textnachricht zurückgibt, und einen Handler für einen JSON-API-Endpunkt, der ein Wörterbuch mit Daten als JSON mithilfe der Funktion **jsonify()** zurückgibt. Schließlich führen wir die **Flask**-Anwendung mit der Methode **run()** aus. Wenn die Anwendung läuft, lauscht sie auf eingehende Anfragen am angegebenen Port (standardmäßig Port 5000) und leitet sie an den entsprechenden Handler basierend auf der URL und HTTP-Methode weiter. Dieses Beispiel demonstriert die grundlegende Struktur einer Flask-Web-API und wie man Routen und Handler für verschiedene Endpunkte definiert.

59. Webentwicklung mit dem Flask-Framework

Flask ist ein Web-Mikroframework für Python, das es dir ermöglicht, Webanwendungen schnell und einfach zu erstellen. Hier ist ein Beispiel:

```python
from flask import Flask, render_template

app = Flask(__name__)

@app.route('/')
def hello_world():
    return 'Hello, World!'

@app.route('/about')
def about():
    return render_template('about.html')

if __name__ == '__main__':
    app.run()
```

In diesem Beispiel importieren wir das Flask-Modul und erstellen ein Flask-Anwendungsobjekt. Wir definieren zwei Routen mit dem Dekorator **@app.route()**: eine für die Root-URL (**/**), die eine Zeichenfolge zurückgibt, und eine andere für eine About-Seite (**/about**), die eine HTML-Vorlage rendert.

Dann starten wir den Flask-Entwicklungsserver mit der Methode **app.run()**. Dies ist ein einfaches Beispiel, aber Flask bietet viele Funktionen zur Handhabung von HTTP-Anfragen, Routing, Templates und mehr.

60. Web Scraping mit BeautifulSoup

Web Scraping ist der Prozess, Daten von Websites mithilfe von automatisierten Skripten oder Programmen zu extrahieren. Die Python-Bibliothek **BeautifulSoup** bietet eine einfache und benutzerfreundliche Schnittstelle zum Analysieren von HTML- und XML-Dokumenten und zum Extrahieren von Daten daraus.

Hier ist ein Beispiel, wie man **BeautifulSoup** zum Scraping von Daten einer Website verwendet:

```python
import requests
from bs4 import BeautifulSoup
```

```
# Send an HTTP request to the website
response = requests.get('<https://www.example.com>')

# Parse the HTML content using BeautifulSoup
soup = BeautifulSoup(response.content, 'html.parser')

# Find all the links on the page
links = soup.find_all('a')

# Print the links
for link in links:
    print(link.get('href'))
```

In diesem Beispiel verwenden wir die Bibliothek **requests**, um eine HTTP-Anfrage an die Website **https://www.example.com** zu senden und deren HTML-Inhalt abzurufen. Wir verwenden die Bibliothek **BeautifulSoup**, um den HTML-Inhalt zu analysieren und alle Links auf der Seite mit der Methode **find_all()** zu extrahieren. Anschließend iterieren wir durch die Links und geben ihre **href**-Attribute aus.

BeautifulSoup bietet viele weitere Funktionen und Optionen für Web Scraping, wie das Filtern und Suchen nach bestimmten Tags und Attributen, die Handhabung verschiedener Codierungen und Dokumenttypen sowie die Navigation durch die HTML-Baumstruktur. Es ist wichtig, die Richtlinien der Website und gesetzliche Vorschriften beim Scraping von Daten von Websites zu respektieren.

61. Web Scraping mit Beautiful Soup und Requests

Web Scraping ist der Prozess der Extraktion von Daten aus Websites mittels automatisierter Software-Tools und ist eine gängige Technik für Data Mining, Forschung und Analyse. Beautiful Soup und Requests sind zwei beliebte Python-Bibliotheken für Web Scraping, die eine einfache und leistungsstarke API zum Navigieren durch HTML- und XML-Dokumente und zum Abrufen von Daten von Webseiten bieten.

Hier ist ein Beispiel, wie man Beautiful Soup und Requests verwenden kann, um Daten von einer Webseite zu scrapen:

```
import requests
from bs4 import BeautifulSoup

# Fetch the HTML content of a web page
url = '<https://en.wikipedia.org/wiki/List_of_countries_by_GDP_(nominal)>'
response = requests.get(url)
html = response.content

# Parse the HTML content using Beautiful Soup
soup = BeautifulSoup(html, 'html.parser')
```

```
# Extract the table data from the web page
table = soup.find('table', {'class': 'wikitable sortable'})
rows = table.findAll('tr')
for row in rows:
    cols = row.findAll('td')
    for col in cols:
        print(col.text.strip())
```

In diesem Beispiel verwenden wir die Bibliothek **requests**, um den HTML-Inhalt einer Wikipedia-Seite abzurufen, und nutzen Beautiful Soup, um den HTML-Inhalt zu analysieren und die Tabellendaten von der Seite zu extrahieren. Wir verwenden die Methoden **find()** und **findAll()** des **soup**-Objekts, um durch das HTML-Dokument zu navigieren und die gewünschten Elemente auszuwählen, und wir nutzen das Attribut **text**, um den Textinhalt der ausgewählten Elemente zu extrahieren. Dieses Beispiel demonstriert die grundlegenden Prinzipien des Web Scrapings mit Beautiful Soup und Requests.

62. Web Scraping mit Selenium

Web Scraping ist der Prozess der Extraktion von Daten aus Websites mithilfe von automatisierten Skripten oder Tools. Die Python-Bibliothek **Selenium** bietet ein leistungsstarkes und flexibles Framework zur Automatisierung von Webbrowsern und zur Durchführung von Web-Scraping-Aufgaben.

Hier ist ein Beispiel, wie man **Selenium** zum Scrapen von Daten einer Website verwenden kann:

```
from selenium import webdriver

# Create a webdriver instance and load a website
driver = webdriver.Chrome()
driver.get('<https://www.example.com>')

# Find an element on the page using a CSS selector and print its text content
element = driver.find_element_by_css_selector('#header')
print(element.text)

# Click a button on the page to load more data
button = driver.find_element_by_css_selector('#load-more')
button.click()

# Wait for some time to let the new data load
driver.implicitly_wait(10)

# Find a list of elements on the page and print their text content
elements = driver.find_elements_by_css_selector('.item')
for element in elements:
    print(element.text)
```

```
# Close the browser window
driver.quit()
```

In diesem Beispiel erstellen wir eine **webdriver**-Instanz mit dem Chrome-Browser-Treiber und laden eine Website namens **https://www.example.com**. Wir verwenden verschiedene Methoden, die von **Selenium** bereitgestellt werden, um Elemente auf der Seite zu finden und mit ihnen zu interagieren, wie das Finden eines Elements anhand seines CSS-Selektors, das Klicken auf eine Schaltfläche und das Warten auf das Laden neuer Daten. Dann finden wir eine Liste von Elementen auf der Seite und geben deren Textinhalt aus. Schließlich schließen wir das Browserfenster mit der Methode **quit()**.

63. Widgets und Ereignisbehandlung

In der Programmierung grafischer Benutzeroberflächen (GUI) sind Widgets die visuellen Elemente, mit denen Benutzer interagieren, wie Schaltflächen, Textfelder und Menüs. **Tkinter** bietet viele integrierte Widgets, die Sie zur Erstellung von GUI-Anwendungen verwenden können. Widgets haben verschiedene Eigenschaften und Optionen, die Sie konfigurieren können, wie Größe, Farbe, Schriftart und Layout.

Die Ereignisbehandlung ist der Prozess des Reagierens auf Benutzeraktionen oder -ereignisse, wie Mausklicks, Mausbewegungen oder Tastatureingaben. **Tkinter** bietet eine integrierte Ereignisschleife, die ständig Benutzerereignisse überprüft und Ereignishandler aktiviert, wenn Ereignisse auftreten. Sie können Ereignishandler an Widgets binden, indem Sie die Methode **bind()** verwenden, die einen Ereignistyp und eine Callback-Funktion als Argumente nimmt.

Hier ist ein Beispiel für die Verwendung von Widgets und Ereignisbehandlung in **Tkinter**:

```python
import tkinter as tk

# Define the event handler function
def on_button_click():
    label.config(text='Button clicked!')

# Create a new window
window = tk.Tk()

# Create a label
label = tk.Label(window, text='Hello, Tkinter!')

# Add the label to the window
label.pack()

# Create a button
button = tk.Button(window, text='Click me!', command=on_button_click)

# Add the button to the window
```

```
button.pack()

# Start the main event loop
window.mainloop()
```

In diesem Beispiel definieren wir eine Ereignisbehandlungsfunktion namens on_button_click(), die den Text des Labels ändert, wenn auf den Button geklickt wird. Wir erstellen ein Label und einen Button mithilfe der Funktionen tk.Label() und tk.Button() und fügen sie dem Fenster mit der pack()-Methode hinzu. Wir binden die Funktion on_button_click() an den Button über den command-Parameter. Schließlich starten wir die Hauptereignisschleife mit der mainloop()-Methode.

Übungen für die Mittelstufe

Übung 1: Web Scraping

Konzepte:

- HTTP-Anfragen mit dem requests-Modul

- HTML-Parsing mit BeautifulSoup

Beschreibung: Web Scraping ist eine häufige Aufgabe für viele Python-Programmierer. In dieser Übung schreibst du ein Skript, das Daten von einer Website extrahiert.

Lösung:

```
import requests
from bs4 import BeautifulSoup

url = '<https://www.example.com>'
response = requests.get(url)
soup = BeautifulSoup(response.text, 'html.parser')

# Find all links on the page
links = soup.find_all('a')
for link in links:
    print(link.get('href'))
```

Übung 2: Datei-Ein/Ausgabe

Konzepte:

- Lesen und Schreiben von Dateien mit der integrierten open()-Funktion von Python

- Zeichenkettenmanipulation

Beschreibung: Die Arbeit mit Dateien ist ein wesentlicher Bestandteil jeder Programmiersprache. In dieser Übung schreibst du ein Skript, das Daten aus einer Datei liest und Daten in eine Datei schreibt.

Lösung:

```python
# Read data from a file
with open('input.txt', 'r') as f:
    data = f.read()

# Manipulate the data
data = data.upper()

# Write data to a file
with open('output.txt', 'w') as f:
    f.write(data)
```

Übung 3: Datenanalyse

Konzepte:

- Lesen von Daten aus einer CSV-Datei mit Pandas

- Datenmanipulation mit Pandas

- Grundlegende Datenanalyse mit Pandas

Beschreibung: Python verfügt über ein umfangreiches Ökosystem von Bibliotheken für die Datenanalyse. In dieser Übung verwendest du die Pandas-Bibliothek, um Daten aus einer CSV-Datei zu lesen und einige grundlegende Datenanalysen durchzuführen.

Lösung:

```python
import pandas as pd

# Read data from a CSV file
data = pd.read_csv('data.csv')

# Display the first 5 rows of the data
print(data.head())

# Calculate some basic statistics
print(data.describe())
```

Übung 4: Kommandozeilen-Schnittstelle

Konzepte:

- Kommandozeilenargumente mit dem argparse-Modul

- Zeichenkettenmanipulation

Beschreibung: Python kann zur Erstellung von Kommandozeilenwerkzeugen verwendet werden. In dieser Übung schreibst du ein Skript, das Kommandozeilenargumente akzeptiert und eine Aufgabe basierend auf diesen Argumenten ausführt.

Lösung:

```python
import argparse

# Create an argument parser
parser = argparse.ArgumentParser()
parser.add_argument('name', help='Your name')
parser.add_argument('age', type=int, help='Your age')
args = parser.parse_args()

# Print a greeting
greeting = f'Hello, {args.name}! You are {args.age} years old.'
print(greeting)
```

Übung 5: API-Integration

Konzepte:

- HTTP-Anfragen mit dem requests-Modul

- JSON-Parsing

Beschreibung: Viele moderne Anwendungen verfügen über APIs, auf die programmatisch zugegriffen werden kann. In dieser Übung schreibst du ein Skript, das mit einer RESTful API interagiert.

Lösung:

```python
import requests

# Make a GET request to an API
url = '<https://api.example.com/users>'
response = requests.get(url)

# Parse the response as JSON
data = response.json()

# Display the data
for user in data:
    print(user['name'], user['email'])
```

Übung 6: Reguläre Ausdrücke

Konzepte:

- Reguläre Ausdrücke mit dem re-Modul

- Validierung von Benutzereingaben

Beschreibung: Reguläre Ausdrücke sind leistungsstarke Werkzeuge für die Mustererkennung und Datenvalidierung. In dieser Übung schreibst du ein Skript, das reguläre Ausdrücke verwendet, um Benutzereingaben zu validieren.

Lösung:

```python
import re

# Define a regular expression pattern for email validation
pattern = r'^[a-zA-Z0-9._%+-]+@[a-zA-Z0-9.-]+\\.[a-zA-Z]{2,}$'

# Get user input
email = input('Enter your email address: ')

# Validate the input using the regular expression
if re.match(pattern, email):
    print('Valid email address')
else:
    print('Invalid email address')
```

Übung 7: Objektorientierte Programmierung

Konzepte:

- Klassen und Objekte

- Kapselung

- Vererbung

Beschreibung: Objektorientierte Programmierung ist ein grundlegendes Konzept in Python. In dieser Übung schreibst du eine einfache Klasse, die die Prinzipien der objektorientierten Programmierung demonstriert.

Lösung:

```python
class Person:
    def __init__(self, name, age):
        self.name = name
        self.age = age
```

```
    def greet(self):
        print(f'Hello, my name is {self.name} and I am {self.age} years old.')

class Student(Person):
    def __init__(self, name, age, major):
        super().__init__(name, age)
        self.major = major

    def describe(self):
        print(f'I am a student majoring in {self.major}.')

# Create objects and call methods
person = Person('Alice', 25)
person.greet()

student = Student('Bob', 20, 'Computer Science')
student.greet()
student.describe()
```

Übung 8: Nebenläufigkeit

Konzepte:

- Threads mit dem threading-Modul

- Synchronisation mit Locks

Beschreibung: Python verfügt über leistungsstarke Nebenläufigkeitsfunktionen, die es dir ermöglichen, nebenläufige und parallele Programme zu schreiben. In dieser Übung schreibst du ein Skript, das die nebenläufige Programmierung mit Threads demonstriert.

Lösung:

```
import threading

counter = 0
lock = threading.Lock()

def increment():
    global counter
    with lock:
        counter += 1

threads = []
for i in range(10):
    t = threading.Thread(target=increment)
    threads.append(t)
    t.start()
```

```
for t in threads:
    t.join()

print(f'The counter is {counter}.')
```

Übung 9: Testen

Konzepte:

- Unit-Tests mit dem unittest-Modul

- Testgetriebene Entwicklung

Beschreibung: Testen ist ein entscheidender Teil der Softwareentwicklung. In dieser Übung wirst du Unit-Tests für eine einfache Funktion schreiben.

Lösung:

```
import unittest

def is_palindrome(s):
    return s == s[::-1]

class TestPalindrome(unittest.TestCase):
    def test_is_palindrome(self):
        self.assertTrue(is_palindrome('racecar'))
        self.assertFalse(is_palindrome('hello'))

if __name__ == '__main__':
    unittest.main()
```

Übung 10: Datenvisualisierung

Konzepte:

- Datenvisualisierung mit Matplotlib

- Liniendiagramme

Beschreibung: Datenvisualisierung ist ein wesentlicher Bestandteil der Datenanalyse. In dieser Übung wirst du die Matplotlib-Bibliothek verwenden, um ein einfaches Liniendiagramm zu erstellen.

Lösung:

```
import matplotlib.pyplot as plt
```

```
# Create some data
x = [1, 2, 3, 4, 5]
y = [2, 4, 6, 8, 10]

# Create a line chart
plt.plot(x, y)

# Add labels and a title
plt.xlabel('X values')
plt.ylabel('Y values')
plt.title('Line chart')

# Display the chart
plt.show()
```

Übung 11: Datenbankoperationen

Konzepte:

- Verbindung zu einer Datenbank mit dem SQLite3-Modul

- Tabellen erstellen und Daten einfügen

- Datenabfrage mit SQL

Beschreibung: Python verfügt über eine breite Palette von Bibliotheken für die Arbeit mit Datenbanken. In dieser Übung schreibst du ein Skript, das einige gängige Datenbankoperationen durchführt.

Lösung:

```
import sqlite3

# Connect to the database
conn = sqlite3.connect('example.db')

# Create a table
conn.execute('''CREATE TABLE IF NOT EXISTS users
                (id INTEGER PRIMARY KEY,
                name TEXT,
                email TEXT)''')

# Insert some data
conn.execute("INSERT INTO users (name, email) VALUES (?, ?)", ('Alice',
'alice@example.com'))
conn.execute("INSERT INTO users (name, email) VALUES (?, ?)", ('Bob',
'bob@example.com'))
```

```
# Query the data
cursor = conn.execute("SELECT id, name, email FROM users")
for row in cursor:
    print(f'{row[0]} - {row[1]} ({row[2]})')

# Close the database connection
conn.close()
```

Übung 12: Netzwerke

Konzepte:

- Socket-Programmierung mit dem socket-Modul

- Client-Server-Architektur

Beschreibung: Python verfügt über hervorragende Netzwerkfähigkeiten, mit denen du Netzwerkanwendungen erstellen kannst. In dieser Übung schreibst du ein Skript, das einen einfachen Server und Client implementiert.

Lösung:

```
# Server code
import socket

server_socket = socket.socket(socket.AF_INET, socket.SOCK_STREAM)
server_socket.bind(('localhost', 8000))
server_socket.listen(1)

while True:
    client_socket, address = server_socket.accept()
    data = client_socket.recv(1024)
    response = data.upper()
    client_socket.sendall(response)
    client_socket.close()

# Client code
import socket

client_socket = socket.socket(socket.AF_INET, socket.SOCK_STREAM)
client_socket.connect(('localhost', 8000))
client_socket.sendall(b'Hello, server!')
response = client_socket.recv(1024)
print(response)
client_socket.close()
```

Übung 13: Datenwissenschaft

Konzepte:

- Datenmanipulation mit NumPy und Pandas

- Datenanalyse mit Pandas

Beschreibung: Python ist aufgrund seiner leistungsstarken Bibliotheken eine beliebte Sprache für die Datenwissenschaft. In dieser Übung wirst du die Bibliotheken NumPy und Pandas verwenden, um Datenanalysen durchzuführen.

Lösung:

```python
import numpy as np
import pandas as pd

# Create some data
data = {'x': np.arange(10),
        'y': np.random.randn(10)}

# Create a DataFrame from the data
df = pd.DataFrame(data)

# Calculate some statistics
print(df.mean())
print(df.std())

# Create a new column based on a calculation
df['z'] = df['x'] * df['y']

# Display the DataFrame
print(df)
```

Übung 14: Webentwicklung

Konzepte:

- Webentwicklung mit dem Flask-Framework

- HTTP-Methoden und Routing

Beschreibung: Python kann zur Erstellung von Webanwendungen mit verschiedenen Web-Frameworks verwendet werden. In dieser Übung wirst du eine einfache Webanwendung mit Flask schreiben.

Lösung:

```
from flask import Flask, request

app = Flask(__name__)

@app.route('/', methods=['GET'])
def home():
    return 'Hello, world!'

@app.route('/greet', methods=['POST'])
def greet():
    name = request.form.get('name')
    return f'Hello, {name}!'

if __name__ == '__main__':
    app.run()
```

Übung 15: Asynchrone Programmierung

Konzepte:

- Asynchrone Programmierung mit asyncio

- Coroutinen

Beschreibung: Python verfügt über leistungsstarke Funktionen für die asynchrone Programmierung, mit denen du effiziente und skalierbare Programme schreiben kannst. In dieser Übung wirst du ein Skript schreiben, das die asynchrone Programmierung mit asyncio demonstriert.

Lösung:

```
import asyncio

async def coroutine():
    print('Coroutine started')
    await asyncio.sleep(1)
    print('Coroutine ended')

loop = asyncio.get_event_loop()
loop.run_until_complete(coroutine())
loop.close()
```

Dieses Skript definiert eine Coroutine mit dem Schlüsselwort **async**. Die Coroutine wartet eine Sekunde mit der Funktion **asyncio.sleep()**. Die Funktion **asyncio.get_event_loop()** wird verwendet, um eine Ereignisschleife zu erstellen, und die Methode **loop.run_until_complete()** wird verwendet, um die Coroutine bis zum Abschluss auszuführen. Schließlich wird die Ereignisschleife mit der Methode **loop.close()** geschlossen.

Beachte, dass der obige Code nur die Grundkonzepte der asynchronen Programmierung mit asyncio demonstriert. Komplexere Programme können zusätzliche Konzepte und Techniken erfordern, wie Ereignisschleifen, Futures und Callbacks.

Übung 16: Bildverarbeitung

Konzepte:

* Bildverarbeitung mit der Pillow-Bibliothek

* Bildmanipulation und -konvertierung

Beschreibung: Python verfügt über viele Bibliotheken zur Arbeit mit Bildern. In dieser Übung verwendest du die Pillow-Bibliothek, um einige grundlegende Bildverarbeitungsaufgaben durchzuführen.

Lösung:

```
from PIL import Image

# Open an image file
image = Image.open('image.jpg')

# Display information about the image
print(image.format)
print(image.size)
print(image.mode)

# Convert the image to grayscale
grayscale_image = image.convert('L')
grayscale_image.show()

# Resize the image
resized_image = image.resize((300, 300))
resized_image.show()

# Save the image in a different format
resized_image.save('image.png')
```

Übung 17: E-Mail-Versand

Konzepte:

* E-Mail-Versand mit der smtplib-Bibliothek

* SMTP-Server und E-Mail-Authentifizierung

Beschreibung: Python verfügt über Bibliotheken zum programmatischen Versenden von E-Mails. In dieser Übung schreibst du ein Skript, das eine E-Mail mit der smtplib-Bibliothek versendet.

Lösung:

```python
import smtplib

sender_email = 'your_email@example.com'
sender_password = 'your_password'
receiver_email = 'recipient_email@example.com'
message = 'Hello, world!'

with smtplib.SMTP('smtp.gmail.com', 587) as server:
    server.starttls()
    server.login(sender_email, sender_password)
    server.sendmail(sender_email, receiver_email, message)
```

Übung 18: Web-API-Integration

Konzepte:

- RESTful APIs und HTTP-Anfragen

- Web-API-Integration mit der requests-Bibliothek

Beschreibung: Python kann für die Integration mit vielen verschiedenen Web-APIs verwendet werden. In dieser Übung schreibst du ein Skript, das mit einer RESTful Web-API unter Verwendung der requests-Bibliothek interagiert.

Lösung:

```python
import requests

response = requests.get('<https://api.example.com/users>')
data = response.json()

for user in data:
    print(user['name'], user['email'])
```

Übung 19: Datenverschlüsselung

Konzepte:

- Datenverschlüsselung mit der cryptography-Bibliothek

- • Symmetrische und asymmetrische Verschlüsselung

Beschreibung: Python verfügt über integrierte Bibliotheken zum Verschlüsseln und Entschlüsseln von Daten. In dieser Übung schreibst du ein Skript, das Daten mit der cryptography-Bibliothek verschlüsselt und entschlüsselt.

Lösung:

```python
from cryptography.fernet import Fernet
from cryptography.hazmat.primitives import hashes
from cryptography.hazmat.primitives.asymmetric import rsa, padding
from cryptography.hazmat.primitives.serialization import load_pem_private_key,
load_pem_public_key

# Symmetric encryption
key = Fernet.generate_key()
fernet = Fernet(key)
plaintext = b'This is a secret message'
ciphertext = fernet.encrypt(plaintext)
decrypted_plaintext = fernet.decrypt(ciphertext)
print(decrypted_plaintext)

# Asymmetric encryption
private_key = rsa.generate_private_key(
    public_exponent=65537,
    key_size=2048
)
public_key = private_key.public_key()

plaintext = b'This is a secret message'
ciphertext = public_key.encrypt(
    plaintext,
    padding.OAEP(
        mgf=padding.MGF1(algorithm=hashes.SHA256()),
        algorithm=hashes.SHA256(),
        label=None
    )
)

decrypted_plaintext = private_key.decrypt(
    ciphertext,
    padding.OAEP(
        mgf=padding.MGF1(algorithm=hashes.SHA256()),
        algorithm=hashes.SHA256(),
        label=None
    )
)
print(decrypted_plaintext)
```

Übung 20: GUI-Programmierung

Konzepte:

- GUI-Programmierung mit der Tkinter-Bibliothek

- Widgets und Ereignisbehandlung

Beschreibung: Python verfügt über Bibliotheken zum Erstellen von grafischen Benutzeroberflächen (GUIs). In dieser Übung schreibst du ein Skript, das die Tkinter-Bibliothek verwendet, um eine einfache GUI zu erstellen.

Lösung:

```python
import tkinter as tk

def button_clicked():
    label.config(text='Hello, world!')

root = tk.Tk()

label = tk.Label(root, text='Welcome to my GUI')
label.pack()

button = tk.Button(root, text='Click me!', command=button_clicked)
button.pack()

root.mainloop()
```

Dieses Skript erstellt ein Fenster mit der Methode **tkinter.Tk()**. Dann erstellt es ein **Label**-Widget und ein **Button**-Widget und packt sie mit der **pack()**-Methode in das Fenster. Schließlich tritt es mit der **mainloop()**-Methode in die Hauptereignisschleife ein.

Wenn der Button angeklickt wird, wird die Funktion **button_clicked()** aufgerufen, die den Text des Label-Widgets mit der **config()**-Methode aktualisiert.

Übung 21: Datei-Ein/Ausgabe

Konzepte:

- Datei-Ein/Ausgabe in Python

- Lesen und Schreiben von Dateien

Beschreibung: Python verfügt über eine integrierte Unterstützung zum Lesen und Schreiben von Dateien. In dieser Übung schreibst du ein Skript, das aus einer Datei liest und in eine Datei schreibt.

Lösung:

```
# Write to a file
with open('example.txt', 'w') as file:
    file.write('Hello, world!\\n')
    file.write('How are you today?\\n')

# Read from a file
with open('example.txt', 'r') as file:
    for line in file:
        print(line.strip())
```

Übung 22: Protokollierung

Konzepte:

- Protokollierung in Python

- Protokollierungsebenen und Handler

Beschreibung: Python verfügt über eine integrierte Unterstützung für die Protokollierung. In dieser Übung schreibst du ein Skript, das einige Nachrichten in eine Datei protokolliert.

Lösung:

```
import logging

logging.basicConfig(filename='example.log', level=logging.DEBUG)

logging.debug('This is a debug message')
logging.info('This is an info message')
logging.warning('This is a warning message')
logging.error('This is an error message')
logging.critical('This is a critical message')
```

Übung 23: Web Scraping

Konzepte:

- Web Scraping mit BeautifulSoup

- HTML-Parsing und -Navigation

Beschreibung: Python kann für Web Scraping verwendet werden, was das Extrahieren von Daten aus Websites beinhaltet. In dieser Übung verwendest du die BeautifulSoup-Bibliothek, um Daten von einer Website zu scrapen.

Lösung:

```
import requests
from bs4 import BeautifulSoup

response =
requests.get('<https://en.wikipedia.org/wiki/Python_(programming_language)>')
soup = BeautifulSoup(response.text, 'html.parser')
print(soup.title.string)

links = soup.find_all('a')
for link in links:
    print(link.get('href'))
```

Übung 24: Nebenläufigkeit mit asyncio

Konzepte:

- Asynchrone Programmierung mit asyncio

- Coroutinen und Ereignisschleifen

Beschreibung: Python verfügt über eine starke Unterstützung für asynchrone Programmierung mit der asyncio-Bibliothek. In dieser Übung schreibst du ein Skript, das die Verwendung von asyncio für nebenläufige Programmierung demonstriert.

Lösung:

```
import asyncio

async def coroutine(id):
    print(f'Coroutine {id} started')
    await asyncio.sleep(1)
    print(f'Coroutine {id} ended')

async def main():
    tasks = []
    for i in range(10):
        tasks.append(asyncio.create_task(coroutine(i)))
    await asyncio.gather(*tasks)

asyncio.run(main())
```

Übung 25: Datenanalyse mit Pandas

Konzepte:

- Datenanalyse mit Pandas

- Laden und Bearbeiten von Daten mit DataFrames

Beschreibung: Pandas ist eine leistungsstarke Bibliothek für Datenanalyse und -manipulation in Python. In dieser Übung verwendest du Pandas, um einige Datenanalyseaufgaben durchzuführen.

Lösung:

Konzepte: • Datenanalyse mit Pandas • Laden und Manipulation von Daten mit DataFrames Beschreibung: Pandas ist eine leistungsstarke Bibliothek für Datenanalyse und -manipulation in Python. In dieser Übung wirst du Pandas verwenden, um einige Datenanalyseaufgaben durchzuführen. Lösung:

```python
import pandas as pd

# Load data from a CSV file
data = pd.read_csv('example.csv')

# Print the first five rows of the data
print(data.head())

# Calculate some statistics on the data
print(data.describe())

# Group the data by a column and calculate some statistics
grouped_data = data.groupby('category')
print(grouped_data.mean())
```

In diesem Skript laden wir Daten aus einer CSV-Datei in einen Pandas-DataFrame. Dann drucken wir die ersten fünf Zeilen der Daten mit der Methode **head()** aus und berechnen einige Statistiken über die Daten mit der Methode **describe()**.

Schließlich gruppieren wir die Daten nach der Spalte **category** mit der Methode **groupby()** und berechnen einige Statistiken für jede Gruppe mit der Methode **mean()**.

Übung 26: Reguläre Ausdrücke

Konzepte:

- Reguläre Ausdrücke in Python

- Mustersuche und -ersetzung

Beschreibung: Reguläre Ausdrücke sind ein leistungsstarkes Werkzeug für die Suche und Manipulation von Text. In dieser Übung schreibst du ein Skript, das reguläre Ausdrücke verwendet, um Muster im Text zu suchen.

Lösung:

```
import re

text = 'The quick brown fox jumps over the lazy dog'

# Search for a pattern in the text
pattern = r'\\b\\w{4}\\b'
matches = re.findall(pattern, text)
print(matches)

# Substitute a pattern in the text
pattern = r'\\bthe\\b'
replaced_text = re.sub(pattern, 'a', text, flags=re.IGNORECASE)
print(replaced_text)
```

Übung 27: Datenbank-ORM

Konzepte:

- Objekt-relationales Mapping mit SQLAlchemy

- Tabellenerstellung und Datenabfrage

Beschreibung: Python verfügt über viele Bibliotheken für objekt-relationales Mapping (ORM) zur Arbeit mit Datenbanken. In dieser Übung schreibst du ein Skript, das das SQLAlchemy-ORM verwendet, um mit einer Datenbank zu interagieren.

Lösung:

```
from sqlalchemy import create_engine, Column, Integer, String
from sqlalchemy.orm import sessionmaker
from sqlalchemy.ext.declarative import declarative_base

# Define a database engine
engine = create_engine('sqlite:///example.db')

# Define a session factory
Session = sessionmaker(bind=engine)

# Define a declarative base
Base = declarative_base()

# Define a model class
class User(Base):
    __tablename__ = 'users'

    id = Column(Integer, primary_key=True)
    name = Column(String)
```

```
    email = Column(String)

# Create the table
Base.metadata.create_all(engine)

# Add some data
session = Session()
session.add(User(name='Alice', email='alice@example.com'))
session.add(User(name='Bob', email='bob@example.com'))
session.commit()

# Query the data
users = session.query(User).all()
for user in users:
    print(user.name, user.email)
```

Übung 28: Web Scraping mit Selenium

Konzepte:

- Web Scraping mit Selenium

- Browser-Automatisierung und DOM-Manipulation

Beschreibung: Selenium ist eine beliebte Bibliothek für Web Scraping, mit der du einen Webbrowser programmatisch steuern kannst. In dieser Übung schreibst du ein Skript, das Selenium verwendet, um Daten von einer Website zu extrahieren.

Lösung:

```
from selenium import webdriver

driver = webdriver.Chrome()

driver.get('<https://en.wikipedia.org/wiki/Python_(programming_language)>')

heading = driver.find_element_by_tag_name('h1')
print(heading.text)

links = driver.find_elements_by_tag_name('a')
for link in links:
    print(link.get_attribute('href'))

driver.close()
```

Übung 29: Verarbeitung natürlicher Sprache

Konzepte:

- Verarbeitung natürlicher Sprache mit der NLTK-Bibliothek

- Tokenisierung, Stemming und Part-of-Speech-Tagging (POS)

Beschreibung: Python verfügt über viele Bibliotheken für die Verarbeitung natürlicher Sprache (NLP). In dieser Übung verwendest du die NLTK-Bibliothek, um einige grundlegende NLP-Aufgaben durchzuführen.

Lösung:

```python
import nltk
from nltk.tokenize import word_tokenize
from nltk.stem import PorterStemmer
from nltk import pos_tag

nltk.download('punkt')
nltk.download('averaged_perceptron_tagger')

text = 'The quick brown fox jumped over the lazy dogs'

# Tokenize the text
tokens = word_tokenize(text)
print(tokens)

# Stem the tokens
stemmer = PorterStemmer()
stemmed_tokens = [stemmer.stem(token) for token in tokens]
print(stemmed_tokens)

# Perform part-of-speech tagging on the tokens
pos_tags = pos_tag(tokens)
print(pos_tags)
```

Übung 30: Maschinelles Lernen

Konzepte:

- Maschinelles Lernen mit scikit-learn

- Datenvorbereitung, Modelltraining und Vorhersage

Beschreibung: Python verfügt über viele Bibliotheken für maschinelles Lernen, darunter scikit-learn. In dieser Übung verwendest du scikit-learn, um ein einfaches maschinelles Lernmodell zu trainieren.

Lösung:

```
import pandas as pd
from sklearn.model_selection import train_test_split
from sklearn.linear_model import LinearRegression

# Load data from a CSV file
data = pd.read_csv('example.csv')

# Prepare the data
X = data['x'].values.reshape(-1, 1)
y = data['y'].values.reshape(-1, 1)

# Split the data into training and testing sets
X_train, X_test, y_train, y_test = train_test_split(X, y, test_size=0.2,
random_state=0)

# Train the model
model = LinearRegression()
model.fit(X_train, y_train)

# Make predictions on the test set
y_pred = model.predict(X_test)

# Evaluate the model
score = model.score(X_test, y_test)
print(score)
```

In diesem Skript laden wir Daten aus einer CSV-Datei in ein Pandas-DataFrame. Dann bereiten wir die Daten vor, indem wir sie in Eingabe- (X) und Ausgabevariablen (y) aufteilen und sie mit der Methode **train_test_split()** in Trainings- und Testdatensätze unterteilen.

Anschließend trainieren wir ein lineares Regressionsmodell mit den Trainingsdaten und erstellen Vorhersagen für die Testdaten mit der Methode **predict()**. Schließlich bewerten wir die Leistung des Modells mit der Methode **score()**, die den Bestimmtheitskoeffizienten (R^2) für das Modell berechnet.

Übung 31: Bilderkennung mit Deep Learning

Konzepte:

- Deep Learning mit Keras
- Convolutional Neural Networks und Bilderkennung

Beschreibung: Deep Learning ist eine leistungsstarke Technik für die Bilderkennung. In dieser Übung wirst du die Keras-Bibliothek verwenden, um ein Deep-Learning-Modell für die Bilderkennung zu trainieren.

Lösung:

```python
import numpy as np
from keras.datasets import mnist
from keras.models import Sequential
from keras.layers import Dense, Flatten, Conv2D, MaxPooling2D
from keras.utils import to_categorical

# Load the MNIST dataset
(X_train, y_train), (X_test, y_test) = mnist.load_data()

# Preprocess the data
X_train = X_train.reshape(-1, 28, 28, 1) / 255.0
X_test = X_test.reshape(-1, 28, 28, 1) / 255.0
y_train = to_categorical(y_train)
y_test = to_categorical(y_test)

# Define the model architecture
model = Sequential()
model.add(Conv2D(32, (3, 3), activation='relu', input_shape=(28, 28, 1)))
model.add(MaxPooling2D((2, 2)))
model.add(Conv2D(64, (3, 3), activation='relu'))
model.add(MaxPooling2D((2, 2)))
model.add(Conv2D(64, (3, 3), activation='relu'))
model.add(Flatten())
model.add(Dense(64, activation='relu'))
model.add(Dense(10, activation='softmax'))

# Compile the model
model.compile(optimizer='adam',                        loss='categorical_crossentropy',
metrics=['accuracy'])

# Train the model
model.fit(X_train, y_train, epochs=5, batch_size=64)

# Evaluate the model
loss, accuracy = model.evaluate(X_test, y_test)
print(accuracy)
```

Übung 32: Web-APIs mit Flask

Konzepte:

- Web-APIs mit Flask
- RESTful-Architektur und HTTP-Methoden

Beschreibung: Flask ist ein leichtgewichtiges Web-Framework für Python. In dieser Übung schreibst du eine einfache Flask-Anwendung, die eine Web-API bereitstellt.

Lösung:

```python
from flask import Flask, request

app = Flask(__name__)

@app.route('/hello', methods=['GET'])
def hello():
    name = request.args.get('name')
    if name:
        return f'Hello, {name}!'
    else:
        return 'Hello, world!'

if __name__ == '__main__':
    app.run()
```

Übung 33: GUI-Programmierung mit PyQt

Konzepte:

- GUI-Programmierung mit PyQt

- Widgets und Ereignisbehandlung

Beschreibung: PyQt ist eine leistungsstarke Bibliothek zum Erstellen grafischer Benutzeroberflächen (GUIs) mit Python. In dieser Übung schreibst du ein Skript, das PyQt verwendet, um eine einfache GUI zu erstellen.

Lösung:

```python
import sys
from PyQt5.QtWidgets import QApplication, QWidget, QLabel, QLineEdit, QPushButton

class MyWindow(QWidget):
    def __init__(self):
        super().__init__()

        self.label = QLabel('Enter your name:', self)
        self.label.move(50, 50)

        self.textbox = QLineEdit(self)
        self.textbox.move(50, 80)

        self.button = QPushButton('Say hello', self)
        self.button.move(50, 110)
        self.button.clicked.connect(self.button_clicked)

        self.setWindowTitle('Hello, world!')
```

```
    self.setGeometry(100, 100, 200, 150)

def button_clicked(self):
    name = self.textbox.text()
    self.label.setText(f'Hello, {name}!')

app = QApplication(sys.argv)
window = MyWindow()
window.show()
sys.exit(app.exec_())
```

Übung 34: Web Scraping mit Beautiful Soup und Requests

Konzepte:

- Web Scraping mit Beautiful Soup und Requests

- HTML-Analyse und -Navigation

Beschreibung: Beautiful Soup und Requests sind beliebte Bibliotheken für das Web Scraping. In dieser Übung schreibst du ein Skript, das diese Bibliotheken verwendet, um Daten von einer Website zu extrahieren.

Lösung:

```
import requests
from bs4 import BeautifulSoup

url = '<https://en.wikipedia.org/wiki/Python_(programming_language)>'

response = requests.get(url)
soup = BeautifulSoup(response.text, 'html.parser')

title = soup.find('h1', {'id': 'firstHeading'}).text
print(title)

content = soup.find('div', {'id': 'mw-content-text'}).text
print(content[:100])
```

Übung 35: Datenvisualisierung mit Matplotlib

Konzepte:

- Datenvisualisierung mit Matplotlib

- Liniendiagramme und Beschriftungen

Beschreibung: Matplotlib ist eine beliebte Bibliothek zur Datenvisualisierung in Python. In dieser Übung schreibst du ein Skript, das Matplotlib verwendet, um ein einfaches Liniendiagramm zu erstellen.

Lösung:

```python
import matplotlib.pyplot as plt

x = [1, 2, 3, 4, 5]
y = [1, 4, 9, 16, 25]

plt.plot(x, y)
plt.xlabel('x')
plt.ylabel('y')
plt.title('A Simple Line Plot')
plt.show()
```

Übung 36: Datenanalyse mit NumPy

Konzepte:

- Datenanalyse mit NumPy
- Erstellung und Manipulation von Arrays

Beschreibung: NumPy ist eine leistungsstarke Bibliothek für numerische Berechnungen in Python. In dieser Übung schreibst du ein Skript, das NumPy verwendet, um einige grundlegende Datenanalyseaufgaben durchzuführen.

Lösung:

```python
import numpy as np

# Create a 2D array
data = np.array([[1, 2, 3], [4, 5, 6], [7, 8, 9]])

# Print the array
print(data)

# Calculate some statistics on the array
print(np.mean(data))
print(np.median(data))
print(np.std(data))

# Reshape the array
reshaped_data = data.reshape(1, 9)
print(reshaped_data)
```

Übung 37: Objektorientierte Programmierung

Konzepte:

- Objektorientierte Programmierung in Python

- Klassen, Objekte und Vererbung

Beschreibung: Python ist eine objektorientierte Programmiersprache. In dieser Übung schreibst du ein Skript, das die Verwendung der objektorientierten Programmierung in Python demonstriert.

Lösung:

```python
class Shape:
    def __init__(self, x, y):
        self.x = x
        self.y = y

    def move(self, dx, dy):
        self.x += dx
        self.y += dy

class Rectangle(Shape):
    def __init__(self, x, y, width, height):
        super().__init__(x, y)
        self.width = width
        self.height = height

    def area(self):
        return self.width * self.height

class Circle(Shape):
    def __init__(self, x, y, radius):
        super().__init__(x, y)
        self.radius = radius

    def area(self):
        return 3.14159 * self.radius ** 2

rect = Rectangle(0, 0, 10, 5)
print(rect.area())
rect.move(1, 1)
print(rect.x, rect.y)

circ = Circle(0, 0, 5)
print(circ.area())
circ.move(2, 2)
print(circ.x, circ.y)
```

In diesem Skript definieren wir eine Klasse **Shape**, die Koordinaten **x** und **y** hat, sowie eine Methode **move()**, die die Form um einen bestimmten Betrag in x- und y-Richtung bewegt.

Dann definieren wir eine Klasse **Rectangle**, die von **Shape** erbt und Attribute für **width** und **height** sowie eine Methode **area()** hinzufügt, die die Fläche des Rechtecks berechnet.

Wir definieren auch eine Klasse **Circle**, die von **Shape** erbt und ein Attribut für **radius** sowie eine Methode **area()** hinzufügt, die die Fläche des Kreises berechnet.

Schließlich erstellen wir Instanzen der Klassen **Rectangle** und **Circle** und rufen ihre Methoden **area()** und **move()** auf.

Übung 38: Reguläre Ausdrücke

Konzepte:

- Reguläre Ausdrücke in Python
- Mustersuche in Texten

Beschreibung: Reguläre Ausdrücke sind ein leistungsstarkes Werkzeug für die Textverarbeitung in Python. In dieser Übung schreibst du ein Skript, das reguläre Ausdrücke verwendet, um Muster in einer Textdatei zu suchen.

Lösung:

```python
import re

with open('example.txt', 'r') as f:
    data = f.read()

pattern = r'\\d{3}-\\d{2}-\\d{4}'
matches = re.findall(pattern, data)

for match in matches:
    print(match)
```

In diesem Skript öffnen wir eine Textdatei und lesen ihren Inhalt in eine Variable. Dann definieren wir ein reguläres Ausdrucksmuster, das einer Sozialversicherungsnummer im Format XXX-XX-XXXX entspricht.

Wir verwenden die Funktion **findall()** aus dem Modul **re**, um alle Vorkommen des Musters im Text zu finden und geben diese aus.

Übung 39: Datei-Ein/Ausgabe

Konzepte:

- Datei-Ein/Ausgabe in Python

- Lesen und Schreiben von Textdateien

Beschreibung: Die Datei-Ein/Ausgabe ist eine häufige Aufgabe bei der Programmierung mit Python. In dieser Übung schreibst du ein Skript, das Daten aus einer Datei liest, eine Verarbeitung durchführt und die Ergebnisse in eine andere Datei schreibt.

Lösung:

```python
with open('input.txt', 'r') as f:
    data = f.readlines()

# Process the data
output = []
for line in data:
    line = line.strip()
    words = line.split()
    words.reverse()
    output.append(' '.join(words))

# Write the results to a file
with open('output.txt', 'w') as f:
    for line in output:
        f.write(line + '\\n')
```

In diesem Skript öffnen wir eine Eingabedatei und lesen ihren Inhalt in eine Liste von Zeichenketten. Dann verarbeiten wir die Daten, indem wir jede Zeile in Wörter aufteilen, die Reihenfolge der Wörter umkehren und sie wieder zu einer einzigen Zeichenkette verbinden.

Wir schreiben die resultierenden Zeichenketten in eine Ausgabedatei, wobei jede Zeichenkette in einer separaten Zeile steht.

Übung 40: Datenmanipulation mit Pandas

Konzepte:

- Datenmanipulation mit Pandas

- Lesen und Filtern von Daten

Beschreibung: Pandas ist eine leistungsstarke Bibliothek für die Datenmanipulation in Python. In dieser Übung schreibst du ein Skript, das Pandas verwendet, um einen Datensatz zu laden, zu verarbeiten und zu analysieren.

Lösung:

```python
import pandas as pd
```

```
# Load the data from a CSV file
data = pd.read_csv('example.csv')

# Filter the data to include only rows where the value is greater than 5
filtered_data = data[data['value'] > 5]

# Calculate the mean and standard deviation of the filtered data
mean = filtered_data['value'].mean()
std = filtered_data['value'].std()

print(f'Mean: {mean}')
print(f'Standard deviation: {std}')
```

In diesem Skript laden wir einen Datensatz aus einer CSV-Datei in einen Pandas-DataFrame. Dann filtern wir die Daten, um nur die Zeilen einzuschließen, bei denen der Wert größer als 5 ist.

Wir berechnen den Mittelwert und die Standardabweichung der gefilterten Daten mit den Methoden **mean()** und **std()** des DataFrames und geben die Ergebnisse aus.

Fortgeschrittene Ebene - Konzepte

1. Aggregation:

In der Programmierung bezieht sich Aggregation auf den Prozess des Sammelns und Zusammenfassens von Daten aus mehreren Quellen oder Objekten. Es ist eine nützliche Technik zur Analyse großer Datenmengen und zum Gewinnen von Erkenntnissen über komplexe Systeme.

Nehmen wir zum Beispiel an, Sie haben eine Liste von Verkaufsdaten für ein Unternehmen, die Informationen über jeden Verkauf enthält, wie den Kunden, das verkaufte Produkt, das Verkaufsdatum und den Preis. Um diese Daten zu analysieren, möchten Sie sie möglicherweise nach Produkt oder Kunde aggregieren, um zu sehen, welche Produkte sich am besten verkaufen oder welche Kunden den meisten Umsatz generieren.

In Python können Sie Aggregationsfunktionen wie sum(), count() und mean() verwenden, um diese Art von Analyse an Ihren Daten durchzuführen.

Hier ist ein Beispiel für die Verwendung von Aggregation in Python:

```python
sales_data = [
    {'customer': 'Alice', 'product': 'Widget', 'date': '2022-01-01', 'price': 100},
    {'customer': 'Bob', 'product': 'Gizmo', 'date': '2022-01-02', 'price': 200},
    {'customer': 'Charlie', 'product': 'Widget', 'date': '2022-01-03', 'price': 150},
    {'customer': 'Alice', 'product': 'Thingamajig', 'date': '2022-01-04', 'price': 75},
    {'customer': 'Bob', 'product': 'Widget', 'date': '2022-01-05', 'price': 125},
    {'customer': 'Charlie', 'product': 'Gizmo', 'date': '2022-01-06', 'price': 250},
]

# Aggregate by product
product_sales = {}
for sale in sales_data:
    product = sale['product']
    if product not in product_sales:
        product_sales[product] = []
    product_sales[product].append(sale['price'])

for product, sales in product_sales.items():
```

```
    print(f"{product}: total sales = {sum(sales)}, avg. sale price = {sum(sales) /
len(sales)}")

# Output:
# Widget: total sales = 225, avg. sale price = 112.5
# Gizmo: total sales = 450, avg. sale price = 225.0
# Thingamajig: total sales = 75, avg. sale price = 75.0


# Aggregate by customer
customer_sales = {}
for sale in sales_data:
    customer = sale['customer']
    if customer not in customer_sales:
        customer_sales[customer] = []
    customer_sales[customer].append(sale['price'])

for customer, sales in customer_sales.items():
    print(f"{customer}: total sales = {sum(sales)}, avg. sale price = {sum(sales) /
len(sales)}")

# Output:
# Alice: total sales = 175, avg. sale price = 87.5
# Bob: total sales = 325, avg. sale price = 162.5
# Charlie: total sales = 400, avg. sale price = 200.0
```

2. ARIMA-Modell (Fortsetzung):

Das ARIMA-Modell besteht aus drei Komponenten: der autoregressiven Komponente (AR), der integrierten Komponente (I) und der Moving-Average-Komponente (MA). Die AR-Komponente bezieht sich auf die Regression der Variable auf ihre eigenen vergangenen Werte, die MA-Komponente bezieht sich auf die Regression der Variable auf vergangene Prognosefehler, und die I-Komponente bezieht sich auf die Differenzierung der Zeitreihe, um sie stationär zu machen.

Hier ist ein Beispiel für die Verwendung des ARIMA-Modells in Python:

```python
import pandas as pd
import numpy as np
import matplotlib.pyplot as plt
from statsmodels.tsa.arima.model import ARIMA

# Load the data
data = pd.read_csv("sales.csv", parse_dates=['date'], index_col='date')

# Create the ARIMA model
model = ARIMA(data, order=(1, 1, 1))

# Fit the model
```

```
result = model.fit()

# Make a forecast
forecast = result.forecast(steps=30)

# Plot the results
plt.plot(data.index, data.values)
plt.plot(forecast.index, forecast.values)
plt.show()
```

3. AWS:

AWS (Amazon Web Services) ist eine Cloud-Computing-Plattform, die eine breite Palette von Diensten zum Aufbau, zur Bereitstellung und zur Verwaltung von Anwendungen und Infrastruktur in der Cloud anbietet. Zu den wichtigsten von AWS angebotenen Diensten gehören virtuelle Server (EC2), Speicher (S3), Datenbanken (RDS) und maschinelles Lernen (SageMaker).

AWS ist eine beliebte Wahl für viele Unternehmen und Entwickler, da es eine skalierbare und kostengünstige Möglichkeit bietet, Anwendungen zu erstellen und bereitzustellen. Mit AWS können Sie ganz einfach neue Server oder Ressourcen erstellen, wenn Ihre Anwendung wächst, und Sie zahlen nur für das, was Sie nutzen.

Hier ist ein Beispiel für die Verwendung von AWS in Python:

```
import boto3

# Create an S3 client
s3 = boto3.client('s3')

# Upload a file to S3
with open('test.txt', 'rb') as f:
    s3.upload_fileobj(f, 'my-bucket', 'test.txt')

# Download a file from S3
with open('test.txt', 'wb') as f:
    s3.download_fileobj('my-bucket', 'test.txt', f)
```

4. Balkendiagramm:

Ein Balkendiagramm ist eine grafische Darstellung von Daten, die rechteckige Balken verwendet, um die Größe oder Häufigkeit einer Variablen zu zeigen. Balkendiagramme werden häufig verwendet, um die Werte verschiedener Kategorien oder Gruppen zu vergleichen, und können in Python leicht mit Bibliotheken wie Matplotlib oder Seaborn erstellt werden.

Hier ist ein Beispiel, wie man ein Balkendiagramm in Python erstellt:

```python
import matplotlib.pyplot as plt

# Create some data
x = ['A', 'B', 'C', 'D']
y = [10, 20, 30, 40]

# Create a bar chart
plt.bar(x, y)

# Add labels and title
plt.xlabel('Category')
plt.ylabel('Value')
plt.title('My Bar Chart')

# Show the chart
plt.show()
```

5. Beautiful Soup Bibliothek:

Beautiful Soup ist eine Python-Bibliothek, die für Web Scraping und das Parsen von HTML- und XML-Dokumenten verwendet wird. Sie bietet eine einfache und intuitive Schnittstelle zum Navigieren und Manipulieren komplexer HTML- und XML-Daten, was die Extraktion der Informationen, die Sie von Websites benötigen, erleichtert.

Hier ist ein Beispiel für die Verwendung von Beautiful Soup in Python:

```python
from bs4 import BeautifulSoup
import requests

# Load a webpage
response = requests.get("<https://www.example.com>")
html = response.content

# Parse the HTML with Beautiful Soup
soup = BeautifulSoup(html, 'html.parser')

# Extract the title of the webpage
title = soup.title.text

# Print the title
print(title)
```

Ausgabe:

```
Example Domain
```

6. Big Data:

Big Data bezieht sich auf extrem große und komplexe Datensätze, die mit herkömmlichen Datenverarbeitungsmethoden schwer zu verarbeiten sind. Big Data zeichnet sich durch die vier Vs aus: Volumen (die Datenmenge), Velocity (die Geschwindigkeit, mit der Daten erzeugt werden), Variety (die verschiedenen Datentypen) und Veracity (die Qualität und Genauigkeit der Daten).

Beispiele für Big Data sind Daten aus sozialen Netzwerken, Sensordaten und Transaktionsdaten. Big Data wird typischerweise mit verteilten Computertechnologien wie Hadoop und Spark verarbeitet, die eine parallele Verarbeitung großer Datensätze auf mehreren Knoten ermöglichen.

7. Big Data Verarbeitung:

Big Data Verarbeitung ist der Prozess der Analyse und Verarbeitung großer und komplexer Datensätze unter Verwendung verteilter Computertechnologien. Die Big Data Verarbeitung erfolgt typischerweise mit Tools wie Hadoop und Spark, die ein Framework für die verteilte Verarbeitung großer Datensätze auf mehreren Knoten bereitstellen.

Der Hauptvorteil der Big Data Verarbeitung ist die Fähigkeit, große Datensätze schnell und effizient zu verarbeiten und zu analysieren, was zu Erkenntnissen und Entdeckungen führen kann, die mit traditionellen Datenverarbeitungsmethoden nicht möglich wären.

Hier ist ein Beispiel für die Durchführung von Big Data Verarbeitung in Python mit der PySpark-Bibliothek:

```python
from pyspark import SparkContext, SparkConf

# Configure the Spark context
conf = SparkConf().setAppName("MyApp")
sc = SparkContext(conf=conf)

# Load the data
data = sc.textFile("mydata.txt")

# Perform some processing
result = data.filter(lambda x: x.startswith("A")).count()

# Print the result
print(result)
```

8. Boto3 Bibliothek:

Boto3 ist eine Python-Bibliothek zur Interaktion mit Amazon Web Services (AWS) mittels Python-Code. Boto3 bietet eine benutzerfreundliche API für die Arbeit mit AWS-Diensten wie EC2, S3 und RDS.

Hier ist ein Beispiel für die Verwendung von Boto3 zur Interaktion mit AWS in Python:

```python
import boto3

# Create an EC2 client
ec2 = boto3.client('ec2')

# Start a new EC2 instance
response = ec2.run_instances(
    ImageId='ami-0c55b159cbfafe1f0',
    InstanceType='t2.micro',
    KeyName='my-key-pair',
    MinCount=1,
    MaxCount=1
)

# Get the ID of the new instance
instance_id = response['Instances'][0]['InstanceId']

# Stop the instance
ec2.stop_instances(InstanceIds=[instance_id])
```

9. Candlestick-Charts:

Ein Candlestick-Chart ist eine Art von Finanzdiagramm, das verwendet wird, um die Kursbewegungen von Aktien über die Zeit darzustellen. Es ist ein nützliches Werkzeug zur Visualisierung von Mustern und Trends in Aktienkursen und wird häufig von Händlern und Analysten verwendet.

Ein Candlestick-Chart besteht aus einer Reihe von Balken oder "Kerzen", die die Eröffnungs-, Schluss-, Höchst- und Tiefstpreise einer Aktie während eines bestimmten Zeitraums darstellen. Die Länge und Farbe der Kerzen können verwendet werden, um anzuzeigen, ob der Aktienkurs während dieses Zeitraums gestiegen oder gefallen ist.

Hier ist ein Beispiel, wie man ein Candlestick-Chart in Python mit der Matplotlib-Bibliothek erstellt:

```python
import matplotlib.pyplot as plt
from mpl_finance import candlestick_ohlc
import pandas as pd
```

```python
import numpy as np
import matplotlib.dates as mpl_dates

# Load the data
data = pd.read_csv('stock_prices.csv', parse_dates=['date'])

# Convert the data to OHLC format
ohlc = data[['date', 'open', 'high', 'low', 'close']]
ohlc['date'] = ohlc['date'].apply(lambda x: mpl_dates.date2num(x))
ohlc = ohlc.astype(float).values.tolist()

# Create the candlestick chart
fig, ax = plt.subplots()
candlestick_ohlc(ax, ohlc)

# Set the x-axis labels
date_format = mpl_dates.DateFormatter('%d %b %Y')
ax.xaxis.set_major_formatter(date_format)
fig.autofmt_xdate()

# Set the chart title
plt.title('Stock Prices')

# Show the chart
plt.show()
```

In diesem Beispiel laden wir zunächst die Aktienkursdaten aus einer CSV-Datei, konvertieren sie in das OHLC-Format (Open-High-Low-Close) und erstellen dann mit der Matplotlib-Bibliothek ein Candlestick-Chart. Außerdem formatieren wir die X-Achsenbeschriftungen und setzen den Titel des Diagramms, bevor wir es anzeigen.

10. Client-Server-Architektur:

Die Client-Server-Architektur ist eine Computerarchitektur, bei der ein Client-Programm Anfragen über ein Netzwerk an ein Server-Programm sendet, und das Server-Programm auf diese Anfragen antwortet. Diese Architektur wird in vielen verschiedenen Arten von Anwendungen eingesetzt, wie Webanwendungen, Datenbankmanagementsystemen und Fileservern.

In einer Client-Server-Architektur ist das Client-Programm typischerweise eine Benutzeroberfläche, die es Benutzern ermöglicht, mit der Anwendung zu interagieren, während das Server-Programm für die Verarbeitung der Anfragen und die Rückgabe der Ergebnisse verantwortlich ist. Das Server-Programm kann auf einem entfernten Rechner laufen, was es mehreren Clients ermöglicht, gleichzeitig auf dieselbe Anwendung zuzugreifen.

Hier ist ein Beispiel für die Implementierung einer einfachen Client-Server-Architektur in Python:

```
# Server code
import socket

# Create a TCP/IP socket
sock = socket.socket(socket.AF_INET, socket.SOCK_STREAM)

# Bind the socket to a specific address and port
server_address = ('localhost', 12345)
sock.bind(server_address)

# Listen for incoming connections
sock.listen(1)

while True:
    # Wait for a connection
    connection, client_address = sock.accept()

    try:
        # Receive the data from the client
        data = connection.recv(1024)

        # Process the data
        result = process_data(data)

        # Send the result back to the client
        connection.sendall(result)
    finally:
        # Clean up the connection
        connection.close()

# Client code
import socket

# Create a TCP/IP socket
sock = socket.socket(socket.AF_INET, socket.SOCK_STREAM)

# Connect the socket to the server's address and port
server_address = ('localhost', 12345)
sock.connect(server_address)

try:
    # Send some data to the server
    data = b'Hello, server!'
    sock.sendall(data)

    # Receive the response from the server
    result = sock.recv(1024)
finally:
    # Clean up the socket
    sock.close()
```

In diesem Beispiel erstellen wir eine einfache Client-Server-Architektur mit Sockets. Das Serverprogramm lauscht auf eingehende Verbindungen, empfängt Daten vom Client, verarbeitet die Daten und sendet das Ergebnis zurück an den Client. Das Client-Programm verbindet sich mit dem Server, sendet Daten an den Server, empfängt das Ergebnis, verarbeitet das Ergebnis und schließt die Verbindung.

In einer realen Client-Server-Architektur wäre das Client-Programm typischerweise ein Webbrowser oder eine mobile Anwendung, während das Server-Programm ein Webserver oder Anwendungsserver wäre. Das Server-Programm würde mehrere gleichzeitige Client-Verbindungen verwalten und könnte bei Bedarf auch mit anderen Servern und Diensten kommunizieren.

11. Cloud Computing:

Cloud Computing ist die Bereitstellung von Computerdienstleistungen, einschließlich Servern, Speicher, Datenbanken und Software, über das Internet. Cloud Computing ermöglicht es Unternehmen und Einzelpersonen, bei Bedarf auf Computerressourcen zuzugreifen, ohne physische Infrastruktur zu benötigen, und nur für das zu bezahlen, was sie nutzen.

Beispiele für Cloud-Computing-Dienste sind Amazon Web Services (AWS), Microsoft Azure und Google Cloud Platform (GCP). Cloud Computing hat die Art und Weise revolutioniert, wie Unternehmen und Einzelpersonen auf Computerressourcen zugreifen und diese nutzen, wodurch schnelle Innovation und Skalierbarkeit ermöglicht werden.

12. Kollaboratives Filtern:

Kollaboratives Filtern ist eine Technik, die in Empfehlungssystemen verwendet wird, um die Interessen eines Nutzers basierend auf den Präferenzen ähnlicher Nutzer vorherzusagen. Kollaboratives Filtern funktioniert, indem es historische Nutzerdaten und deren Interaktionen mit Produkten oder Dienstleistungen analysiert und Muster und Ähnlichkeiten zwischen Nutzern identifiziert.

Es gibt zwei Haupttypen des Kollaborativen Filterns: Nutzerbasiertes Kollaboratives Filtern und Itembasiertes Kollaboratives Filtern. Nutzerbasiertes Kollaboratives Filtern empfiehlt einem Nutzer Produkte oder Dienstleistungen basierend auf den Präferenzen ähnlicher Nutzer, während Itembasiertes Kollaboratives Filtern einem Nutzer ähnliche Produkte oder Dienstleistungen basierend auf seinen Präferenzen empfiehlt.

Hier ist ein Beispiel für die Implementierung von Kollaborativem Filtern in Python mit der Surprise-Bibliothek:

```
from surprise import Dataset
from surprise import Reader
from surprise import KNNWithMeans
```

```
# Load the data
reader = Reader(line_format='user item rating', sep=',', rating_scale=(1, 5))
data = Dataset.load_from_file('ratings.csv', reader=reader)

# Train the model
sim_options = {'name': 'pearson_baseline', 'user_based': False}
algo = KNNWithMeans(sim_options=sim_options)
trainset = data.build_full_trainset()
algo.fit(trainset)

# Get the top recommendations for a user
user_id = 123
n_recommendations = 10
user_items = trainset.ur[user_id]
candidate_items = [item_id for (item_id, _) in trainset.all_items() if item_id not in
user_items]
predictions = [algo.predict(user_id, item_id) for item_id in candidate_items]
top_recommendations       =       sorted(predictions,       key=lambda       x:       x.est,
reverse=True)[:n_recommendations]
```

13. Computernetzwerke:

Computernetzwerke ist das Fachgebiet, das sich auf den Entwurf, die Implementierung und die Wartung von Computernetzwerken konzentriert. Ein Computernetzwerk ist eine Sammlung von Geräten wie Computern, Druckern und Servern, die miteinander verbunden sind, um Ressourcen und Informationen zu teilen.

Computernetzwerke sind wesentlich, um die Kommunikation und Zusammenarbeit zwischen Geräten und Benutzern an verschiedenen Standorten und in verschiedenen Umgebungen zu ermöglichen. Computernetzwerke können mit einer Vielzahl von Technologien und Protokollen wie TCP/IP, DNS und HTTP entworfen und implementiert werden.

14. Computer Vision:

Computer Vision ist das Fachgebiet, das sich darauf konzentriert, Computern die Interpretation und das Verstehen visueller Daten aus ihrer Umgebung, wie Bilder und Videos, zu ermöglichen. Computer Vision wird in einer breiten Palette von Anwendungen eingesetzt, wie autonomen Fahrzeugen, Gesichtserkennung und Objekterkennung.

Computer Vision beinhaltet den Einsatz von Techniken wie Bildverarbeitung, Mustererkennung und maschinelles Lernen, um Computern die Interpretation und das Verstehen visueller Daten zu ermöglichen. Zu den wichtigsten Herausforderungen im Bereich Computer Vision gehören die Objekterkennung, die Objektverfolgung und die Szenenrekonstruktion.

Hier ist ein Beispiel, wie man Computer Vision in Python mit der OpenCV-Bibliothek implementiert:

```python
import cv2

# Load an image
img = cv2.imread('example.jpg')

# Convert the image to grayscale
gray = cv2.cvtColor(img, cv2.COLOR_BGR2GRAY)

# Apply edge detection
edges = cv2.Canny(gray, 100, 200)

# Display the results
cv2.imshow('Original Image', img)
cv2.imshow('Grayscale Image', gray)
cv2.imshow('Edges', edges)
cv2.waitKey(0)
cv2.destroyAllWindows()
```

In diesem Beispiel laden wir ein Bild, konvertieren es in Graustufen und wenden die Kantenerkennung mit dem Canny-Algorithmus an. Dann zeigen wir das Originalbild, das Graustufenbild und die erkannten Kanten im Bild an.

15. Convolutional Neural Network:

Ein Convolutional Neural Network (CNN) ist eine Art von Deep Neural Network, die häufig für Bilderkennungs- und Klassifizierungsaufgaben verwendet wird. Ein CNN besteht aus mehreren Schichten, darunter Faltungsschichten (Convolutional Layers), Pooling-Schichten und vollständig verbundene Schichten (Fully Connected Layers).

In einem CNN wenden die Faltungsschichten Filter auf das Eingabebild an, um Merkmale wie Kanten und Texturen zu extrahieren. Die Pooling-Schichten reduzieren die Größe der Feature-Maps, um die Größe der Eingabe zu verringern, während wichtige Merkmale erhalten bleiben. Die vollständig verbundenen Schichten verwenden die Ausgabe der vorherigen Schichten, um das Bild zu klassifizieren.

Hier ist ein Beispiel für die Implementierung eines CNN in Python mit der Keras-Bibliothek:

```python
from keras.models import Sequential
from keras.layers import Conv2D, MaxPooling2D, Flatten, Dense

# Create the CNN model
model = Sequential()
model.add(Conv2D(32, (3, 3), activation='relu', input_shape=(28, 28, 1)))
model.add(MaxPooling2D((2, 2)))
```

```
model.add(Conv2D(64, (3, 3), activation='relu'))
model.add(MaxPooling2D((2, 2)))
model.add(Conv2D(64, (3, 3), activation='relu'))
model.add(Flatten())
model.add(Dense(64, activation='relu'))
model.add(Dense(10, activation='softmax'))

# Compile the model
model.compile(optimizer='adam',                    loss='categorical_crossentropy',
metrics=['accuracy'])

# Train the model
model.fit(x_train, y_train, epochs=5, validation_data=(x_test, y_test))
```

In diesem Beispiel erstellen wir ein CNN-Modell mit der Keras-Bibliothek, das aus mehreren Faltungsschichten, Pooling-Schichten und vollständig verbundenen Schichten besteht. Dann kompilieren wir das Modell mit dem Adam-Optimierer und der kategorialen Kreuzentropie-Verlustfunktion und trainieren das Modell mit einem Bilddatensatz. Die Ausgabe des Modells ist eine Wahrscheinlichkeitsverteilung über die möglichen Bildklassen.

16. CPU-gebundene Aufgaben:

CPU-gebundene Aufgaben sind Aufgaben, die hauptsächlich Rechenleistung der CPU (Central Processing Unit) benötigen, um abgeschlossen zu werden. Diese Aufgaben beinhalten in der Regel mathematische Berechnungen, Datenverarbeitung oder andere Operationen, die intensive Berechnungen oder Datenmanipulationen durch die CPU erfordern.

Beispiele für CPU-gebundene Aufgaben sind Videokodierung, wissenschaftliche Simulationen und maschinelle Lernalgorithmen. CPU-gebundene Aufgaben können von Multithreading oder paralleler Verarbeitung profitieren, um die Leistung zu verbessern und die Zeit zu reduzieren, die zum Abschließen der Aufgabe benötigt wird.

17. Kreuzvalidierung:

Kreuzvalidierung ist eine Technik, die im maschinellen Lernen verwendet wird, um die Leistung eines Modells an einem Datensatz zu bewerten. Die Kreuzvalidierung beinhaltet die Aufteilung des Datensatzes in mehrere Teilmengen oder "Folds", das Training des Modells auf einer Teilmenge der Daten und die Bewertung der Modellleistung an den verbleibenden Daten.

Die häufigste Art der Kreuzvalidierung ist die k-Fold-Kreuzvalidierung, bei der der Datensatz in k gleich große Folds aufgeteilt wird, und das Modell k-mal trainiert wird, wobei jedes Mal ein anderer Fold als Validierungssatz und die restlichen Folds als Trainingssatz verwendet werden. Die Leistung des Modells wird dann über die k Durchläufe gemittelt.

Hier ist ein Beispiel für die Implementierung der Kreuzvalidierung in Python mit der scikit-learn-Bibliothek:

```python
from sklearn.model_selection import cross_val_score
from sklearn.linear_model import LogisticRegression
from sklearn.datasets import load_iris

# Load the dataset
iris = load_iris()

# Create the model
model = LogisticRegression()

# Evaluate the model using k-Fold Cross-Validation
scores = cross_val_score(model, iris.data, iris.target, cv=5)

# Print the average score
print('Average Score:', scores.mean())
```

In diesem Beispiel laden wir den Iris-Datensatz, erstellen ein logistisches Regressionsmodell und bewerten die Leistung des Modells mit k-Fold-Kreuzvalidierung mit k=5. Dann geben wir die durchschnittliche Punktzahl über die k Durchläufe aus.

18. CSV-Dateihandling:

Das Handling von CSV-Dateien (Comma-Separated Values) ist eine Technik in der Programmierung, um Daten aus CSV-Dateien zu lesen und in diese zu schreiben. CSV-Dateien werden häufig verwendet, um tabellarische Daten wie Tabellenkalkulationen oder Datenbanken in einem Klartextformat zu speichern, das sowohl von Menschen als auch von Maschinen leicht gelesen und manipuliert werden kann.

CSV-Dateien haben typischerweise eine Kopfzeile, die die Spaltennamen definiert, und eine oder mehrere Datenzeilen, die die Werte für jede Spalte enthalten. CSV-Dateien können leicht mit Tabellenkalkulationssoftware wie Microsoft Excel oder Google Sheets erstellt und bearbeitet werden.

Hier ist ein Beispiel, wie man eine CSV-Datei in Python mit der Pandas-Bibliothek liest:

```python
import pandas as pd

# Load the CSV file
data = pd.read_csv('data.csv')

# Print the data
print(data)
```

In diesem Beispiel laden wir eine CSV-Datei namens "data.csv" mit der Pandas-Bibliothek und geben den Inhalt der Datei aus.

19. CSV-Datei I/O:

CSV-Datei I/O (Input/Output) ist eine Technik in der Programmierung, um Daten aus CSV-Dateien (Comma-Separated Values) zu lesen und in diese zu schreiben. CSV-Dateien werden häufig verwendet, um tabellarische Daten wie Tabellenkalkulationen oder Datenbanken in einem Textformat zu speichern, das sowohl von Menschen als auch von Maschinen leicht gelesen und verarbeitet werden kann.

CSV-Dateien haben in der Regel eine Kopfzeile, die die Spaltennamen definiert, und eine oder mehrere Datenzeilen, die die Werte für jede Spalte enthalten. CSV-Dateien können einfach mit Tabellenkalkulationsprogrammen wie Microsoft Excel oder Google Sheets erstellt und bearbeitet werden.

Hier ist ein Beispiel, wie man Daten in eine CSV-Datei in Python mit dem csv-Modul schreibt:

```python
import csv

# Define the data
data = [
    ['Name', 'Age', 'Gender'],
    ['John', 30, 'Male'],
    ['Jane', 25, 'Female'],
    ['Bob', 40, 'Male']
]

# Write the data to a CSV file
with open('data.csv', 'w', newline='') as file:
    writer = csv.writer(file)
    writer.writerows(data)
```

In diesem Beispiel definieren wir eine Liste von Daten, die eine Tabelle mit drei Spalten darstellt: Name, Alter und Geschlecht. Dann verwenden wir das csv-Modul, um die Daten in eine CSV-Datei namens "data.csv" zu schreiben.

20. Cybersicherheit:

Cybersicherheit ist die Praxis, Computersysteme und Netzwerke vor Diebstahl, Beschädigung oder unbefugtem Zugriff zu schützen. Cybersicherheit ist ein wichtiges Studien- und Praxisfeld, da immer mehr Geschäftsabläufe und persönliche Informationen online durchgeführt und digital gespeichert werden.

Cybersicherheit umfasst eine Vielzahl von Techniken und Technologien, darunter Firewalls, Verschlüsselung, Malware-Erkennung und Schwachstellenbewertungen. Cybersicherheitsexperten arbeiten daran, Sicherheitsrisiken zu identifizieren und zu mindern sowie auf Sicherheitsvorfälle zu reagieren und sich davon zu erholen.

Zu den häufigen Cybersicherheitsbedrohungen gehören Phishing-Angriffe, Malware-Infektionen und Datenschutzverletzungen. Es ist wichtig, dass Einzelpersonen und Organisationen Maßnahmen zum Schutz vor diesen Bedrohungen ergreifen, wie die Verwendung sicherer Passwörter, die Aktualisierung von Software und die Verwendung von Antivirensoftware.

21. Datenanalyse:

Datenanalyse ist der Prozess des Untersuchens, Bereinigens, Transformierens und Modellierens von Daten, um nützliche Informationen zu extrahieren und Schlussfolgerungen zu ziehen. Datenanalyse wird in einer Vielzahl von Bereichen eingesetzt, darunter Wirtschaft, Wissenschaft und Sozialwissenschaften, um fundierte Entscheidungen zu treffen und Erkenntnisse aus Daten zu gewinnen.

Datenanalyse umfasst eine Vielzahl von Techniken und Werkzeugen, darunter statistische Analyse, Data Mining und maschinelles Lernen. Datenanalyse kann mit verschiedenen Softwareprogrammen und Programmiersprachen wie Excel, R und Python durchgeführt werden.

Hier ist ein Beispiel für die Durchführung von Datenanalyse in Python mit der Pandas-Bibliothek:

```python
import pandas as pd

# Load the data
data = pd.read_csv('data.csv')

# Perform Data Analysis
mean_age = data['Age'].mean()
median_income = data['Income'].median()

# Print the results
print('Mean Age:', mean_age)
print('Median Income:', median_income)
```

In diesem Beispiel laden wir eine CSV-Datei namens "data.csv" mit der Pandas-Bibliothek und führen eine Datenanalyse durch, indem wir das Durchschnittsalter und den Median des Einkommens des Datensatzes berechnen.

22. Datenbereinigung:

Datenbereinigung ist der Prozess der Identifizierung und Korrektur von Fehlern, Inkonsistenzen und Ungenauigkeiten in Daten. Datenbereinigung ist ein wichtiger Schritt im Datenanalyseprozess, da sie sicherstellt, dass die Daten genau, zuverlässig und konsistent sind.

Datenbereinigung umfasst verschiedene Techniken und Werkzeuge, darunter das Entfernen von Duplikaten, das Auffüllen fehlender Werte und die Korrektur von Rechtschreibfehlern. Datenbereinigung kann mit verschiedenen Softwareprogrammen und Programmiersprachen wie Excel, R und Python durchgeführt werden.

Hier ist ein Beispiel für die Durchführung von Datenbereinigung in Python mit der Pandas-Bibliothek:

```python
import pandas as pd

# Load the data
data = pd.read_csv('data.csv')

# Perform Data Cleaning
data.drop_duplicates(inplace=True)
data.fillna(value=0, inplace=True)

# Print the cleaned data
print(data)
```

In diesem Beispiel laden wir eine CSV-Datei namens "data.csv" mit der Pandas-Bibliothek und führen eine Datenbereinigung durch, indem wir Duplikate entfernen und fehlende Werte mit 0 auffüllen.

23. Data Engineering:

Data Engineering ist der Prozess des Entwerfens, Aufbauens und Wartens von Systemen und Infrastrukturen, die die Verarbeitung, Speicherung und Analyse von Daten ermöglichen. Data Engineering ist ein wichtiges Studien- und Praxisfeld, da immer mehr Daten in digitaler Form generiert und gesammelt werden.

Data Engineering umfasst eine Vielzahl von Techniken und Technologien, darunter Datenbankdesign, die Erstellung von Data Warehouses und ETL-Prozesse (Extract, Transform, Load). Data Engineering-Experten arbeiten daran, sicherzustellen, dass Daten effizient, sicher und skalierbar gespeichert und verarbeitet werden.

Hier ist ein Beispiel für die Durchführung von Data Engineering in Python mit dem Apache Spark Framework:

```
from pyspark.sql import SparkSession

# Create a SparkSession
spark = SparkSession.builder.appName('Data Engineering Example').getOrCreate()

# Load the data
data = spark.read.csv('data.csv', header=True, inferSchema=True)

# Perform Data Engineering
data.write.format('parquet').mode('overwrite').save('data.parquet')

# Print the results
print('Data Engineering Complete')
```

In diesem Beispiel verwenden wir das Apache Spark Framework für Data Engineering mit einer CSV-Datei namens "data.csv". Wir laden die Daten in ein Spark DataFrame und nutzen dann die DataFrame API, um die Daten im Parquet-Dateiformat zu speichern, einem spaltenorientierten Speicherformat, das für die Abfrage und Verarbeitung großer Datensätze optimiert ist.

24. Datenextraktion:

Datenextraktion ist der Prozess, Daten aus verschiedenen Quellen wie Datenbanken, Webseiten oder Dateien abzurufen und in ein Format zu transformieren, das für Analysen oder andere Zwecke verwendet werden kann. Datenextraktion ist ein wichtiger Schritt im Datenanalyseprozess, da sie uns ermöglicht, Daten aus verschiedenen Quellen zu sammeln und in einem einzigen Datensatz zu kombinieren.

Datenextraktion umfasst verschiedene Techniken und Werkzeuge, darunter Web Scraping, Datenbankabfragen und Dateianalyse. Datenextraktion kann mit verschiedenen Softwareprogrammen und Programmiersprachen wie Python, SQL und R durchgeführt werden.

Hier ist ein Beispiel für die Durchführung von Datenextraktion in Python mit der BeautifulSoup-Bibliothek:

```
import requests
from bs4 import BeautifulSoup

# Send a GET request to the web page
response = requests.get('<https://www.example.com>')

# Parse the HTML content using BeautifulSoup
soup = BeautifulSoup(response.content, 'html.parser')

# Extract the desired data
links = []
for link in soup.find_all('a'):
    links.append(link.get('href'))
```

```
# Print the results
print(links)
```

In diesem Beispiel verwenden wir die Requests-Bibliothek, um eine GET-Anfrage an eine Webseite zu senden, und die BeautifulSoup-Bibliothek, um den HTML-Inhalt der Seite zu analysieren. Anschließend extrahieren wir alle Links von der Seite und geben die Ergebnisse aus.

25. Datenintegration:

Datenintegration ist der Prozess der Kombination von Daten aus mehreren Quellen in einen einzigen, einheitlichen Datensatz. Datenintegration ist ein wichtiger Schritt im Datenanalyseprozess, da sie uns ermöglicht, Daten aus verschiedenen Quellen zu kombinieren und Analysen am kombinierten Datensatz durchzuführen.

Datenintegration umfasst eine Vielzahl von Techniken und Werkzeugen, darunter Data Warehousing, ETL-Prozesse (Extract, Transform, Load) und Datenföderation. Datenintegration kann mit verschiedenen Softwareprogrammen und Programmiersprachen wie SQL, Python und R durchgeführt werden.

Hier ist ein Beispiel für die Durchführung von Datenintegration in Python mit der Pandas-Bibliothek:

```
import pandas as pd

# Load the data from multiple sources
data1 = pd.read_csv('data1.csv')
data2 = pd.read_csv('data2.csv')
data3 = pd.read_csv('data3.csv')

# Combine the data into a single dataset
combined_data = pd.concat([data1, data2, data3])

# Print the combined data
print(combined_data)
```

In diesem Beispiel laden wir Daten aus drei verschiedenen CSV-Dateien mit der Pandas-Bibliothek und kombinieren sie dann zu einem einzigen Datensatz mit der concat-Funktion. Anschließend geben wir den kombinierten Datensatz aus.

26. Apache Spark:

Apache Spark ist ein Open-Source-System für verteiltes Computing, das entwickelt wurde, um große Datenmengen parallel auf einem Computercluster zu verarbeiten. Apache Spark wird häufig für Big-Data-Verarbeitung, maschinelles Lernen und Datenanalyse eingesetzt.

Apache Spark bietet verschiedene Programmierschnittstellen, darunter Python, Java und Scala, sowie eine Reihe von Bibliotheken für Datenverarbeitung, maschinelles Lernen und Graphenverarbeitung. Apache Spark kann auf verschiedenen Plattformen ausgeführt werden, darunter lokale Cluster, Cloud-Plattformen und eigenständige Maschinen.

Hier ist ein Beispiel für die Verwendung von Apache Spark in Python zur Datenverarbeitung:

```python
from pyspark.sql import SparkSession

# Create a SparkSession
spark = SparkSession.builder.appName('Data Processing Example').getOrCreate()

# Load the data
data = spark.read.csv('data.csv', header=True, inferSchema=True)

# Perform Data Processing
processed_data = data.filter(data['Age'] > 30)

# Print the processed data
processed_data.show()
```

In diesem Beispiel verwenden wir Apache Spark für die Datenverarbeitung einer CSV-Datei namens "data.csv". Wir laden die Daten in ein Spark DataFrame und nutzen dann die DataFrame API, um die Daten zu filtern und nur Zeilen einzuschließen, bei denen das Alter größer als 30 ist.

27. Datenmanipulation:

Datenmanipulation ist der Prozess der Änderung oder Transformation von Daten, um sie für die Analyse oder andere Zwecke vorzubereiten. Datenmanipulation ist ein wichtiger Schritt im Datenanalyseprozess, da sie es uns ermöglicht, Daten in ein für die Analyse geeignetes Format zu transformieren.

Datenmanipulation umfasst verschiedene Techniken und Werkzeuge, darunter Filtern, Sortieren, Gruppieren und Verbinden. Datenmanipulation kann mit verschiedenen Softwareprogrammen und Programmiersprachen wie Excel, SQL und Python durchgeführt werden.

Hier ist ein Beispiel für die Durchführung von Datenmanipulation in Python mit der Pandas-Bibliothek:

```
import pandas as pd

# Load the data
data = pd.read_csv('data.csv')

# Perform Data Manipulation
processed_data = data[data['Age'] > 30]

# Print the processed data
print(processed_data)
```

In diesem Beispiel verwenden wir die Pandas-Bibliothek für die Datenmanipulation einer CSV-Datei namens "data.csv". Wir laden die Daten in ein Pandas DataFrame und nutzen dann die boolesche Indizierung, um die Daten zu filtern und nur Zeilen einzuschließen, bei denen das Alter größer als 30 ist.

28. Datenvorverarbeitung:

Datenvorverarbeitung ist der Prozess der Vorbereitung von Daten für die Analyse oder andere Zwecke durch Bereinigung, Transformation und Organisation der Daten. Datenvorverarbeitung ist ein wichtiger Schritt im Datenanalyseprozess, da sie sicherstellt, dass die Daten genau, vollständig und in einem für die Analyse geeigneten Format vorliegen.

Datenvorverarbeitung umfasst verschiedene Techniken und Werkzeuge, darunter Datenbereinigung, Datentransformation und Datennormalisierung. Datenvorverarbeitung kann mit verschiedenen Softwareprogrammen und Programmiersprachen wie Excel, R und Python durchgeführt werden.

Hier ist ein Beispiel für die Durchführung von Datenvorverarbeitung in Python mit der scikit-learn-Bibliothek:

```
from sklearn.preprocessing import StandardScaler
import pandas as pd

# Load the data
data = pd.read_csv('data.csv')

# Perform Data Preprocessing
scaler = StandardScaler()
scaled_data = scaler.fit_transform(data)

# Print the processed data
print(scaled_data)
```

In diesem Beispiel verwenden wir die scikit-learn-Bibliothek für die Datenvorverarbeitung einer CSV-Datei namens "data.csv". Wir laden die Daten in ein Pandas DataFrame und nutzen dann die StandardScaler-Klasse, um die Daten zu normalisieren, indem wir sie so skalieren, dass sie einen Mittelwert von null und eine Einheitsvarianz haben.

29. Datenverarbeitung:

Datenverarbeitung ist der Prozess der Transformation von Rohdaten in ein Format, das für die Analyse oder andere Zwecke geeignet ist. Datenverarbeitung ist ein wichtiger Schritt im Datenanalyseprozess, da sie es uns ermöglicht, Daten in ein für die Analyse geeignetes Format zu transformieren.

Datenverarbeitung umfasst verschiedene Techniken und Werkzeuge, darunter Datenbereinigung, Datentransformation und Datennormalisierung. Datenverarbeitung kann mit verschiedenen Softwareprogrammen und Programmiersprachen wie Excel, R und Python durchgeführt werden.

Hier ist ein Beispiel für die Durchführung von Datenverarbeitung in Python mit der Pandas-Bibliothek:

```python
import pandas as pd

# Load the data
data = pd.read_csv('data.csv')

# Perform Data Processing
processed_data = data.drop_duplicates().fillna(0)

# Print the processed data
print(processed_data)
```

In diesem Beispiel verwenden wir die Pandas-Bibliothek für die Datenverarbeitung einer CSV-Datei namens "data.csv". Wir laden die Daten in ein Pandas DataFrame und nutzen dann die Funktionen drop_duplicates und fillna, um Duplikate zu entfernen und fehlende Werte mit 0 zu füllen.

30. Datengewinnung:

Datengewinnung ist der Prozess des Abrufens von Daten aus einer Datenquelle wie einer Datenbank, einem Webservice oder einer Datei und der Extraktion der gewünschten Daten für die weitere Verarbeitung oder Analyse. Datengewinnung ist ein wichtiger Schritt im Datenanalyseprozess, da sie es uns ermöglicht, Daten aus verschiedenen Quellen zu sammeln und in einem einzigen Datensatz zusammenzuführen.

Datengewinnung umfasst eine Vielzahl von Techniken und Werkzeugen, darunter Datenbankabfragen, Web Scraping und Dateianalyse. Datengewinnung kann mit verschiedenen Softwareprogrammen und Programmiersprachen wie SQL, Python und R durchgeführt werden.

Hier ist ein Beispiel für die Durchführung von Datengewinnung in Python mit der Pandas-Bibliothek und SQL:

```python
import pandas as pd
import sqlite3

# Connect to the database
conn = sqlite3.connect('data.db')

# Load the data using SQL
data = pd.read_sql_query('SELECT * FROM customers', conn)

# Print the data
print(data)
```

In diesem Beispiel verbinden wir uns mit einer SQLite-Datenbank namens "data.db" und nutzen dann SQL, um Daten aus der Tabelle "customers" abzurufen. Wir laden die Daten in ein Pandas DataFrame mit der Funktion read_sql_query und geben dann die Daten aus.

31. Datenwissenschaft:

Datenwissenschaft ist ein Studienbereich, der statistische und rechnerische Methoden zur Gewinnung von Wissen und Informationen aus Daten nutzt. Datenwissenschaft ist ein interdisziplinäres Feld, das Elemente aus Mathematik, Statistik, Informatik und Domänenwissen kombiniert.

Datenwissenschaft umfasst eine Vielzahl von Techniken und Werkzeugen, darunter statistische Analyse, maschinelles Lernen und Datenvisualisierung. Datenwissenschaft kann in einer breiten Palette von Bereichen eingesetzt werden, darunter Wirtschaft, Gesundheitswesen und Sozialwissenschaften.

Hier ist ein Beispiel für die Durchführung von Datenwissenschaft in Python mit der scikit-learn-Bibliothek:

```python
from sklearn.linear_model import LinearRegression
import pandas as pd

# Load the data
data = pd.read_csv('data.csv')

# Perform Data Science
model = LinearRegression()
X = data[['Age', 'Income']]
```

```
y = data['Spending']
model.fit(X, y)

# Print the results
print('Coefficients:', model.coef_)
print('Intercept:', model.intercept_)
```

In diesem Beispiel verwenden wir die scikit-learn-Bibliothek für Datenwissenschaft mit einer CSV-Datei namens "data.csv". Wir laden die Daten in ein Pandas DataFrame und nutzen dann die LinearRegression-Klasse, um ein lineares Regressionsmodell an die Daten anzupassen.

32. Data Streaming:

Data Streaming ist der Prozess der Verarbeitung und Analyse von Daten in Echtzeit, während sie generiert oder empfangen werden. Data Streaming ist eine wichtige Technologie für Anwendungen, die schnelle und kontinuierliche Datenverarbeitung erfordern, wie Echtzeitanalyse, Betrugserkennung und Überwachung.

Data Streaming umfasst eine Vielzahl von Techniken und Werkzeugen, darunter Message Broker, Stream-Verarbeitungsengines und Echtzeit-Datenbanken. Data Streaming kann mit verschiedenen Softwareprogrammen und Programmiersprachen wie Apache Kafka, Apache Flink und Python durchgeführt werden.

Hier ist ein Beispiel für die Durchführung von Data Streaming in Python mit der Apache Kafka-Bibliothek:

```
from kafka import KafkaConsumer

# Create a KafkaConsumer
consumer = KafkaConsumer('topic', bootstrap_servers=['localhost:9092'])

# Process the data
for message in consumer:
    print(message.value)
```

In diesem Beispiel verwenden wir die Apache Kafka-Bibliothek, um einen KafkaConsumer zu erstellen, der ein Thema abonniert und Nachrichten in Echtzeit daraus liest. Dann verarbeiten wir die Daten, indem wir den Wert jeder Nachricht ausgeben.

33. Datentransformationen:

Datentransformationen sind Prozesse zur Änderung oder Umwandlung von Daten, um sie für die Analyse oder andere Zwecke vorzubereiten. Datentransformationen sind ein wichtiger

Schritt im Datenanalyseprozess, da sie es uns ermöglichen, Daten in ein für die Analyse geeignetes Format umzuwandeln.

Datentransformationen umfassen eine Vielzahl von Techniken und Werkzeugen, darunter Datenbereinigung, Datennormalisierung und Datenaggregation. Datentransformationen können mit verschiedenen Softwareprogrammen und Programmiersprachen wie Excel, R und Python durchgeführt werden.

Hier ist ein Beispiel für die Durchführung von Datentransformationen in Python mit der Pandas-Bibliothek:

```python
import pandas as pd

# Load the data
data = pd.read_csv('data.csv')

# Perform Data Transformations
transformed_data = data.groupby('Age')['Income'].mean()

# Print the transformed data
print(transformed_data)
```

In diesem Beispiel verwenden wir die Pandas-Bibliothek für Datentransformationen an einer CSV-Datei namens "data.csv". Wir laden die Daten in ein Pandas DataFrame und nutzen dann die groupby-Funktion, um die Daten nach Alter zu gruppieren und das durchschnittliche Einkommen für jede Altersgruppe zu berechnen.

34. Datenvisualisierung:

Datenvisualisierung ist der Prozess der Darstellung von Daten in einem visuellen Format, wie einem Diagramm, einer Grafik oder einer Karte, um das Verständnis und die Analyse zu erleichtern. Datenvisualisierung ist ein wichtiger Schritt im Datenanalyseprozess, da sie uns ermöglicht, Muster und Trends in den Daten zu identifizieren und die Ergebnisse anderen zu vermitteln.

Datenvisualisierung umfasst eine Vielzahl von Techniken und Werkzeugen, darunter Grafiken, Diagramme, Karten und interaktive Visualisierungen. Datenvisualisierung kann mit verschiedenen Softwareprogrammen und Programmiersprachen wie Excel, R, Python und Tableau durchgeführt werden.

Hier ist ein Beispiel für die Durchführung von Datenvisualisierung in Python mit der Matplotlib-Bibliothek:

```python
import pandas as pd
import matplotlib.pyplot as plt
```

```
# Load the data
data = pd.read_csv('data.csv')

# Perform Data Visualization
plt.scatter(data['Age'], data['Income'])
plt.xlabel('Age')
plt.ylabel('Income')
plt.show()
```

In diesem Beispiel verwenden wir die Matplotlib-Bibliothek für Datenvisualisierung an einer CSV-Datei namens "data.csv". Wir laden die Daten in ein Pandas DataFrame und nutzen dann das Streudiagramm, um die Beziehung zwischen Alter und Einkommen zu visualisieren.

35. Datenbankinteraktion:

Datenbankinteraktion ist der Prozess der Verbindung mit einer Datenbank, des Abrufs von Daten aus der Datenbank und der Durchführung von Operationen an den Daten. Datenbankinteraktion ist ein wichtiger Schritt im Datenanalyseprozess, da sie uns ermöglicht, Daten in einer Datenbank zu speichern und abzurufen, was eine effizientere und skalierbarere Methode zur Verwaltung großer Datensätze sein kann.

Datenbankinteraktion umfasst eine Vielzahl von Techniken und Werkzeugen, darunter SQL, Python-Datenbankbibliotheken wie SQLite und psycopg2 sowie Cloud-Datenbanken wie Amazon RDS und Google Cloud SQL.

Hier ist ein Beispiel für die Durchführung von Datenbankinteraktion in Python mit der SQLite-Datenbank:

```
import sqlite3

# Connect to the database
conn = sqlite3.connect('data.db')

# Retrieve data from the database
cursor = conn.execute('SELECT * FROM customers')

# Print the data
for row in cursor:
    print(row)
```

In diesem Beispiel verwenden wir die SQLite-Datenbank für Datenbankprogrammierung. Wir verbinden uns mit der Datenbank "data.db" über die Funktion **connect** und rufen dann Daten aus der Tabelle "customers" mit einer SQL-Abfrage ab. Anschließend geben wir die Daten mit einer Schleife aus.

36. Datenbankprogrammierung:

Datenbankprogrammierung ist der Prozess des Schreibens von Code zur Interaktion mit einer Datenbank, wie das Abrufen von Daten, Ändern von Daten oder Erstellen von Tabellen. Datenbankprogrammierung ist eine wichtige Fähigkeit für die Arbeit mit Datenbanken und wird in einer breiten Palette von Anwendungen eingesetzt, wie Webentwicklung, Datenanalyse und Softwareentwicklung.

Datenbankprogrammierung umfasst eine Vielzahl von Techniken und Werkzeugen, darunter SQL, Python-Datenbankbibliotheken wie SQLite und psycopg2 sowie Object-Relational Mapping (ORM) Frameworks wie SQLAlchemy.

Hier ist ein Beispiel für die Durchführung von Datenbankprogrammierung in Python mit dem ORM-Framework SQLAlchemy:

```python
from sqlalchemy import create_engine, Column, Integer, String
from sqlalchemy.ext.declarative import declarative_base
from sqlalchemy.orm import sessionmaker

# Connect to the database
engine = create_engine('sqlite:///data.db')
Base = declarative_base()
Session = sessionmaker(bind=engine)

# Define the data model
class Customer(Base):
    __tablename__ = 'customers'
    id = Column(Integer, primary_key=True)
    name = Column(String)
    age = Column(Integer)
    email = Column(String)

# Create a new customer
session = Session()
new_customer = Customer(name='John Doe', age=35, email='johndoe@example.com')
session.add(new_customer)
session.commit()

# Retrieve data from the database
customers = session.query(Customer).all()
for customer in customers:
    print(customer.name, customer.age, customer.email)
```

In diesem Beispiel verwenden wir das SQLAlchemy ORM-Framework für Datenbankprogrammierung in Python. Wir definieren ein Datenmodell für die Tabelle "customers" und erstellen dann einen neuen Kunden, den wir mithilfe einer Sitzung in die Datenbank einfügen. Anschließend rufen wir Daten aus der Datenbank mit einer Abfrage ab und geben die Ergebnisse aus.

37. Entscheidungsbaum-Klassifikator:

Der Entscheidungsbaum-Klassifikator ist ein maschineller Lernalgorithmus, der für Klassifizierungsaufgaben eingesetzt wird. Der Entscheidungsbaum-Klassifikator funktioniert, indem er ein Modell in Form eines Entscheidungsbaums und seiner möglichen Konsequenzen erstellt. Der Baum wird rekursiv aufgebaut, indem die Daten in Teilmengen basierend auf dem Wert eines bestimmten Attributs aufgeteilt werden, mit dem Ziel, die Reinheit der Teilmengen zu maximieren.

Der Entscheidungsbaum-Klassifikator wird häufig in Anwendungen wie Betrugserkennung, medizinischer Diagnose und Kundensegmentierung eingesetzt.

Hier ist ein Beispiel für die Verwendung des Entscheidungsbaum-Klassifikators in Python mit der scikit-learn Bibliothek:

```python
from sklearn.tree import DecisionTreeClassifier
from sklearn.datasets import load_iris

# Load the data
iris = load_iris()
X, y = iris.data, iris.target

# Train the model
model = DecisionTreeClassifier()
model.fit(X, y)

# Make predictions
predictions = model.predict(X)
print(predictions)
```

In diesem Beispiel verwenden wir die scikit-learn Bibliothek, um einen Entscheidungsbaum-Klassifikator auf dem Iris-Datensatz zu trainieren, einem klassischen Datensatz für Klassifizierungsaufgaben. Wir laden die Daten in die Variablen X und y und verwenden dann die Funktion fit, um das Modell zu trainieren. Anschließend nutzen wir die Funktion predict, um Vorhersagen für die Daten zu treffen und die Ergebnisse auszugeben.

38. Deep Learning:

Deep Learning ist ein Teilbereich des maschinellen Lernens, der die Verwendung von neuronalen Netzen mit vielen Schichten umfasst. Der Begriff "deep" (tief) bezieht sich auf die Tatsache, dass die Netze mehrere Schichten haben, was ihnen ermöglicht, zunehmend komplexere Darstellungen der Daten zu erlernen.

Deep Learning wird für eine breite Palette von Anwendungen eingesetzt, wie Bilderkennung, Verarbeitung natürlicher Sprache und Spracherkennung. Deep Learning hat in vielen Aufgaben Spitzenleistungen erzielt und ist ein schnell voranschreitendes Feld.

Deep Learning umfasst eine Vielzahl von Techniken und Werkzeugen, darunter Convolutional Neural Networks, Recurrent Neural Networks und Deep Belief Networks. Deep Learning kann mit verschiedenen Softwareprogrammen und Programmiersprachen wie Python und TensorFlow durchgeführt werden.

Hier ist ein Beispiel für die Durchführung von Deep Learning in Python mit der TensorFlow-Bibliothek:

```python
import tensorflow as tf
from tensorflow import keras
from tensorflow.keras import layers

# Load the data
(x_train, y_train), (x_test, y_test) = keras.datasets.mnist.load_data()

# Perform Data Preprocessing
x_train = x_train.reshape(-1, 28 * 28).astype("float32") / 255.0
x_test = x_test.reshape(-1, 28 * 28).astype("float32") / 255.0
y_train = keras.utils.to_categorical(y_train)
y_test = keras.utils.to_categorical(y_test)

# Train the model
model = keras.Sequential(
    [
        layers.Dense(512, activation="relu"),
        layers.Dense(256, activation="relu"),
        layers.Dense(10, activation="softmax"),
    ]
)
model.compile(optimizer='adam',                      loss='categorical_crossentropy',
metrics=['accuracy'])
model.fit(x_train, y_train, epochs=10, batch_size=32, validation_split=0.2)

# Evaluate the model
test_loss, test_acc = model.evaluate(x_test, y_test)
print("Test Accuracy:", test_acc)
```

In diesem Beispiel verwenden wir die TensorFlow-Bibliothek für Deep Learning auf dem MNIST-Datensatz, einem Datensatz handgeschriebener Ziffern. Wir laden die Daten in die Variablen x_train, y_train, x_test und y_test und führen dann eine Datenvorverarbeitung durch, um die Daten für das Training vorzubereiten. Anschließend trainieren wir ein neuronales Netzwerkmodell mit zwei versteckten Schichten und bewerten das Modell anhand der Testdaten.

39. DevOps:

DevOps ist eine Sammlung von Praktiken und Werkzeugen, die Softwareentwicklung und IT-Betrieb kombinieren, um die Geschwindigkeit und Qualität der Softwarebereitstellung zu verbessern. DevOps beinhaltet eine Kultur der Zusammenarbeit zwischen Entwicklungs- und Betriebsteams sowie einen Fokus auf Automatisierung, Überwachung und kontinuierliche Verbesserung.

DevOps umfasst eine Vielzahl von Techniken und Werkzeugen, darunter Versionskontrollsysteme, Continuous Integration und Continuous Delivery (CI/CD)-Pipelines, Containerisierung und Überwachungswerkzeuge. DevOps kann in einer breiten Palette von Anwendungen eingesetzt werden, von der Webentwicklung bis hin zum Management von Cloud-Infrastruktur.

Hier ist ein Beispiel für eine DevOps-Pipeline:

```
1. Developers write code and commit changes to a version control system (VCS) such as
Git.
2. The VCS triggers a continuous integration (CI) server to build the code, run
automated tests, and generate reports.
3. If the build and tests pass, the code is automatically deployed to a staging
environment for further testing and review.
4. If the staging tests pass, the code is automatically deployed to a production
environment.
5. Monitoring tools are used to monitor the production environment and alert the
operations team to any issues.
6. The operations team uses automation tools to deploy patches and updates as needed,
and to perform other tasks such as scaling the infrastructure.
7. The cycle repeats, with new changes being committed to the VCS and automatically
deployed to production as they are approved and tested.
```

40. Verteilte Systeme:

Ein Verteiltes System ist ein System, in dem mehrere Computer zusammenarbeiten, um ein gemeinsames Ziel zu erreichen. Verteilte Systeme werden in einer breiten Palette von Anwendungen eingesetzt, wie Webanwendungen, Cloud Computing und wissenschaftliches Rechnen.

Verteilte Systeme umfassen verschiedene Techniken und Werkzeuge, darunter verteilte Dateisysteme, verteilte Datenbanken, Nachrichtenübermittlung und Koordinationsprotokolle. Verteilte Systeme können mit verschiedener Software und Programmiersprachen implementiert werden, wie Apache Hadoop, Apache Kafka und Python.

Hier ist ein Beispiel für eine Architektur eines Verteilten Systems:

```
1. Clients send requests to a load balancer, which distributes the requests to multiple
servers.
2. Each server processes the request and retrieves or updates data from a distributed
database.
3. The servers communicate with each other using a message passing protocol such as
Apache Kafka.
4. Coordination protocols such as ZooKeeper are used to manage the distributed system
and ensure consistency.
5. Monitoring tools are used to monitor the performance and health of the system, and
to alert the operations team to any issues.
6. The system can be scaled horizontally by adding more servers to the cluster as
needed.
7. The cycle repeats, with new requests being processed by the servers and updates
being made to the distributed database.
```

In einem Verteilten System hat jeder Computer (oder Knoten) seine eigene CPU, seinen eigenen Speicher und Speicherplatz. Die Knoten arbeiten zusammen, um eine Aufgabe oder eine Reihe von Aufgaben auszuführen. Verteilte Systeme bieten mehrere Vorteile gegenüber zentralisierten Systemen, wie höhere Fehlertoleranz, Skalierbarkeit und Leistung.

Allerdings stellen Verteilte Systeme auch verschiedene Herausforderungen dar, wie die Gewährleistung der Datenkonsistenz, die Verwaltung der Netzwerkkommunikation und die Handhabung von Ausfällen. Daher erfordern Verteilte Systeme oft spezialisierte Software und Expertise, um effektiv gestaltet und verwaltet zu werden.

41. Fabric-Bibliothek:

Fabric ist eine Python-Bibliothek, die den Prozess der Fernverwaltung von Systemen und Bereitstellung vereinfacht. Fabric bietet eine Reihe von Werkzeugen und Funktionen zur Ausführung von Befehlen auf entfernten Maschinen über SSH.

Fabric wird häufig verwendet, um wiederkehrende Aufgaben zu automatisieren, wie die Bereitstellung von Webanwendungen oder die Verwaltung von Servern. Fabric ermöglicht es Benutzern, Aufgaben in Python-Skripten zu definieren und sie auf mehreren Maschinen gleichzeitig auszuführen.

Hier ist ein Beispiel für die Verwendung von Fabric zur Bereitstellung einer Webanwendung auf einem entfernten Server:

```
from fabric import Connection

def deploy():
    with Connection('user@host'):
        run('git pull')
        run('docker-compose up -d')
```

In diesem Beispiel verbindet sich die Funktion **deploy** mit einem entfernten Server über SSH und führt zwei Befehle aus: **git pull**, um den Anwendungscode aus einem Git-Repository zu aktualisieren, und **docker-compose up -d**, um die Anwendung mit Docker zu starten.

42. Feature Engineering:

Feature Engineering ist der Prozess der Auswahl und Transformation von Rohdaten in Merkmale, die für maschinelle Lernmodelle verwendet werden können. Feature Engineering ist ein kritischer Schritt in der maschinellen Lernpipeline, da die Qualität der Merkmale einen erheblichen Einfluss auf die Leistung des Modells haben kann.

Feature Engineering umfasst verschiedene Techniken wie Datenbereinigung, Datennormalisierung, Feature-Auswahl und Feature-Transformation. Feature Engineering erfordert ein tiefes Verständnis der Daten und der Problemdomäne und beinhaltet oft Experimente und iterative Tests, um den besten Satz von Merkmalen für das Modell zu finden.

Hier ist ein Beispiel für Feature Engineering für ein Textklassifikationsproblem:

```python
import pandas as pd
import spacy

nlp = spacy.load('en_core_web_sm')

def preprocess_text(text):
    doc = nlp(text)
    lemmas = [token.lemma_ for token in doc if not token.is_stop and token.is_alpha]
    return ' '.join(lemmas)

data = pd.read_csv('data.csv')
data['clean_text'] = data['text'].apply(preprocess_text)
```

In diesem Beispiel verwenden wir die Spacy-Bibliothek, um einen Satz von Textdokumenten für ein Textklassifikationsproblem vorzuverarbeiten. Wir wenden Tokenisierung, Stoppwortentfernung und Lemmatisierung auf jedes Dokument an und speichern den bereinigten Text in einer neuen Spalte namens **clean_text**. Der bereinigte Text kann dann als Eingabemerkmale für ein maschinelles Lernmodell verwendet werden.

43. Datei-Uploads:

Datei-Uploads beziehen sich auf den Prozess der Übertragung von Dateien von einem Client-Rechner zu einem Server-Rechner über ein Netzwerk. Datei-Uploads werden häufig in Webanwendungen verwendet, um Benutzern das Hochladen von Dateien wie Bildern oder Dokumenten auf einen Server zu ermöglichen.

Datei-Uploads beinhalten typischerweise ein Formular auf einer Webseite, das es Benutzern ermöglicht, eine oder mehrere Dateien auszuwählen und das Formular an einen Server zu senden. Der Server empfängt dann die Datei(en) und speichert sie auf der Festplatte oder in einer Datenbank.

Hier ist ein Beispiel für die Handhabung von Datei-Uploads in einer Python-Webanwendung mit dem Flask-Framework:

```python
from flask import Flask, request, redirect, url_for
import os

app = Flask(__name__)
app.config['UPLOAD_FOLDER'] = '/path/to/uploads'

@app.route('/upload', methods=['GET', 'POST'])
def upload_file():
    if request.method == 'POST':
        file = request.files['file']
        filename = file.filename
        file.save(os.path.join(app.config['UPLOAD_FOLDER'], filename))
        return redirect(url_for('success'))
    return '''
        <!doctype html>
        <title>Upload new File</title>
        <h1>Upload new File</h1>
        <form method=post enctype=multipart/form-data>
          <input type=file name=file>
          <input type=submit value=Upload>
        </form>
    '''

@app.route('/success')
def success():
    return 'File uploaded successfully'
```

In diesem Beispiel definieren wir eine Flask-Webanwendung mit zwei Routen: **/upload** zur Verwaltung von Datei-Uploads und **/success** zur Anzeige einer Erfolgsmeldung. Die Route **/upload** akzeptiert sowohl GET- als auch POST-Anfragen und verarbeitet POST-Anfragen, die einen Datei-Upload enthalten. Die hochgeladene Datei wird auf der Festplatte im Verzeichnis **UPLOAD_FOLDER** gespeichert und es erfolgt eine Weiterleitung zur Route **/success**. Die Route **/success** zeigt dem Benutzer einfach eine Erfolgsmeldung an.

44. Flask-Framework:

Flask ist ein beliebtes Web-Framework zum Erstellen von Webanwendungen in Python. Flask ist bekannt für seine Einfachheit und Flexibilität und wird häufig zum Erstellen kleiner bis mittelgroßer Webanwendungen verwendet.

Flask bietet eine Reihe von Werkzeugen und Bibliotheken zur Bewältigung häufiger Webentwicklungsaufgaben wie Routing, Anfragenbearbeitung, Formularverarbeitung und Template-Rendering. Flask ist außerdem hochgradig erweiterbar, mit einer großen Anzahl von Drittanbieter-Erweiterungen, die verfügbar sind, um Funktionen wie Datenbankintegration, Benutzerauthentifizierung und API-Entwicklung hinzuzufügen.

Hier ist ein Beispiel für eine einfache Flask-Webanwendung:

```python
from flask import Flask

app = Flask(__name__)

@app.route('/')
def hello():
    return 'Hello, World!'
```

In diesem Beispiel definieren wir eine Flask-Anwendung mit einer einzigen Route (/), die eine einfache Begrüßungsnachricht zurückgibt. Wenn die Anwendung ausgeführt wird, überwacht sie eingehende HTTP-Anfragen und antwortet mit dem entsprechenden Inhalt.

45. Formularverarbeitung:

Die Formularverarbeitung bezieht sich auf den Prozess der Verarbeitung von Daten, die über ein Webformular auf einer Website übermittelt werden. Formulare sind eine gängige Methode für Benutzer, um Daten an Webanwendungen zu übermitteln, wie Kontaktformulare, Registrierungsformulare und Suchformulare.

Wenn ein Benutzer ein Formular absendet, werden die Daten typischerweise als HTTP-POST-Anfrage an den Webserver gesendet. Der Server verarbeitet dann die Daten und antwortet mit einer entsprechenden Nachricht oder führt eine Aktion basierend auf den Daten aus.

In Python-Webanwendungen kann die Formularverarbeitung mit verschiedenen Bibliotheken und Frameworks implementiert werden, wie Flask, Django und Pyramid. Diese Frameworks bieten Werkzeuge zur Bearbeitung von Formularübermittlungen, zur Validierung der Benutzereingabe und zur Speicherung von Daten in einer Datenbank.

Hier ist ein Beispiel für die Verarbeitung von Formularübermittlungen in einer Flask-Webanwendung:

```python
from flask import Flask, request

app = Flask(__name__)

@app.route('/contact', methods=['GET', 'POST'])
def contact():
    if request.method == 'POST':
```

```
    name = request.form['name']
    email = request.form['email']
    message = request.form['message']
    # process the data, e.g. send an email
    return 'Thank you for your message!'
return '''
    <form method="post">
        <label>Name:</label>
        <input type="text" name="name"><br>
        <label>Email:</label>
        <input type="email" name="email"><br>
        <label>Message:</label>
        <textarea name="message"></textarea><br>
        <input type="submit" value="Send">
    </form>
'''
```

In diesem Beispiel definieren wir eine Flask-Route (**/contact**), die sowohl GET- als auch POST-Anfragen verarbeitet. Wenn eine POST-Anfrage empfangen wird, werden die Formulardaten mit dem Objekt **request.form** extrahiert und nach Bedarf verarbeitet. Der Server antwortet mit einer Dankesnachricht. Wenn eine GET-Anfrage empfangen wird, wird dem Benutzer das HTML-Formular zum Ausfüllen zurückgegeben. Der Benutzer sendet das Formular ab, indem er auf die Schaltfläche "Senden" klickt.

46. Gensim-Bibliothek:

Gensim ist eine Python-Bibliothek für Themenmodellierung, Dokumentenindexierung und Ähnlichkeitsabfragen mit großen Textkorpora. Gensim bietet Werkzeuge zum Erstellen und Trainieren von Themenmodellen wie Latent Dirichlet Allocation (LDA) und zum Transformieren von Textdaten in numerische Darstellungen wie Bag-of-Words und tf-idf.

Gensim wird häufig in Anwendungen der natürlichen Sprachverarbeitung und Informationsgewinnung verwendet, wie Dokumentenklassifikation, Clustering und Empfehlungssysteme.

Hier ist ein Beispiel für die Verwendung von Gensim zum Erstellen und Trainieren eines LDA-Themenmodells:

```
from gensim import corpora, models

# Define a corpus of documents
corpus = [
    'The quick brown fox jumps over the lazy dog',
    'A stitch in time saves nine',
    'A penny saved is a penny earned'
]
```

```
# Tokenize the documents and create a dictionary
tokenized_docs = [doc.lower().split() for doc in corpus]
dictionary = corpora.Dictionary(tokenized_docs)

# Create a bag-of-words representation of the documents
bow_corpus = [dictionary.doc2bow(doc) for doc in tokenized_docs]

# Train an LDA topic model
lda_model = models.LdaModel(bow_corpus, num_topics=2, id2word=dictionary, passes=10)
```

In diesem Beispiel definieren wir ein Korpus aus drei Dokumenten, tokenisieren die Dokumente und erstellen ein Wörterbuch einzigartiger Tokens, erstellen eine Bag-of-Words-Darstellung der Dokumente mit dem Wörterbuch und trainieren ein LDA-Themenmodell mit zwei Themen und zehn Durchläufen über das Korpus.

47. Grid Search:

Grid Search ist eine Technik zur Optimierung der Hyperparameter eines maschinellen Lernmodells durch erschöpfende Suche über einen Bereich von Parameterwerten und Auswahl der besten Parameterkombination, die die beste Leistung auf einem Validierungsdatensatz erzielt.

Grid Search wird häufig im maschinellen Lernen eingesetzt, um optimale Werte für Hyperparameter wie Lernrate, Regularisierungsstärke und Anzahl der versteckten Schichten für eine gegebene Modellarchitektur zu finden.

Hier ist ein Beispiel für die Verwendung von Grid Search zur Feinabstimmung der Hyperparameter eines Support Vector Machines (SVM) Klassifikators:

```
from sklearn.model_selection import GridSearchCV
from sklearn.svm import SVC
from sklearn.datasets import load_iris

iris = load_iris()

# Define the parameter grid
param_grid = {
    'C': [0.1, 1, 10],
    'kernel': ['linear', 'rbf'],
    'gamma': [0.1, 1, 10]
}

# Define the SVM classifier
svc = SVC()

# Perform Grid Search
grid_search = GridSearchCV(svc, param_grid, cv=5)
grid_search.fit(iris.data, iris.target)
```

```
# Print the best parameters and score
print(grid_search.best_params_)
print(grid_search.best_score_)
```

In diesem Beispiel definieren wir ein Parametergitter, das aus drei Werten für **C**, zwei Kerneltypen und drei Werten für **gamma** besteht. Wir definieren einen SVM-Klassifikator und führen eine Grid Search mit fünffacher Kreuzvalidierung durch, um die beste Hyperparameterkombination zu finden, die den durchschnittlichen Validierungsscore maximiert.

48. Heatmap:

Eine Heatmap ist eine grafische Darstellung von Daten, die Farbe verwendet, um die relativen Werte einer Zahlenmatrix anzuzeigen. Heatmaps werden häufig in der Datenvisualisierung verwendet, um Muster und Trends in großen Datensätzen zu identifizieren.

In Python können Heatmaps mit verschiedenen Bibliotheken erstellt werden, wie Matplotlib, Seaborn und Plotly. Diese Bibliotheken bieten Werkzeuge zum Erstellen von Heatmaps aus Daten in verschiedenen Formaten wie Listen, Matrizen und Dataframes.

Hier ist ein Beispiel für die Erstellung einer Heatmap mit der Seaborn-Bibliothek:

```
import seaborn as sns
import numpy as np

# Create a matrix of random numbers
data = np.random.rand(10, 10)

# Create a Heatmap using Seaborn
sns.heatmap(data, cmap='coolwarm')
```

In diesem Beispiel erstellen wir eine 10x10-Matrix mit Zufallszahlen und erstellen eine Heatmap mit der Seaborn-Bibliothek. Das Argument **cmap** gibt die Farbkarte an, die für die Heatmap verwendet werden soll. Seaborn bietet eine Vielzahl von integrierten Farbkarten wie **coolwarm**, **viridis** und **magma**, die zur Anpassung des Erscheinungsbilds der Heatmap verwendet werden können.

49. Heroku:

Heroku ist eine Cloud-Plattform, die es Entwicklern ermöglicht, Webanwendungen zu implementieren, zu verwalten und zu skalieren. Heroku unterstützt eine breite Palette von Programmiersprachen und Frameworks, darunter Python, Ruby, Node.js und Java, und bietet

Werkzeuge zur Verwaltung von Anwendungsbereitstellungen, Datenbankintegrationen und zusätzlichen Diensten.

Heroku wird häufig von kleinen und mittelständischen Unternehmen sowie Startups als Plattform zur Bereitstellung und Skalierung von Webanwendungen genutzt. Heroku bietet eine kostenlose Stufe für Entwickler zum Testen und Bereitstellen ihrer Anwendungen sowie kostenpflichtige Pläne für Bereitstellungen im größeren Maßstab und Funktionen auf Unternehmensebene.

Hier ist ein Beispiel für die Bereitstellung einer Flask-Webanwendung auf Heroku:

```
# Install the Heroku CLI
curl <https://cli-assets.heroku.com/install.sh> | sh

# Login to Heroku
heroku login

# Create a new Heroku app
heroku create myapp

# Deploy the Flask app to Heroku
git push heroku master

# Start the Heroku app
heroku ps:scale web=1
```

In diesem Beispiel verwenden wir die Heroku CLI, um eine neue Heroku-Anwendung zu erstellen und eine Flask-Webanwendung auf der Heroku-Plattform bereitzustellen. Wir verwenden Git, um den Anwendungscode in das Heroku-Remote-Repository zu übertragen, und skalieren die Anwendung auf einen Dyno mit dem Befehl **ps:scale**.

50. HTML-Parsing:

HTML-Parsing ist der Prozess der Extraktion von Daten aus HTML-Dokumenten mithilfe von Parsing-Bibliotheken und -Tools. HTML ist die Standard-Markup-Sprache, die zur Erstellung von Webseiten verwendet wird und eine hierarchische Struktur von Elementen und Attributen enthält, die den Inhalt und die Struktur einer Webseite definieren.

In Python kann HTML-Parsing mit verschiedenen Bibliotheken durchgeführt werden, wie BeautifulSoup, lxml und html5lib. Diese Bibliotheken bieten Tools zum Parsen von HTML-Dokumenten und zum Extrahieren von Daten aus bestimmten Elementen wie Tabellen, Listen und Formularen.

Hier ist ein Beispiel für die Verwendung von BeautifulSoup zum Extrahieren von Daten aus einer HTML-Tabelle:

```
from bs4 import BeautifulSoup
import requests

# Fetch the HTML content
url                                                                      =
'<https://en.wikipedia.org/wiki/List_of_countries_by_population_(United_Nations)>'
response = requests.get(url)
html = response.content

# Parse the HTML content with BeautifulSoup
soup = BeautifulSoup(html, 'html.parser')

# Find the table element
table = soup.find('table', {'class': 'wikitable sortable'})

# Extract the table data
data = []
rows = table.find_all('tr')
for row in rows:
    cols = row.find_all('td')
    cols = [col.text.strip() for col in cols]
    data.append(cols)

# Print the table data
for row in data:
    print(row)
```

In diesem Beispiel rufen wir den HTML-Inhalt einer Wikipedia-Seite ab und verwenden BeautifulSoup, um das HTML zu analysieren und Daten aus einem bestimmten Tabellenelement zu extrahieren. Wir iterieren über die Zeilen und Spalten der Tabelle und extrahieren den Textinhalt jeder Zelle. Schließlich geben wir die extrahierten Daten in der Konsole aus.

51. HTML-Vorlagen:

HTML-Vorlagen sind vorgefertigte HTML-Dateien, die zur Erstellung von Webseiten mit konsistentem Layout und Design verwendet werden können. HTML-Vorlagen enthalten typischerweise Platzhalter für dynamische Inhalte wie Text, Bilder und Daten, die zur Laufzeit mithilfe von serverseitigem Code oder clientseitigem Scripting ausgefüllt werden können.

In der Webentwicklung mit Python werden HTML-Vorlagen häufig mit Web-Frameworks wie Flask, Django und Pyramid verwendet, um dynamische Webseiten zu erstellen, die Daten aus einer Datenbank oder Benutzereingaben anzeigen.

Hier ist ein Beispiel für die Verwendung von HTML-Vorlagen mit Flask:

```
from flask import Flask, render_template

app = Flask(__name__)
```

```
# Define a route that renders an HTML template
@app.route('/')
def index():
    return render_template('index.html', title='Home')

if __name__ == '__main__':
    app.run()
```

In diesem Beispiel definieren wir eine Flask-Webanwendung mit einer einzigen Route, die eine HTML-Vorlage mit der Funktion **render_template** rendert. Die Funktion nimmt den Namen der HTML-Vorlagendatei und alle Variablen entgegen, die für das Rendering an die Vorlage übergeben werden sollen.

52. HTTP-Methoden:

HTTP-Methoden sind die standardisierten Wege, auf denen Clients und Server über das Hypertext Transfer Protocol (HTTP) miteinander kommunizieren. HTTP definiert verschiedene Methoden oder Verben, die verwendet werden können, um Aktionen an einer Ressource durchzuführen, wie das Abrufen, Aktualisieren, Erstellen oder Löschen von Daten.

In der Webentwicklung mit Python werden HTTP-Methoden häufig mit Web-Frameworks wie Flask, Django und Pyramid verwendet, um RESTful-APIs zu erstellen, die Ressourcen bereitstellen und es Clients ermöglichen, über HTTP-Anfragen mit ihnen zu interagieren.

Hier ist ein Beispiel für die Definition von HTTP-Methoden in Flask:

```
from flask import Flask, request

app = Flask(__name__)

# Define a route that accepts GET and POST requests
@app.route('/', methods=['GET', 'POST'])
def index():
    if request.method == 'GET':
        # Return a response for GET requests
        return 'Hello, World!'
    elif request.method == 'POST':
        # Handle POST requests and return a response
        return 'Received a POST request'

if __name__ == '__main__':
    app.run()
```

In diesem Beispiel definieren wir eine Flask-Webanwendung mit einer einzigen Route, die sowohl GET- als auch POST-Anfragen akzeptiert. Wir verwenden das **request**-Objekt, um die

Methode der eingehenden Anfrage zu überprüfen und eine Antwort basierend auf dem Methodentyp zurückzugeben.

53. Bildfilterung:

Bildfilterung ist der Prozess der Manipulation von Farben und Pixelwerten in einem Bild, um einen gewünschten Effekt oder eine Verbesserung zu erzielen. Zu den Bildfilterungstechniken gehören Weichzeichnung, Schärfung, Kantenerkennung und Rauschreduzierung, unter anderem.

In Python kann die Bildfilterung mit verschiedenen Bibliotheken durchgeführt werden, wie Pillow, OpenCV und Scikit-Image. Diese Bibliotheken bieten Werkzeuge zum Lesen, Manipulieren und Speichern von Bilddaten in verschiedenen Formaten wie JPEG, PNG und BMP.

Hier ist ein Beispiel für die Verwendung der Pillow-Bibliothek zum Anwenden eines Gaußschen Weichzeichnungsfilters auf ein Bild:

```python
from PIL import Image, ImageFilter

# Open an image file
img = Image.open('image.jpg')

# Apply a Gaussian blur filter
blur_img = img.filter(ImageFilter.GaussianBlur(radius=5))

# Save the filtered image
blur_img.save('blur_image.jpg')
```

In diesem Beispiel verwenden wir die Pillow-Bibliothek, um eine Bilddatei zu öffnen, einen Gaußschen Weichzeichnungsfilter mit einem Radius von 5 Pixeln anzuwenden und das gefilterte Bild in einer neuen Datei zu speichern.

54. Bildladung:

Bildladung ist der Prozess des Lesens von Bilddaten aus einer Datei oder einem Stream und deren Umwandlung in ein Format, das manipuliert und angezeigt werden kann. Bildladungsbibliotheken bieten Werkzeuge zum Lesen und Dekodieren von Bilddaten aus verschiedenen Formaten wie JPEG, PNG und BMP.

In Python kann die Bildladung mit verschiedenen Bibliotheken durchgeführt werden, wie Pillow, OpenCV und Scikit-Image. Diese Bibliotheken bieten Werkzeuge zum Lesen, Manipulieren und Speichern von Bilddaten in verschiedenen Formaten.

Hier ist ein Beispiel für die Verwendung der Pillow-Bibliothek zum Laden eines Bildes aus einer Datei:

```
from PIL import Image

# Open an image file
img = Image.open('image.jpg')

# Display the image
img.show()
```

In diesem Beispiel verwenden wir die Pillow-Bibliothek, um eine Bilddatei zu öffnen und das Bild mit der Methode **show()** anzuzeigen.

55. Bildmanipulation:

Bildmanipulation ist der Prozess der Veränderung von Farben und Pixelwerten in einem Bild, um einen gewünschten Effekt oder eine Verbesserung zu erzielen. Zu den Techniken der Bildmanipulation gehören Größenänderung, Zuschneiden, Drehen, Spiegeln und Farbanpassung, unter anderem.

In Python kann die Bildmanipulation mit verschiedenen Bibliotheken durchgeführt werden, wie Pillow, OpenCV und Scikit-Image. Diese Bibliotheken bieten Werkzeuge zum Lesen, Manipulieren und Speichern von Bilddaten in verschiedenen Formaten.

Hier ist ein Beispiel für die Verwendung der Pillow-Bibliothek zur Größenänderung eines Bildes:

```
from PIL import Image

# Open an image file
img = Image.open('image.jpg')

# Resize the image to 50% of its original size
resized_img = img.resize((int(img.size[0]*0.5), int(img.size[1]*0.5)))

# Save the resized image
resized_img.save('resized_image.jpg')
```

In diesem Beispiel verwenden wir die Pillow-Bibliothek, um eine Bilddatei zu öffnen, die Größe des Bildes auf 50% seiner ursprünglichen Größe zu ändern und das in der Größe veränderte Bild in einer neuen Datei zu speichern.

56. Bildverarbeitung:

Bildverarbeitung ist die Manipulation digitaler Bilder unter Verwendung von Algorithmen und Techniken zur Extraktion von Informationen, zur Verbesserung oder Modifikation von Bildern oder zur Extraktion von Merkmalen für Machine-Learning-Anwendungen. Zu den Techniken der

Bildverarbeitung gehören Bildfilterung, Kantenerkennung, Segmentierung, Merkmalsextraktion und Wiederherstellung, unter anderem.

In Python kann die Bildverarbeitung mit verschiedenen Bibliotheken durchgeführt werden, wie Pillow, OpenCV und Scikit-Image. Diese Bibliotheken bieten Werkzeuge zum Lesen, Manipulieren und Speichern von Bilddaten in verschiedenen Formaten sowie zur Durchführung verschiedener Bildverarbeitungstechniken.

Hier ist ein Beispiel für die Verwendung der OpenCV-Bibliothek zur Durchführung der Bildverarbeitung:

```python
import cv2

# Read an image file
img = cv2.imread('image.jpg')

# Convert the image to grayscale
gray_img = cv2.cvtColor(img, cv2.COLOR_BGR2GRAY)

# Apply a Canny edge detection filter
edge_img = cv2.Canny(gray_img, 100, 200)

# Display the processed image
cv2.imshow('Processed Image', edge_img)
cv2.waitKey(0)
cv2.destroyAllWindows()
```

In diesem Beispiel verwenden wir die OpenCV-Bibliothek, um eine Bilddatei zu lesen, das Bild in Graustufen umzuwandeln und einen Canny-Kantenerkennungsfilter anzuwenden, um die Kanten im Bild zu erkennen. Anschließend zeigen wir das verarbeitete Bild mit der Funktion **imshow()** an.

57. Bildsegmentierung:

Bildsegmentierung ist der Prozess der Unterteilung eines Bildes in mehrere Segmente oder Regionen, die verschiedene Teile des Bildes darstellen. Bildsegmentierungstechniken werden häufig in Computer-Vision-Anwendungen eingesetzt, um Objekte in einem Bild zu identifizieren und zu extrahieren oder um verschiedene Regionen eines Bildes anhand ihrer Eigenschaften zu trennen.

In Python kann die Bildsegmentierung mit verschiedenen Bibliotheken durchgeführt werden, wie Pillow, OpenCV und Scikit-Image. Diese Bibliotheken bieten Werkzeuge zur Durchführung verschiedener Bildsegmentierungstechniken wie Schwellenwertbildung, Clustering und Region Growing.

Hier ist ein Beispiel für die Verwendung der Scikit-Image-Bibliothek zur Durchführung der Bildsegmentierung mittels Schwellenwertbildung:

```python
from skimage import io, filters

# Read an image file
img = io.imread('image.jpg')

# Apply a thresholding filter to segment the image
thresh_img = img > filters.threshold_otsu(img)

# Display the segmented image
io.imshow(thresh_img)
io.show()
```

In diesem Beispiel verwenden wir die Scikit-Image-Bibliothek, um eine Bilddatei zu lesen und einen Schwellenwertfilter anzuwenden, um das Bild zu segmentieren. Anschließend zeigen wir das segmentierte Bild mit der Funktion **imshow()** an.

58. Kafka:

Apache Kafka ist eine verteilte Streaming-Plattform, die zum Aufbau von Echtzeit-Datenpipelines und Streaming-Anwendungen verwendet wird. Kafka ist darauf ausgelegt, große Datenmengen in Echtzeit zu verarbeiten und bietet Funktionen für Skalierbarkeit, Fehlertoleranz und Datenverarbeitung.

In Python kann Kafka mit der Kafka-Python-Bibliothek verwendet werden, die eine Python-API für die Interaktion mit Kafka-Clustern bereitstellt. Kafka kann zum Aufbau von Echtzeit-Datenverarbeitungssystemen, Datenpipelines und Streaming-Anwendungen verwendet werden.

Hier ist ein Beispiel für die Verwendung von Kafka-Python zum Veröffentlichen und Konsumieren von Nachrichten aus einem Kafka-Cluster:

```python
from kafka import KafkaProducer, KafkaConsumer

# Create a Kafka Producer
producer = KafkaProducer(bootstrap_servers='localhost:9092')

# Publish a message to a Kafka topic
producer.send('my-topic', b'Hello, World!')

# Create a Kafka Consumer
consumer = KafkaConsumer('my-topic', bootstrap_servers='localhost:9092')

# Consume messages from a Kafka topic
for message in consumer:
```

```
print(message.value)
```

In diesem Beispiel verwenden wir Kafka-Python, um einen Kafka-Producer zu erstellen, der eine Nachricht in einem Kafka-Topic veröffentlicht, und einen Kafka-Consumer, der Nachrichten aus demselben Topic konsumiert.

59. Keras-Bibliothek:

Keras ist eine High-Level-API für neuronale Netzwerke, die in Python geschrieben wurde und auf TensorFlow, CNTK oder Theano ausgeführt werden kann. Keras bietet eine benutzerfreundliche Schnittstelle zum Aufbau und Training tiefer neuronaler Netzwerke, einschließlich Convolutional Neural Networks (CNN), Recurrent Neural Networks (RNN) und Multi-Layer Perceptrons (MLP).

In Keras umfasst der Aufbau eines neuronalen Netzwerks die Definition der Netzwerkschichten, die Kompilierung des Modells mit einer Verlustfunktion und einem Optimierer sowie die Anpassung des Modells an die Trainingsdaten. Keras bietet eine breite Palette von Schichten, darunter Faltungsschichten, Pooling-Schichten, rekurrente Schichten und dichte Schichten, unter anderem.

Hier ist ein Beispiel für die Verwendung von Keras zum Aufbau eines einfachen MLP für die binäre Klassifikation:

```python
from keras.models import Sequential
from keras.layers import Dense
from sklearn.datasets import make_classification
from sklearn.model_selection import train_test_split

# Generate a random binary classification dataset
X, y = make_classification(n_samples=1000, n_features=10, n_classes=2,
random_state=42)

# Split the dataset into training and testing sets
X_train, X_test, y_train, y_test = train_test_split(X, y, test_size=0.2,
random_state=42)

# Define the model architecture
model = Sequential()
model.add(Dense(10, input_dim=10, activation='relu'))
model.add(Dense(1, activation='sigmoid'))

# Compile the model with a binary cross-entropy loss and a gradient descent optimizer
model.compile(loss='binary_crossentropy', optimizer='adam', metrics=['accuracy'])

# Fit the model to the training data
model.fit(X_train, y_train, epochs=10, batch_size=32)
```

```
# Evaluate the model on the testing data
loss, accuracy = model.evaluate(X_test, y_test)
print('Test Accuracy:', accuracy)
```

In diesem Beispiel verwenden wir Keras, um ein einfaches MLP mit einer versteckten Schicht für die binäre Klassifikation zu erstellen. Wir kompilieren das Modell mit einer binären Kreuzentropie-Verlustfunktion und einem Adam-Optimierer und passen das Modell an die Trainingsdaten an. Anschließend evaluieren wir das Modell anhand der Testdaten und geben die Testgenauigkeit aus.

60. Latent Dirichlet Allocation:

Latent Dirichlet Allocation (LDA) ist ein statistisches Modell, das zur Identifizierung von Themen in einer Dokumentensammlung verwendet wird. LDA ist ein generatives probabilistisches Modell, das davon ausgeht, dass jedes Dokument eine Mischung aus Themen ist und jedes Thema eine Wahrscheinlichkeitsverteilung über Wörter im Vokabular darstellt.

In Python kann LDA mit der Gensim-Bibliothek durchgeführt werden, die eine einfache und effiziente API zum Trainieren und Verwenden von LDA-Modellen bietet. Um LDA mit Gensim zu verwenden, müssen wir zunächst ein Wörterbuch der Dokumente erstellen, das jedem Wort eine eindeutige ganze Zahl zuordnet. Dann konvertieren wir die Dokumente in Bag-of-Words-Darstellungen, die das Vorkommen jedes Wortes in jedem Dokument zählen. Schließlich trainieren wir ein LDA-Modell auf den Bag-of-Words-Darstellungen mit der Klasse **LdaModel** von Gensim.

Hier ist ein Beispiel für die Verwendung von Gensim zum Trainieren eines LDA-Modells auf einer Dokumentensammlung:

```
from gensim.corpora import Dictionary
from gensim.models.ldamodel import LdaModel
from sklearn.datasets import fetch_20newsgroups

# Load a collection of newsgroup documents
newsgroups = fetch_20newsgroups(subset='train')

# Create a dictionary of the documents
dictionary = Dictionary(newsgroups.data)

# Convert the documents to bag-of-words representations
corpus = [dictionary.doc2bow(doc) for doc in newsgroups.data]

# Train an LDA model on the bag-of-words representations
lda_model = LdaModel(corpus, num_topics=10, id2word=dictionary, passes=10)

# Print the top words for each topic
for topic in lda_model.show_topics(num_topics=10, num_words=10, formatted=False):
```

```
print('Topic {}: {}'.format(topic[0], ' '.join([w[0] for w in topic[1]])))
```

In diesem Beispiel verwenden wir Gensim, um ein LDA-Modell auf einer Sammlung von Newsgroup-Dokumenten zu trainieren. Wir erstellen ein Wörterbuch der Dokumente, konvertieren sie in Bag-of-Words-Darstellungen und trainieren ein LDA-Modell mit 10 Themen mit der Klasse **LdaModel** von Gensim. Dann geben wir die wichtigsten Wörter für jedes Thema mit der Methode **show_topics()** des trainierten Modells aus.

61. Liniendiagramm:

Ein Liniendiagramm, auch als Liniengrafik bekannt, ist eine Art von Diagramm, das Daten als eine Reihe von Punkten darstellt, die durch gerade Linien verbunden sind. Liniendiagramme werden häufig verwendet, um Trends in Daten über Zeit zu visualisieren, wie Aktienkurse, Wettermuster oder Website-Traffic.

In Python können Liniendiagramme mit der Matplotlib-Bibliothek erstellt werden, die eine Vielzahl von Funktionen zum Erstellen verschiedener Diagrammtypen bietet. Um ein Liniendiagramm in Matplotlib zu erstellen, können wir die Funktion **plot()** verwenden, die eine Reihe von x- und y-Koordinaten nimmt und sie als Linie darstellt. Wir können auch das Erscheinungsbild des Diagramms anpassen, indem wir Beschriftungen, Titel und Legenden hinzufügen.

Hier ist ein Beispiel für die Erstellung eines einfachen Liniendiagramms in Matplotlib:

```
import matplotlib.pyplot as plt

# Define the x and y coordinates for the line chart
x = [1, 2, 3, 4, 5]
y = [1, 4, 9, 16, 25]

# Create the line chart
plt.plot(x, y)

# Add labels, title, and legend
plt.xlabel('X Label')
plt.ylabel('Y Label')
plt.title('My Line Chart')
plt.legend(['My Line'])

# Display the chart
plt.show()
```

In diesem Beispiel definieren wir die x- und y-Koordinaten für das Liniendiagramm und erstellen das Diagramm mit der Funktion **plot()** von Matplotlib. Dann fügen wir Beschriftungen, einen Titel und eine Legende zum Diagramm hinzu und zeigen es mit der Funktion **show()** an.

62. Maschinelles Lernen:

Maschinelles Lernen ist ein Zweig der künstlichen Intelligenz (KI), der die Entwicklung von Algorithmen und Modellen umfasst, die Muster und Beziehungen in Daten erlernen und diese zur Vorhersage oder Entscheidungsfindung nutzen können. Maschinelles Lernen wird in einer Vielzahl von Anwendungen eingesetzt, wie Bilderkennung, Verarbeitung natürlicher Sprache, Betrugserkennung und Empfehlungssysteme.

In Python kann maschinelles Lernen mit verschiedenen Bibliotheken implementiert werden, wie Scikit-learn, TensorFlow, Keras und PyTorch. Diese Bibliotheken bieten eine Vielzahl von Modellen und Algorithmen für maschinelles Lernen, wie lineare Regression, logistische Regression, Entscheidungsbäume, Random Forests, Support-Vektor-Maschinen, neuronale Netze und Deep-Learning-Modelle.

Hier ist ein Beispiel für die Verwendung von Scikit-learn zum Training eines linearen Regressionsmodells auf einem Datensatz:

```python
from sklearn.linear_model import LinearRegression
from sklearn.datasets import make_regression
from sklearn.model_selection import train_test_split

# Generate a random regression dataset
X, y = make_regression(n_samples=1000, n_features=10, noise=0.1, random_state=42)

# Split the dataset into training and testing sets
X_train, X_test, y_train, y_test = train_test_split(X, y, test_size=0.2,
random_state=42)

# Train a linear regression model on the training data
model = LinearRegression()
model.fit(X_train, y_train)

# Evaluate the model on the testing data
score = model.score(X_test, y_test)
print('Test R^2 Score:', score)
```

In diesem Beispiel verwenden wir Scikit-learn, um ein lineares Regressionsmodell mit einem zufällig generierten Datensatz zu trainieren. Wir teilen den Datensatz in Trainings- und Testsets auf, trainieren das Modell mit den Trainingsdaten unter Verwendung der Klasse **LinearRegression()** und bewerten das Modell anhand der Testdaten mit der Methode **score()**.

63. MapReduce:

MapReduce ist ein Programmiermodell und Framework, das zur verteilten und parallelen Verarbeitung großer Datensätze verwendet wird. MapReduce wurde ursprünglich von Google entwickelt, um Webseiten zu verarbeiten und Suchindizes zu erstellen, und wurde seitdem von einer Vielzahl von Unternehmen und Organisationen für Big-Data-Verarbeitung übernommen.

In Python kann MapReduce mit dem Hadoop Distributed File System (HDFS) und der Pydoop-Bibliothek implementiert werden. Das MapReduce-Programmiermodell besteht aus zwei Hauptfunktionen: einer Map-Funktion, die die Daten verarbeitet und Zwischen-Schlüssel-Wert-Paare erzeugt, und einer Reduce-Funktion, die die Zwischenergebnisse aggregiert und die endgültige Ausgabe produziert.

Hier ist ein Beispiel für die Verwendung von Pydoop zur Implementierung eines einfachen MapReduce-Programms:

```python
import pydoop.hdfs as hdfs

# Define the Map function
def mapper(key, value):
    words = value.strip().split()
    for word in words:
        yield (word, 1)

# Define the Reduce function
def reducer(key, values):
    yield (key, sum(values))

# Open the input file on HDFS
with hdfs.open('/input.txt') as infile:
    data = infile.read()

# Split the data into lines
lines = data.strip().split('\\n')

# Map the lines to intermediate key-value pairs
intermediate = [pair for line in lines for pair in mapper(None, line)]

# Group the intermediate key-value pairs by key
groups = {}
for key, value in intermediate:
    if key not in groups:
        groups[key] = []
    groups[key].append(value)

# Reduce the groups to produce the final output
output = [pair for key, values in groups.items() for pair in reducer(key, values)]

# Write the output to a file on HDFS
with hdfs.open('/output.txt', 'w') as outfile:
    for key, value in output:
        outfile.write('{}\\t{}\\n'.format(key, value))
```

In diesem Beispiel definieren wir die Map- und Reduce-Funktionen und verwenden Pydoop, um eine in HDFS gespeicherte Textdatei zu verarbeiten. Wir bilden die Zeilen der Datei auf Zwischen-Schlüssel-Wert-Paare ab, indem wir die Funktion **mapper()** verwenden, gruppieren die Zwischenergebnisse nach Schlüssel und reduzieren die Gruppen, um die endgültige Ausgabe mit der Funktion **reducer()** zu erzeugen. Schließlich schreiben wir die Ausgabe in eine Datei in HDFS.

64. Markov-Ketten:

Markov-Ketten sind mathematische Modelle, die verwendet werden, um die Übergangswahrscheinlichkeit von einem Zustand zu einem anderen in einer Ereignissequenz zu beschreiben. Markov-Ketten werden häufig in der natürlichen Sprachverarbeitung, Spracherkennung und anderen Anwendungen eingesetzt, bei denen die Wahrscheinlichkeit eines bestimmten Ereignisses von vorherigen Ereignissen in der Sequenz abhängt.

In Python können Markov-Ketten mit der Bibliothek Markovify implementiert werden, die eine einfache API zum Erstellen und Verwenden von Markov-Modellen auf Basis von Textkorpora bietet. Um Markovify zu nutzen, erstellen wir zunächst ein Korpus von Textdaten, wie eine Sammlung von Büchern oder Artikeln. Dann verwenden wir die Klasse **Text()**, um den Text zu analysieren und ein Markov-Modell zu erstellen, das verwendet werden kann, um neuen Text zu generieren, der einen ähnlichen Stil und eine ähnliche Struktur wie das ursprüngliche Korpus aufweist.

Hier ist ein Beispiel für die Verwendung von Markovify zur Generierung neuer Sätze auf Basis eines Textkorpus:

```python
import markovify

# Load a text corpus
with open('corpus.txt') as f:
    text = f.read()

# Create a Markov model from the corpus
model = markovify.Text(text)

# Generate a new sentence
sentence = model.make_sentence()

print(sentence)
```

In diesem Beispiel verwenden wir Markovify, um ein Markov-Modell aus einem in einer Datei gespeicherten Textkorpus zu erstellen. Dann generieren wir einen neuen Satz mit der Methode **make_sentence()** des Markov-Modells.

65. Matplotlib-Bibliothek:

Matplotlib ist eine Datenvisualisierungsbibliothek für Python, die eine Vielzahl von Funktionen und Werkzeugen zum Erstellen von Grafiken und Diagrammen bietet. Matplotlib kann verwendet werden, um eine breite Palette von Diagrammtypen zu erstellen, einschließlich Liniendiagrammen, Balkendiagrammen, Streudiagrammen und Histogrammen.

Um Matplotlib zu verwenden, müssen wir zunächst die Bibliothek importieren und ein neues Figur- und Achsenobjekt erstellen. Dann können wir verschiedene Funktionen verwenden, um verschiedene Diagrammtypen zu erstellen, wie **plot()** für Liniendiagramme, **bar()** für Balkendiagramme und **scatter()** für Streudiagramme. Wir können auch das Erscheinungsbild des Diagramms anpassen, indem wir Beschriftungen, Titel und Legenden hinzufügen.

Hier ist ein Beispiel für die Erstellung eines einfachen Liniendiagramms in Matplotlib:

```python
import matplotlib.pyplot as plt

# Define the x and y coordinates for the line chart
x = [1, 2, 3, 4, 5]
y = [1, 4, 9, 16, 25]

# Create a new figure and axis object
fig, ax = plt.subplots()

# Create the line chart
ax.plot(x, y)

# Add labels, title, and legend
ax.set_xlabel('X Label')
ax.set_ylabel('Y Label')
ax.set_title('My Line Chart')
ax.legend(['My Line'])

# Display the chart
plt.show()
```

In diesem Beispiel definieren wir die x- und y-Koordinaten für das Liniendiagramm, erstellen ein neues Figur- und Achsenobjekt mit der Funktion **subplots()** von Matplotlib und erstellen das Diagramm mit der Methode **plot()** des Achsenobjekts. Dann fügen wir Beschriftungen, einen Titel und eine Legende zum Diagramm hinzu, indem wir die Methoden **set_xlabel()**, **set_ylabel()**, **set_title()** und **legend()** des Achsenobjekts verwenden, und zeigen das Diagramm mit der Funktion **show()** an.

66. MNIST-Datensatz:

Der MNIST-Datensatz ist ein weit verbreiteter Referenzdatensatz für maschinelles Lernen und Computer Vision, insbesondere für Bildklassifizierungsaufgaben. Er besteht aus einer Sammlung von 70.000 Graustufenbildern handgeschriebener Ziffern, jedes mit einer Größe von 28x28 Pixeln. Die Bilder sind in einen Trainingssatz mit 60.000 Bildern und einen Testsatz mit 10.000 Bildern aufgeteilt.

In Python kann der MNIST-Datensatz mit den Bibliotheken TensorFlow oder Keras heruntergeladen und geladen werden, die eine bequeme API für die Arbeit mit dem Datensatz bieten. Sobald der Datensatz geladen ist, kann er zum Trainieren und Evaluieren von Modellen für maschinelles Lernen für Bildklassifizierungsaufgaben verwendet werden.

Hier ist ein Beispiel für das Laden des MNIST-Datensatzes mit Keras:

```python
from keras.datasets import mnist

# Load the MNIST dataset
(X_train, y_train), (X_test, y_test) = mnist.load_data()

# Print the shape of the training and test sets
print('Training set:', X_train.shape, y_train.shape)
print('Test set:', X_test.shape, y_test.shape)
```

In diesem Beispiel verwenden wir Keras, um den MNIST-Datensatz zu laden und dann die Formen der Trainings- und Testsets auszugeben.

67. Modellevaluierung:

Die Modellevaluierung ist der Prozess zur Bewertung der Leistung eines maschinellen Lernmodells anhand eines Testdatensatzes. Das Ziel der Modellevaluierung ist es festzustellen, wie gut das Modell auf neue, ungesehene Daten generalisieren kann, und Bereiche zu identifizieren, in denen das Modell die Trainingsdaten möglicherweise überanpasst oder unteranpasst.

In Python kann die Modellevaluierung mit verschiedenen Metriken und Techniken durchgeführt werden, wie Präzision, Recall, F1-Score und Konfusionsmatrizen. Diese Metriken können mit der scikit-learn-Bibliothek berechnet werden, die eine Vielzahl von Werkzeugen für die Modellevaluierung und -validierung bereitstellt.

Hier ist ein Beispiel für die Verwendung von scikit-learn zur Bewertung der Leistung eines maschinellen Lernmodells:

```python
from sklearn.metrics import accuracy_score, precision_score, recall_score, f1_score,
confusion_matrix
```

```
# Load the test data and model predictions
y_true = [0, 1, 1, 0, 1, 0, 0, 1]
y_pred = [0, 1, 0, 0, 1, 1, 0, 1]

# Calculate the accuracy, precision, recall, and F1 score
accuracy = accuracy_score(y_true, y_pred)
precision = precision_score(y_true, y_pred)
recall = recall_score(y_true, y_pred)
f1 = f1_score(y_true, y_pred)

# Calculate the confusion matrix
confusion = confusion_matrix(y_true, y_pred)

# Print the evaluation metrics and confusion matrix
print('Accuracy:', accuracy)
print('Precision:', precision)
print('Recall:', recall)
print('F1 score:', f1)
print('Confusion matrix:\\n', confusion)
```

In diesem Beispiel laden wir die wahren Labels und die vorhergesagten Labels für ein binäres Klassifikationsproblem und verwenden scikit-learn, um die Genauigkeit, Präzision, Recall und den F1-Score zu berechnen. Wir berechnen auch die Konfusionsmatrix, die die Anzahl der richtig positiven, richtig negativen, falsch positiven und falsch negativen Vorhersagen anzeigt.

68. Modelltraining:

Das Modelltraining ist der Prozess, bei dem ein maschineller Lernalgorithmus verwendet wird, um Muster und Beziehungen in einem Datensatz zu erlernen und ein Vorhersagemodell zu generieren. In Python kann das Modelltraining mit verschiedenen maschinellen Lernbibliotheken wie scikit-learn, TensorFlow und Keras durchgeführt werden.

Der Modelltrainingsprozess umfasst in der Regel die folgenden Schritte:

1. Laden und Vorverarbeiten der Trainingsdaten

2. Definieren des maschinellen Lernmodells und seiner Parameter

3. Trainieren des Modells mit den Trainingsdaten

4. Bewerten der Leistung des trainierten Modells auf einem Testdatensatz

5. Anpassen der Modellparameter und Wiederholen der Schritte 3-4, bis das gewünschte Leistungsniveau erreicht ist

Hier ist ein Beispiel für das Training eines einfachen linearen Regressionsmodells mit scikit-learn:

```
from sklearn.linear_model import LinearRegression
from sklearn.datasets import load_boston
from sklearn.model_selection import train_test_split
from sklearn.metrics import mean_squared_error

# Load the Boston housing dataset
data = load_boston()

# Split the data into training and test sets
X_train, X_test, y_train, y_test = train_test_split(data.data, data.target,
test_size=0.2)

# Create and train a linear regression model
model = LinearRegression()
model.fit(X_train, y_train)

# Evaluate the performance of the model on the test set
y_pred = model.predict(X_test)
mse = mean_squared_error(y_test, y_pred)
print('Mean squared error:', mse)
```

In diesem Beispiel laden wir den Boston-Housing-Datensatz und teilen ihn mit der Funktion **train_test_split()** von scikit-learn in Trainings- und Testsets auf. Dann erstellen und trainieren wir ein lineares Regressionsmodell mit den Trainingsdaten und bewerten die Leistung des Modells auf dem Testset mit der mittleren quadratischen Fehlermetrik.

69. Multiprocessing:

Multiprocessing ist eine Technik für paralleles Computing in Python, die es ermöglicht, dass mehrere Prozesse gleichzeitig auf einem Mehrkernprozessor oder in einem verteilten Cluster ausgeführt werden. In Python kann Multiprocessing mit dem Modul **multiprocessing** implementiert werden, das eine einfache API zum Erzeugen und Verwalten von Unterprozessen bietet.

Das Modul **multiprocessing** stellt verschiedene Klassen und Funktionen zum Erstellen und Verwalten von Prozessen bereit, wie **Process**, **Pool** und **Queue**. Prozesse können miteinander über gemeinsamen Speicher und Interprozesskommunikationsmechanismen (IPC) wie Pipes und Sockets kommunizieren.

Hier ist ein Beispiel für die Verwendung von Multiprocessing zur parallelen Ausführung einer CPU-gebundenen Aufgabe:

```
import multiprocessing

# Define a function to perform a CPU-bound task
def my_task(x):
    return x**2
```

```
# Create a pool of worker processes
pool = multiprocessing.Pool()

# Generate a list of inputs
inputs = range(10)

# Map the inputs to the worker function in parallel
results = pool.map(my_task, inputs)

# Print the results
print(results)
```

In diesem Beispiel definieren wir eine einfache Funktion **my_task()** zur Durchführung einer CPU-gebundenen Aufgabe und verwenden die Klasse **Pool** aus dem Modul **multiprocessing**, um eine Gruppe von Arbeiterprozessen zu erstellen. Dann generieren wir eine Liste von Eingaben und mappen diese parallel zur Arbeiterfunktion mittels der **map()**-Methode des Pool-Objekts. Schließlich geben wir die Ergebnisse der parallelen Berechnung aus.

70. Multithreading:

Multithreading ist eine Technik für nebenläufige Programmierung in Python, die es ermöglicht, dass mehrere Threads gleichzeitig innerhalb eines einzelnen Prozesses ausgeführt werden. In Python kann Multithreading mit dem Modul **threading** implementiert werden, das eine einfache API zum Erstellen und Verwalten von Threads bietet.

Das Modul **threading** stellt verschiedene Klassen und Funktionen zum Erstellen und Verwalten von Threads bereit, wie **Thread**, **Lock** und **Condition**. Threads können miteinander über gemeinsamen Speicher und Synchronisationsprimitiven wie Locks und Conditions kommunizieren.

Hier ist ein Beispiel für die Verwendung von Multithreading zur parallelen Ausführung einer einfachen Aufgabe:

```
import threading

# Define a function to perform a simple task
def my_task():
    print('Hello, world!')

# Create a thread object and start the thread
thread = threading.Thread(target=my_task)
thread.start()

# Wait for the thread to finish
thread.join()
```

In diesem Beispiel definieren wir eine einfache Funktion **my_task()** zum Ausgeben einer Nachricht und erstellen ein **Thread**-Objekt, um die Funktion in einem separaten Thread auszuführen. Wir starten den Thread mit der **start()**-Methode und warten darauf, dass der Thread mit der **join()**-Methode beendet wird. Die Ausgabe des Programms sollte "Hello, world!" sein.

71. Named Entity Recognition:

Named Entity Recognition (NER) ist eine Unteraufgabe der natürlichen Sprachverarbeitung (NLP), bei der benannte Entitäten in einem Text identifiziert und in vordefinierte Kategorien wie Personennamen, Organisationsnamen, Orte und Datumsangaben klassifiziert werden. In Python kann NER mit verschiedenen NLP-Bibliotheken wie spaCy, NLTK und Stanford CoreNLP durchgeführt werden.

Der NER-Prozess umfasst typischerweise die folgenden Schritte:

1. Tokenisierung des Textes in Wörter oder Phrasen.

2. Markierung jedes Tokens mit seiner Wortart (POS), um seine grammatikalische Rolle im Satz zu identifizieren.

3. Anwendung von NER-Algorithmen zur Identifizierung und Klassifizierung benannter Entitäten basierend auf ihrem Kontext und den umgebenden Wörtern.

Hier ist ein Beispiel für die Durchführung von NER mit spaCy:

```python
import spacy

# Load the spaCy English model
nlp = spacy.load('en_core_web_sm')

# Define a sample text
text = 'John Smith is a software engineer at Google in New York.'

# Process the text using spaCy
doc = nlp(text)

# Print the named entities and their categories
for ent in doc.ents:
    print(ent.text, ent.label_)
```

In diesem Beispiel laden wir das englische spaCy-Modell und definieren einen Beispieltext. Dann verarbeiten wir den Text mit der **nlp()**-Funktion von spaCy und geben die benannten Entitäten und ihre Kategorien mit dem **ents**-Attribut des verarbeiteten Dokuments aus.

72. Natural Language Generation:

Natural Language Generation (NLG) ist ein Teilgebiet der künstlichen Intelligenz (KI), das die Erzeugung von natürlichsprachigem Text aus strukturierten Daten oder maschinenlesbaren Anweisungen umfasst. In Python kann NLG mit verschiedenen NLG-Bibliotheken wie NLTK, GPT-3 und GPT-2 von OpenAI durchgeführt werden.

Der NLG-Prozess umfasst typischerweise die folgenden Schritte:

1. Extraktion und Vorverarbeitung der Daten oder Anweisungen.

2. Definition einer Vorlage oder eines Modells zur Erzeugung von natürlichsprachigem Text.

3. Anwendung von Textgenerierungsalgorithmen zur Erzeugung von natürlichsprachigem Text basierend auf den Eingabedaten oder Anweisungen.

Hier ist ein Beispiel für die Verwendung von GPT-2 zur Erzeugung von natürlichsprachigem Text:

```python
import openai

# Set up the OpenAI API key
openai.api_key = 'YOUR_API_KEY'

# Define the prompt for text generation
prompt = 'Once upon a time, there was a magical forest'

# Generate text using GPT-2
response = openai.Completion.create(
    engine='text-davinci-002',
    prompt=prompt,
    max_tokens=50
)

# Print the generated text
print(response.choices[0].text)
```

In diesem Beispiel verwenden wir das GPT-2-Modell von OpenAI, um natürlichsprachigen Text basierend auf einer gegebenen Eingabeaufforderung zu generieren. Zuerst richten wir den OpenAI-API-Schlüssel ein, definieren die Eingabeaufforderung und verwenden die **Completion.create()**-Methode, um Text mit der angegebenen GPT-2-Engine und den Parametern zu generieren. Schließlich geben wir den generierten Text aus.

73. Natural Language Processing:

Natural Language Processing (NLP) ist ein Teilgebiet der künstlichen Intelligenz (KI), das die Analyse und Verarbeitung menschlicher Sprachdaten wie Text und Sprache umfasst. In Python kann NLP mit verschiedenen NLP-Bibliotheken wie NLTK, spaCy und TextBlob durchgeführt werden.

Der NLP-Prozess umfasst typischerweise die folgenden Schritte:

1. Tokenisierung: Aufteilen des Textes in einzelne Wörter oder Tokens.

2. Part-of-Speech-Tagging (POS): Markierung jedes Wortes mit seiner grammatikalischen Wortart, wie Substantiv, Verb oder Adjektiv.

3. Named Entity Recognition (NER): Identifizierung und Kategorisierung benannter Entitäten wie Personen, Organisationen und Orte im Text.

4. Stimmungsanalyse: Analyse der im Text ausgedrückten Stimmung oder Meinung, z.B. positiv, negativ oder neutral.

5. Themenmodellierung: Identifizierung und Extraktion von Themen aus einer Sammlung von Textdokumenten.

Hier ist ein Beispiel für die Durchführung von NLP-Aufgaben mit der spaCy-Bibliothek:

```python
import spacy

# Load the English language model
nlp = spacy.load('en_core_web_sm')

# Define a text document for NLP processing
text = 'Apple is looking at buying U.K. startup for $1 billion'

# Perform NLP tasks on the text document
doc = nlp(text)
for token in doc:
    print(f'{token.text}: {token.pos_}, {token.dep_}')

for ent in doc.ents:
    print(f'{ent.text}: {ent.label_}')
```

In diesem Beispiel laden wir das englische Sprachmodell in spaCy und definieren ein Textdokument für die NLP-Verarbeitung. Dann führen wir die Tokenisierung und das Part-of-Speech-Tagging (POS) im Textdokument mit der **nlp()**-Methode von spaCy durch und durchlaufen jeden Token, um seinen Text, POS-Tag und Abhängigkeitsbeziehung auszugeben. Wir führen auch Named Entity Recognition (NER) mit der **ents**-Eigenschaft von spaCy durch und durchlaufen jede benannte Entität, um ihren Text und Entity-Tag auszugeben.

74. Netzwerkanalyse:

Netzwerkanalyse ist ein Zweig der Datenwissenschaft, der die Analyse und Modellierung komplexer Netzwerke wie sozialer Netzwerke, Kommunikationsnetzwerke und biologischer

Netzwerke umfasst. In Python kann die Netzwerkanalyse mit verschiedenen Bibliotheken wie NetworkX, igraph und graph-tool durchgeführt werden.

Der Netzwerkanalyseprozess umfasst typischerweise die folgenden Schritte:

1. Definition der Netzwerkstruktur und der Daten.

2. Analyse der Topologie und Eigenschaften des Netzwerks, wie Gradverteilung, Zentralitätsmaße und Clustering-Koeffizienten.

3. Modellierung des Netzwerks mit Hilfe der Graphentheorie und Maschinenlernverfahren.

4. Visualisierung des Netzwerks mit Algorithmen und Software zum Zeichnen von Graphen.

Hier ist ein Beispiel für Netzwerkanalyse mit NetworkX:

```python
import networkx as nx

# Define a social network graph
G = nx.Graph()
G.add_edge('Alice', 'Bob')
G.add_edge('Bob', 'Charlie')
G.add_edge('Charlie', 'David')
G.add_edge('David', 'Eva')

# Calculate the degree centrality of the nodes
centrality = nx.degree_centrality(G)

# Print the centrality measures
for node, centrality in centrality.items():
    print(f'{node}: {centrality}')
```

In diesem Beispiel definieren wir einen einfachen Graphen eines sozialen Netzwerks mit NetworkX und berechnen die Gradzentralität der Knoten mit der Funktion **degree_centrality()**. Dann geben wir die Zentralitätsmaße für jeden Knoten im Graphen aus.

75. Netzwerkprogrammierung:

Netzwerkprogrammierung ist ein Zweig der Computerprogrammierung, der die Entwicklung von Anwendungen und Diensten umfasst, die über Computernetzwerke wie das Internet kommunizieren. In Python kann Netzwerkprogrammierung mit verschiedenen Bibliotheken und Frameworks wie socket, asyncio, Twisted und Django durchgeführt werden.

Der Netzwerkprogrammierungsprozess umfasst typischerweise die folgenden Aufgaben:

1. Aufbau von Netzwerkverbindungen und Sockets.

2. Senden und Empfangen von Daten über das Netzwerk mit Protokollen wie TCP/IP und UDP.

3. Implementierung von Netzwerkdiensten wie Webservern, Chat-Clients und Dateiübertragungsprotokollen.

4. Sicherung der Netzwerkkommunikation mit Verschlüsselungs- und Authentifizierungstechniken.

Hier ist ein Beispiel für Netzwerkprogrammierung mit der Socket-Bibliothek:

```python
import socket

# Define the host and port for the server
HOST = 'localhost'
PORT = 8000

# Create a socket object and bind it to the host and port
server_socket = socket.socket(socket.AF_INET, socket.SOCK_STREAM)
server_socket.bind((HOST, PORT))

# Listen for incoming client connections
server_socket.listen()

# Accept client connections and handle incoming data
while True:
    client_socket, client_address = server_socket.accept()
    print(f'Client connected from {client_address}')
    data = client_socket.recv(1024)
    print(f'Received data: {data}')
    response = b'Thank you for connecting!'
    client_socket.sendall(response)
    client_socket.close()
```

In diesem Beispiel erstellen wir einen einfachen Server mit der **socket**-Bibliothek, der auf eingehende Client-Verbindungen an einem bestimmten Host und Port lauscht. Dann akzeptieren wir Client-Verbindungen und verarbeiten eingehende Daten, indem wir die empfangenen Daten ausgeben und eine Antwort zurück an den Client senden. Schließlich schließen wir die Client-Socket-Verbindung.

76. NLTK-Bibliothek:

Das Natural Language Toolkit (NLTK) ist eine Python-Bibliothek für die Arbeit mit menschlichen Sprachdaten. NLTK bietet eine Reihe von Werkzeugen und Methoden für Aufgaben der natürlichen Sprachverarbeitung wie Tokenisierung, POS-Tagging, Named Entity Recognition (NER), Stimmungsanalyse und mehr. Es enthält auch eine breite Palette von Korpora und Datensätzen zum Trainieren und Testen von Modellen für die natürliche Sprachverarbeitung.

Hier ist ein Beispiel für die Verwendung von NLTK für Tokenisierung und POS-Tagging:

```python
import nltk

# Download the necessary NLTK data
nltk.download('punkt')
nltk.download('averaged_perceptron_tagger')

# Define a text document for NLP processing
text = "John likes to play soccer in the park with his friends"

# Perform tokenization and POS tagging
tokens = nltk.word_tokenize(text)
pos_tags = nltk.pos_tag(tokens)

# Print the tokens and POS tags
print(tokens)
print(pos_tags)
```

In diesem Beispiel laden wir zunächst die erforderlichen NLTK-Daten mit der Funktion **nltk.download()**. Dann definieren wir ein Textdokument für die NLP-Verarbeitung und führen die Tokenisierung und das POS-Tagging mit den Funktionen **word_tokenize()** und **pos_tag()** von NLTK durch. Schließlich geben wir die resultierenden Tokens und POS-Tags aus.

77. NumPy-Bibliothek:

NumPy ist eine Python-Bibliothek für die Arbeit mit Arrays und numerischen Daten. NumPy bietet eine leistungsstarke Sammlung von Funktionen und Methoden für mathematische Operationen an Arrays wie Addition, Subtraktion, Multiplikation, Division und mehr. Es enthält auch Werkzeuge für lineare Algebra, Fourier-Analyse und Zufallszahlengenerierung.

Hier ist ein Beispiel für die Verwendung von NumPy zur Array-Manipulation:

```python
import numpy as np

# Define two arrays for addition
a = np.array([1, 2, 3])
b = np.array([4, 5, 6])

# Perform array addition
c = a + b

# Print the result
print(c)
```

In diesem Beispiel definieren wir zwei Arrays mit der **array()**-Funktion von NumPy und führen die Array-Addition mit dem **+**-Operator durch. Schließlich geben wir das resultierende Array aus.

78. Objekterkennung:

Objekterkennung ist eine Aufgabe der Computer Vision, die die Identifizierung und Lokalisierung von Objekten in einem Bild oder Video umfasst. In Python kann die Objekterkennung mit verschiedenen Deep-Learning-Frameworks und -Bibliotheken wie TensorFlow, Keras und OpenCV durchgeführt werden.

Der Objekterkennungsprozess umfasst typischerweise die folgenden Schritte:

1. Bildvorverarbeitung: Vorbereitung des Bildes für die Objekterkennung, wie Größenänderung oder Normalisierung.

2. Objekterkennung: Identifizierung und Lokalisierung von Objekten im Bild mit einem vortrainierten Deep-Learning-Modell.

3. Nachbearbeitung: Verfeinerung der Objekterkennungsergebnisse, wie Filtern von falschen Positiven oder Gruppieren überlappender Objekte.

Hier ist ein Beispiel für Objekterkennung mit der TensorFlow Object Detection API:

```python
import tensorflow as tf
import cv2

# Load the pre-trained TensorFlow Object Detection API model
model = tf.saved_model.load('path/to/saved/model')

# Load and preprocess the input image
image = cv2.imread('path/to/image')
image = cv2.cvtColor(image, cv2.COLOR_BGR2RGB)
image = cv2.resize(image, (800, 600))

# Perform object detection on the input image
detections = model(image)

# Post-process the object detection results
# ...
```

In diesem Beispiel laden wir ein vortrainiertes Modell der TensorFlow Object Detection API und führen die Objekterkennung auf einem Eingabebild mit der **_call_()**-Methode des Modells durch. Dann müssen wir eine Nachbearbeitung durchführen, um die Objekterkennungsergebnisse zu verfeinern, wie das Filtern von Erkennungen mit niedriger Konfidenz oder das Gruppieren überlappender Objekte.

79. OpenAI Gym-Bibliothek:

OpenAI Gym ist eine Python-Bibliothek zur Entwicklung und zum Vergleich von Reinforcement-Learning-Algorithmen. Sie bietet eine Vielzahl von Umgebungen zum Testen und Bewerten von Reinforcement-Learning-Algorithmen, wie Atari-Spiele, Robotik-Simulationen und Steuerungsaufgaben.

Hier ist ein Beispiel für die Verwendung von OpenAI Gym zum Training eines Reinforcement-Learning-Agenten in der CartPole-Umgebung:

```python
import gym

# Create the CartPole environment
env = gym.make('CartPole-v1')

# Reset the environment
state = env.reset()

# Perform random actions for 1000 steps
for i in range(1000):
    # Choose a random action
    action = env.action_space.sample()

    # Perform the action and observe the next state and reward
    next_state, reward, done, info = env.step(action)

    # Render the environment
    env.render()

    # Update the current state
    state = next_state

    # Terminate the episode if the pole falls over
    if done:
        break

# Close the environment
env.close()
```

In diesem Beispiel erstellen wir die CartPole-Umgebung mit der **make()**-Funktion von OpenAI Gym und setzen die Umgebung mit ihrer **reset()**-Funktion zurück. Dann führen wir zufällige Aktionen in der Umgebung für eine bestimmte Anzahl von Schritten durch und beobachten den resultierenden Zustand, die Belohnung und das Done-Flag bei jedem Schritt. Schließlich rendern wir die Umgebung mit ihrer **render()**-Funktion und schließen die Umgebung mit ihrer **close()**-Funktion.

80. OpenCV-Bibliothek:

OpenCV (Open Source Computer Vision) ist eine Python-Bibliothek für Computer Vision und Bildverarbeitung. OpenCV bietet eine breite Palette von Werkzeugen und Methoden für Aufgaben wie Bildladung, Filterung, Transformation, Merkmalserkennung und Objekterkennung.

Hier ist ein Beispiel für die Verwendung von OpenCV zur Bildverarbeitung:

```python
import cv2

# Load the input image
image = cv2.imread('path/to/image')

# Convert the image to grayscale
gray = cv2.cvtColor(image, cv2.COLOR_BGR2GRAY)

# Apply Gaussian blur to the image
blur = cv2.GaussianBlur(gray, (5, 5), 0)

# Detect edges in the image using Canny edge detection
edges = cv2.Canny(blur, 100, 200)

# Display the resulting image
cv2.imshow('Edges', edges)
cv2.waitKey(0)
cv2.destroyAllWindows()
```

In diesem Beispiel laden wir ein Eingabebild mit der Funktion **imread()** von OpenCV und konvertieren es in Graustufen mit der Funktion **cvtColor()** von OpenCV. Dann wenden wir eine Gaußsche Unschärfe auf das Graustufenbild mit der Funktion **GaussianBlur()** von OpenCV an und erkennen die Kanten im resultierenden Bild mit der Funktion **Canny()** von OpenCV. Schließlich zeigen wir das resultierende Bild mit der Funktion **imshow()** von OpenCV an und warten auf einen Tastendruck, bevor wir das Fenster schließen.

81. Paketerfassung:

Paketerfassung ist der Prozess des Erfassens und Analysierens von Netzwerkverkehr, um nützliche Informationen zu extrahieren. In Python kann die Paketerfassung mit Bibliotheken wie Scapy und PyShark durchgeführt werden. Diese Bibliotheken ermöglichen es Ihnen, Netzwerkverkehr zu erfassen, Pakete zu analysieren und Daten wie Quell- und Ziel-IP-Adressen, Portnummern und Protokolltypen zu extrahieren.

Hier ist ein Beispiel für die Verwendung von Scapy zur Erfassung und Analyse von Netzwerkverkehr:

```
from scapy.all import *

# Define a packet handling function
def handle_packet(packet):
    # Extract the source and destination IP addresses and protocol type
    src_ip = packet[IP].src
    dst_ip = packet[IP].dst
    proto = packet[IP].proto

    # Print the extracted data
    print(f'Source IP: {src_ip}, Destination IP: {dst_ip}, Protocol: {proto}')

# Start capturing network traffic
sniff(filter='ip', prn=handle_packet)
```

In diesem Beispiel definieren wir eine Paketverarbeitungsfunktion, die die Quell- und Ziel-IP-Adressen sowie den Protokolltyp aus den erfassten Paketen extrahiert und dann die Daten in der Konsole ausgibt. Anschließend verwenden wir die Funktion **sniff()** von Scapy, um mit der Erfassung von Netzwerkverkehr zu beginnen, der dem angegebenen Filter entspricht (in diesem Fall IP-Pakete), und rufen die Paketverarbeitungsfunktion für jedes erfasste Paket auf.

82. Pandas-Bibliothek:

Pandas ist eine Python-Bibliothek für Datenmanipulation und -analyse. Sie bietet leistungsstarke Werkzeuge für die Arbeit mit strukturierten Daten, wie Dataframes und Serien, und unterstützt eine breite Palette von Operationen wie Filtern, Gruppieren, Verknüpfen und Aggregieren.

Hier ist ein Beispiel für die Verwendung von Pandas zum Lesen einer CSV-Datei und zur Durchführung einer grundlegenden Datenanalyse:

```
import pandas as pd

# Read the CSV file into a data frame
data = pd.read_csv('path/to/file.csv')

# Display the first 5 rows of the data frame
print(data.head())

# Calculate some basic statistics on the data
print(data.describe())

# Group the data by a column and calculate the mean value of another column
print(data.groupby('column1')['column2'].mean())
```

In diesem Beispiel verwenden wir die Funktion **read_csv()** von Pandas, um eine CSV-Datei in einen Dataframe zu lesen und die ersten 5 Zeilen der Daten mit der Funktion **head()** anzuzeigen. Dann verwenden wir die Funktion **describe()**, um einige grundlegende Statistiken über die Daten zu berechnen, wie Mittelwert, Standardabweichung und Quartile. Schließlich verwenden wir die Funktion **groupby()**, um die Daten nach einer Spalte zu gruppieren und den Mittelwert einer anderen Spalte für jede Gruppe zu berechnen.

83. Parallele Verarbeitung:

Parallele Verarbeitung ist die gleichzeitige Ausführung mehrerer Aufgaben, typischerweise unter Verwendung mehrerer Verarbeitungseinheiten wie CPU-Kerne oder GPUs. In Python kann die parallele Verarbeitung mit Bibliotheken wie multiprocessing und concurrent.futures durchgeführt werden. Diese Bibliotheken ermöglichen es Ihnen, Aufgaben auf mehrere Verarbeitungseinheiten zu verteilen und deren Ausführung zu synchronisieren.

Hier ist ein Beispiel für die Verwendung der multiprocessing-Bibliothek zur Durchführung paralleler Verarbeitung:

```python
import multiprocessing

# Define a function to perform some task
def worker(input):
    # Do some work with the input
    result = input ** 2

    # Return the result
    return result

if __name__ == '__main__':
    # Define a list of inputs
    inputs = [1, 2, 3, 4, 5]

    # Create a pool of worker processes
    with multiprocessing.Pool(processes=4) as pool:
        # Map the inputs to the worker function using the pool
        results = pool.map(worker, inputs)

    # Print the results
    print(results)
```

In diesem Beispiel definieren wir eine Worker-Funktion, die eine Aufgabe mit einer Eingabe ausführt und ein Ergebnis zurückgibt. Dann verwenden wir die Bibliothek **multiprocessing**, um einen Pool von Worker-Prozessen zu erstellen und die Eingaben mit der Funktion **map()** der Worker-Funktion zuzuordnen. Die Bibliothek kümmert sich um die Verteilung der Eingaben und die Synchronisation der Worker-Prozesse und gibt die Ergebnisse als Liste zurück.

84. Parquet-Dateiformat:

Parquet ist ein Dateiformat zur Speicherung strukturierter Daten in einem spaltenorientierten Format, optimiert für effiziente Abfragen und Verarbeitung. Es ist für die Arbeit mit Big-Data-Technologien wie Hadoop und Spark konzipiert und unterstützt Kompressions- und Kodierungstechniken zur Reduzierung von Speicher- und Verarbeitungskosten.

In Python kann das Parquet-Dateiformat mit Bibliotheken wie PyArrow und fastparquet gelesen und geschrieben werden. Diese Bibliotheken bieten leistungsstarke E/A-Operationen und Unterstützung für Datenmanipulation und -analyse.

Hier ist ein Beispiel für die Verwendung von PyArrow zum Lesen und Schreiben von Parquet-Dateien:

```python
import pandas as pd
import pyarrow as pa
import pyarrow.parquet as pq

# Create a Pandas data frame
data = pd.DataFrame({
    'column1': [1, 2, 3],
    'column2': ['a', 'b', 'c']
})

# Convert the data frame to an Arrow table
table = pa.Table.from_pandas(data)

# Write the table to a Parquet file
pq.write_table(table, 'path/to/file.parquet')

# Read the Parquet file into an Arrow table
table = pq.read_table('path/to/file.parquet')

# Convert the table to a Pandas data frame
data = table.to_pandas()

# Display the data frame
print(data)
```

In diesem Beispiel erstellen wir einen Pandas DataFrame und konvertieren ihn mit der Funktion **Table.from_pandas()** in eine Arrow-Tabelle. Dann schreiben wir die Tabelle mit der Funktion **write_table()** in eine Parquet-Datei und lesen die Datei mit der Funktion **read_table()** in eine Arrow-Tabelle ein. Schließlich konvertieren wir die Tabelle mit der Funktion **to_pandas()** zurück in einen Pandas DataFrame und zeigen die Daten an.

85. Wortartmarkierung (Part-of-Speech Tagging):

Wortartmarkierung ist der Prozess, bei dem Wörtern in einem Satz grammatikalische Bezeichnungen wie Substantiv, Verb, Adjektiv oder Adverb zugewiesen werden. In Python kann die Wortartmarkierung mit Bibliotheken wie NLTK und spaCy durchgeführt werden. Diese Bibliotheken bieten vortrainierte Modelle für die Wortartmarkierung sowie Werkzeuge zum Training benutzerdefinierter Modelle für spezifische Domänen oder Sprachen.

Hier ist ein Beispiel für die Verwendung von NLTK zur Durchführung der Wortartmarkierung:

```python
import nltk

# Download the NLTK data
nltk.download('averaged_perceptron_tagger')

# Define a sentence
sentence = 'The quick brown fox jumps over the lazy dog'

# Tokenize the sentence
tokens = nltk.word_tokenize(sentence)

# Perform part-of-speech tagging
tags = nltk.pos_tag(tokens)

# Print the tags
print(tags)
```

In diesem Beispiel laden wir zunächst die NLTK-Daten für die Wortartmarkierung mit der Funktion **download()** herunter. Dann definieren wir einen Satz und tokenisieren ihn in einzelne Wörter mit der Funktion **word_tokenize()**. Schließlich führen wir die Wortartmarkierung mit der Funktion **pos_tag()** durch, die jedem Wort im Satz grammatikalische Bezeichnungen zuweist, und geben die Ergebnisse aus.

86. PDF-Berichterstellung:

Die PDF-Berichterstellung bezieht sich auf den Prozess der Erstellung von PDF-Dokumenten, die formatierten Text, Bilder und andere Elemente enthalten und typischerweise zum Teilen von Informationen oder zur Präsentation von Daten verwendet werden. In Python kann die PDF-Berichterstellung mit Bibliotheken wie ReportLab und PyFPDF durchgeführt werden. Diese Bibliotheken bieten Werkzeuge zur Erstellung von PDF-Dokumenten von Grund auf oder aus bestehenden Vorlagen sowie zum Hinzufügen von Text, Bildern, Tabellen und anderen Elementen.

Hier ist ein Beispiel für die Verwendung von ReportLab zur Erstellung eines PDF-Berichts:

```
from reportlab.pdfgen import canvas

# Create a new PDF document
pdf = canvas.Canvas('report.pdf')

# Add some text to the document
pdf.drawString(100, 750, 'Hello World!')

# Save the document
pdf.save()
```

In diesem Beispiel importieren wir die Klasse **canvas** aus der ReportLab-Bibliothek, die eine High-Level-Schnittstelle zur Erstellung von PDF-Dokumenten bietet. Dann erstellen wir ein neues PDF-Dokument mit der Funktion **Canvas()** und fügen mit der Methode **drawString()** Text hinzu. Schließlich speichern wir das Dokument in einer Datei mit der Methode **save()**.

87. Pillow-Bibliothek:

Pillow ist eine Python-Bibliothek für die Arbeit mit Bildern, die Werkzeuge zum Öffnen, Manipulieren und Speichern von Bilddateien in verschiedenen Formaten bietet. Es ist ein Fork der Python Imaging Library (PIL) mit zusätzlicher Unterstützung für Python 3 sowie weiteren Funktionen und Verbesserungen.

In Pillow werden Bilder als **Image**-Objekte dargestellt, die aus Dateien geladen, von Grund auf erstellt oder mit verschiedenen Methoden und Operationen manipuliert werden können. Die Bibliothek unterstützt eine breite Palette von Bildformaten, darunter JPEG, PNG, GIF, BMP und TIFF.

Hier ist ein Beispiel für die Verwendung von Pillow zum Öffnen und Manipulieren eines Bildes:

```
from PIL import Image

# Open an image file
image = Image.open('image.jpg')

# Resize the image
size = (200, 200)
image = image.resize(size)

# Convert the image to grayscale
image = image.convert('L')

# Save the image to a file
image.save('new_image.jpg')
```

In diesem Beispiel importieren wir die Klasse **Image** aus der Pillow-Bibliothek und öffnen eine Bilddatei mit der Funktion **open()**. Dann ändern wir die Größe des Bildes auf ein kleineres Format mit der Methode **resize()** und konvertieren es in Graustufen mit der Methode **convert()**. Schließlich speichern wir das bearbeitete Bild in einer Datei mit der Methode **save()**.

88. Plotly-Bibliothek:

Plotly ist eine Python-Bibliothek zur Erstellung interaktiver Datenvisualisierungen, einschließlich Diagrammen, Schaubildern und Karten. Sie bietet eine breite Palette von Diagrammtypen und Anpassungsoptionen sowie Werkzeuge zum Hinzufügen von Interaktivität, Anmerkungen und Animationen zu Visualisierungen.

In Plotly werden Visualisierungen mit dem Modul **plotly.graph_objs** erstellt, das Klassen zur Definition von Daten- und Design-Eigenschaften für Diagramme bereitstellt. Die Bibliothek unterstützt eine breite Palette von Diagrammtypen, darunter Streudiagramme, Balkendiagramme, Liniendiagramme und Heatmaps.

Hier ist ein Beispiel für die Verwendung von Plotly zur Erstellung eines einfachen Liniendiagramms:

```python
import plotly.graph_objs as go

# Define some data
x = [1, 2, 3, 4, 5]
y = [10, 8, 6, 4, 2]

# Create a line chart
fig = go.Figure(data=go.Scatter(x=x, y=y))

# Display the chart
fig.show()
```

In diesem Beispiel importieren wir das Modul **graph_objs** aus Plotly und definieren einige Daten für ein Liniendiagramm. Dann erstellen wir ein neues **Figure**-Objekt und fügen mit dem **data**-Argument eine **Scatter**-Spur mit den Daten hinzu. Schließlich zeigen wir das Diagramm mit der Methode **show()** an.

89. Vortrainierte Modelle:

Vortrainierte Modelle sind Maschinenlernmodelle, die auf großen Datensätzen trainiert und für den allgemeinen Gebrauch zur Verfügung gestellt wurden. Sie können als Ausgangspunkt für die Entwicklung neuer Maschinenlernmodelle oder als Lösung für spezifische Aufgaben verwendet werden, für die das Modell trainiert wurde. Vortrainierte Modelle sind für eine breite

Palette von Aufgaben verfügbar, darunter Bilderkennung, Spracherkennung, natürliche Sprachverarbeitung und mehr.

In Python können vortrainierte Modelle mit Bibliotheken wie TensorFlow, Keras, PyTorch und spaCy heruntergeladen und verwendet werden. Diese Bibliotheken bieten vortrainierte Modelle für verschiedene Aufgaben sowie Werkzeuge zum Anpassen und Personalisieren der Modelle.

Hier ist ein Beispiel für die Verwendung eines vortrainierten Modells zur Bilderkennung mit TensorFlow:

```python
import tensorflow as tf
from tensorflow import keras

# Load a pre-trained model
model = keras.applications.VGG16(weights='imagenet')

# Load an image file
image = keras.preprocessing.image.load_img('image.jpg', target_size=(224, 224))

# Preprocess the image
input_data = keras.applications.vgg16.preprocess_input(
    keras.preprocessing.image.img_to_array(image)
)

# Make a prediction
predictions = model.predict(tf.expand_dims(input_data, axis=0))

# Print the top predictions
decode_predictions    =    keras.applications.vgg16.decode_predictions(predictions,
top=3)[0]
for _, name, score in decode_predictions:
    print(f'{name}: {score:.2%}')
```

In diesem Beispiel laden wir ein vortrainiertes VGG16-Modell für die Bilderkennung mit der Funktion **keras.applications.VGG16()**. Dann laden wir eine Bilddatei und verarbeiten sie mit den Funktionen **keras.preprocessing.image.load_img()** und **keras.applications.vgg16.preprocess_input()**. Schließlich führen wir eine Vorhersage für das Bild mit der Methode **model.predict()** durch und geben die wichtigsten Vorhersagen mit der Funktion **keras.applications.vgg16.decode_predictions()** aus.

90. Prozess-Pool:

Der Prozess-Pool ist eine Technik zur Parallelisierung von Python-Code durch die Verteilung der Arbeit auf mehrere Prozesse. Es ähnelt dem Thread-Pool, verwendet jedoch separate Prozesse anstelle von Threads, was besonders bei CPU-intensiven Aufgaben bessere Leistung und Stabilität bieten kann.

In Python kann der Prozess-Pool mit dem Modul **multiprocessing** implementiert werden, das Werkzeuge zur Erstellung und Verwaltung von Prozessen bietet. Das Modul stellt eine **Pool**-Klasse bereit, mit der ein Pool von Arbeitsprozessen erstellt und Aufgaben darauf verteilt werden können. Die **Pool**-Klasse bietet Methoden zum Einreichen von Aufgaben, zum Abrufen von Ergebnissen und zur Verwaltung des Pools.

Hier ist ein Beispiel für die Verwendung eines Prozess-Pools zur Parallelisierung einer CPU-intensiven Aufgabe:

```python
import multiprocessing

# Define a CPU-bound function
def cpu_bound_task(n):
    result = 0
    for i in range(1, n+1):
        result += i**2
    return result

# Create a process pool
pool = multiprocessing.Pool()

# Submit tasks to the pool
results = [pool.apply_async(cpu_bound_task, (i,)) for i in range(1, 6)]

# Get the results
output = [result.get() for result in results]

# Print the results
print(output)
```

In diesem Beispiel definieren wir eine CPU-gebundene Funktion namens **cpu_bound_task()**, die eine Berechnung für einen Zahlenbereich durchführt. Dann erstellen wir einen Prozess-Pool mit der Funktion **multiprocessing.Pool()** und reichen Aufgaben an den Pool mit der Methode **apply_async()** weiter. Schließlich rufen wir die Ergebnisse mit der Methode **get()** ab und geben sie aus.

91. Protokollimplementierung:

Die Protokollimplementierung bezieht sich auf den Prozess der Implementierung eines Kommunikationsprotokolls in Software. Ein Kommunikationsprotokoll ist ein Satz von Regeln und Standards, die den Datenaustausch zwischen verschiedenen Systemen regeln. Die Implementierung eines Protokolls umfasst die Definition der Struktur und des Formats der auszutauschenden Daten sowie der Regeln für die Übertragung und den Empfang der Daten.

In Python kann die Protokollimplementierung mit dem Modul **socket** durchgeführt werden, das Funktionen für Netzwerke auf niedriger Ebene bietet. Das Modul ermöglicht es, Sockets zu erstellen und zu manipulieren, die Endpunkte zum Senden und Empfangen von Daten über ein Netzwerk sind. Sie können das Modul **socket** verwenden, um eine breite Palette von Protokollen zu implementieren, darunter HTTP, FTP, SMTP und mehr.

Hier ist ein Beispiel für die Implementierung eines einfachen Protokolls mit dem Modul **socket**:

```python
import socket

# Create a server socket
server_socket = socket.socket(socket.AF_INET, socket.SOCK_STREAM)
server_socket.bind(('localhost', 8000))
server_socket.listen(1)

# Accept a client connection
client_socket, client_address = server_socket.accept()

# Receive data from the client
data = client_socket.recv(1024)

# Send a response back to the client
response = b'Hello, world!'
client_socket.sendall(response)

# Close the sockets
client_socket.close()
server_socket.close()
```

In diesem Beispiel erstellen wir einen Server-Socket mit der Funktion **socket.socket()** und binden ihn an eine lokale Adresse und einen Port. Dann warten wir auf eingehende Verbindungen mit der Methode **listen()** und akzeptieren eine Client-Verbindung mit der Methode **accept()**. Sobald ein Client verbunden ist, empfangen wir Daten vom Client mit der Methode **recv()** und senden eine Antwort mit der Methode **sendall()**. Schließlich schließen wir den Client- und Server-Socket mit der Methode **close()**.

92. PyKafka-Bibliothek:

PyKafka ist eine Python-Bibliothek zur Interaktion mit Kafka, einer verteilten Streaming-Plattform, mit der du Echtzeit-Datenpipelines und Streaming-Anwendungen erstellen kannst. PyKafka bietet eine High-Level-API zum Produzieren und Konsumieren von Nachrichten sowie Low-Level-APIs für fortgeschrittene Anwendungsfälle wie benutzerdefiniertes Partitionieren, Nachrichtenkomprimierung und Garantien für die Nachrichtenzustellung.

Hier ist ein Beispiel für die Verwendung von PyKafka zum Produzieren von Nachrichten:

```python
from pykafka import KafkaClient

# Create a Kafka client
```

```
client = KafkaClient(hosts='localhost:9092')

# Get a topic producer
topic = client.topics[b'my-topic']
producer = topic.get_producer()

# Produce a message
producer.produce(b'Hello, world!')

# Close the producer
producer.stop()
```

In diesem Beispiel erstellen wir einen Kafka-Client mit der Funktion **KafkaClient()** und erhalten einen Producer für ein Thema mit der Methode **get_producer()**. Dann produzieren wir eine Nachricht im Thema mit der Methode **produce()** und schließen den Producer mit der Methode **stop()**.

93. Pyro-Bibliothek:

Pyro ist eine Python-Bibliothek zum Erstellen verteilter Systeme und Anwendungen mittels Remote Procedure Calls (RPC). Pyro bietet eine Möglichkeit, Methoden auf Objekten aufzurufen, die sich auf entfernten Maschinen befinden, als wären sie lokale Objekte. Dies erleichtert den Aufbau verteilter Systeme und Anwendungen, die auf mehreren Maschinen skalieren können.

Hier ist ein Beispiel für die Verwendung von Pyro zum Aufrufen einer Methode auf einem Remote-Objekt:

```
import Pyro4

# Define a remote object
@Pyro4.expose
class MyObject:
    def hello(self, name):
        return f'Hello, {name}!'

# Create a Pyro daemon
daemon = Pyro4.Daemon()

# Register the remote object with the daemon
uri = daemon.register(MyObject)

# Print the object URI
print(uri)

# Start the daemon
daemon.requestLoop()
```

In diesem Beispiel definieren wir ein Remote-Objekt **MyObject** mit einer Methode **hello()**, die einen Parameter **name** entgegennimmt und eine Begrüßungsnachricht zurückgibt. Dann erstellen wir einen Pyro-Daemon mit der Funktion **Pyro4.Daemon()** und registrieren das Remote-Objekt beim Daemon mit der Methode **daemon.register()**. Wir geben die URI des Objekts mit der Funktion **print()** aus und starten dann den Daemon mit der Methode **daemon.requestLoop()**.

94. PySpark:

PySpark ist eine Python-Bibliothek für die Arbeit mit Spark, einem schnellen und universellen Cluster-Computing-System, mit dem du große Datenmengen parallel verarbeiten kannst. PySpark bietet eine Python-API für die Arbeit mit Spark, mit der du Spark-Anwendungen schreiben und auf einem Cluster ausführen kannst.

Hier ist ein Beispiel für die Verwendung von PySpark zum Zählen der Anzahl von Wörtern in einer Textdatei:

```python
from pyspark import SparkContext

# Create a Spark context
sc = SparkContext('local', 'word_count')

# Load a text file into an RDD
lines = sc.textFile('/path/to/text/file.txt')

# Split the lines into words
words = lines.flatMap(lambda line: line.split())

# Count the number of words
word_counts = words.countByValue()

# Print the word counts
for word, count in word_counts.items():
    print(f'{word}: {count}')

# Stop the Spark context
sc.stop()
```

In diesem Beispiel erstellen wir einen Spark-Kontext mit der Funktion **SparkContext()** und laden eine Textdatei in einen RDD mit der Methode **textFile()**. Dann teilen wir die Zeilen in Wörter auf, indem wir die Methode **flatMap()** verwenden, und zählen die Anzahl der Wörter mit der Methode **countByValue()**. Schließlich geben wir die Wortzählungen mit einer **for**-Schleife aus und beenden den Spark-Kontext mit der Methode **stop()**.

95. Q-Learning:

Q-Learning ist eine Reinforcement-Learning-Technik, die verwendet werden kann, um eine optimale Strategie für einen Markov-Entscheidungsprozess (MDP) zu erlernen. Q-Learning basiert auf der Idee, eine Q-Tabelle iterativ zu aktualisieren, die die erwarteten Belohnungen für jede Aktion in jedem Zustand speichert. Die Q-Tabelle wird mit der Bellman-Gleichung aktualisiert, die die erwartete Belohnung für das Ausführen einer Aktion in einem gegebenen Zustand und das anschließende Befolgen der optimalen Strategie berechnet.

Hier ist ein Beispiel für die Verwendung von Q-Learning, um eine optimale Strategie für einen einfachen MDP zu erlernen:

```python
import numpy as np

# Define the MDP transition probabilities and rewards
P = np.array([
    [[0.5, 0.5], [0.9, 0.1]],
    [[0.1, 0.9], [0.5, 0.5]],
])
R = np.array([
    [[1, 1], [-1, -1]],
    [[-1, -1], [1, 1]],
])
gamma = 0.9

# Initialize the Q-table
Q = np.zeros((2, 2))

# Perform Q-learning for 100 episodes
for episode in range(100):
    # Reset the environment to a random state
    s = np.random.randint(2)

    # Play until the end of the episode
    while True:
        # Choose an action using an epsilon-greedy policy
        if np.random.rand() < 0.1:
            a = np.random.randint(2)
        else:
            a = np.argmax(Q[s])

        # Update the Q-table using the Bellman equation
        s_next = np.random.choice(2, p=P[s][a])
        reward = R[s][a][s_next]
        Q[s][a] += 0.1 * (reward + gamma * np.max(Q[s_next]) - Q[s][a])

        # Transition to the next state
        s = s_next

        # Check if the episode has ended
```

```
        if s == 0:
            break

# Print the final Q-table
print(Q)
```

In diesem Beispiel definieren wir ein einfaches MDP mit zwei Zuständen und zwei Aktionen. Wir initialisieren die Q-Tabelle mit Nullen und führen das Q-Learning für 100 Episoden durch. In jeder Episode beginnen wir in einem zufälligen Zustand und spielen bis zum Ende der Episode, wobei wir die Q-Tabelle mit der Bellman-Gleichung aktualisieren. Wir verwenden eine Epsilon-Greedy-Strategie zur Aktionsauswahl, wobei mit einer Wahrscheinlichkeit von 0,1 eine zufällige Aktion und mit einer Wahrscheinlichkeit von 0,9 die Greedy-Aktion gewählt wird. Schließlich geben wir die endgültige Q-Tabelle aus.

96. Empfehlungssysteme:

Empfehlungssysteme sind Algorithmen, die Benutzern Vorschläge zu Elementen unterbreiten, an denen sie interessiert sein könnten. Diese Systeme werden häufig im E-Commerce, in sozialen Netzwerken und auf Online-Content-Plattformen eingesetzt. Es gibt zwei Haupttypen von Empfehlungssystemen: kollaboratives Filtern und inhaltsbasiertes Filtern. Kollaboratives Filtern empfiehlt Elemente basierend auf der Ähnlichkeit der Präferenzen der Benutzer, während inhaltsbasiertes Filtern Elemente basierend auf ihren Attributen empfiehlt.

Hier ist ein Beispiel für die Verwendung eines kollaborativen Empfehlungssystems, um Benutzern Filme zu empfehlen:

```
import numpy as np

# Define the movie rating matrix
R = np.array([
    [5, 3, 0, 1],
    [4, 0, 0, 1],
    [1, 1, 0, 5],
    [0, 0, 4, 4],
    [0, 1, 5, 4],
])

# Compute the similarity matrix using cosine similarity
S = np.zeros((5, 5))
for i in range(5):
    for j in range(5):
        if i == j:
            continue
        S[i][j] = np.dot(R[i], R[j]) / (np.linalg.norm(R[i]) * np.linalg.norm(R[j]))

# Make a recommendation for user 0
scores = np.zeros(4)
```

```
for j in range(4):
    if R[0][j] == 0:
        numerator = 0
        denominator = 0
        for i in range(5):
            if R[i][j] != 0:
                numerator += S[0][i] * R[i][j]
                denominator += S[0][i]
        scores[j] = numerator / denominator

# Print the recommended movie
print("Recommended movie:", np.argmax(scores))
```

In diesem Beispiel definieren wir eine Matrix von Filmbewertungen, wobei jede Zeile einen Benutzer und jede Spalte einen Film darstellt. Wir berechnen die Ähnlichkeitsmatrix mithilfe der Kosinus-Ähnlichkeit und erstellen eine Empfehlung für Benutzer 0 basierend auf den Bewertungen der anderen Benutzer. Wir berechnen einen Score für jeden nicht bewerteten Film, indem wir einen gewichteten Durchschnitt der Bewertungen der anderen Benutzer nehmen, die diesen Film bewertet haben, wobei die Gewichte die Kosinus-Ähnlichkeiten zwischen Benutzer 0 und den anderen Benutzern sind. Schließlich empfehlen wir den Film mit dem höchsten Score.

97. Reguläre Ausdrücke:

Reguläre Ausdrücke, auch bekannt als Regex oder Regexp, sind ein leistungsstarkes Werkzeug zur Suche nach Mustern in Texten. Ein regulärer Ausdruck ist eine Zeichenfolge, die ein Suchmuster definiert. Reguläre Ausdrücke können verwendet werden, um Eingaben zu validieren, nach bestimmten Mustern in Texten zu suchen und Daten aus Texten zu extrahieren.

Hier ist ein Beispiel für die Verwendung regulärer Ausdrücke, um E-Mail-Adressen aus einer Zeichenkette zu extrahieren:

```
import re

# Define a string that contains email addresses
s = "john.doe@example.com, jane.smith@example.com"

# Define a regular expression pattern for matching email addresses
pattern = r"\\b[A-Za-z0-9._%+-]+@[A-Za-z0-9.-]+\\.[A-Z|a-z]{2,}\\b"

# Find all matches of the pattern in the string
matches = re.findall(pattern, s)

# Print the matches
print(matches)
```

In diesem Beispiel definieren wir eine Zeichenfolge, die E-Mail-Adressen enthält, und ein reguläres Ausdrucksmuster zum Abgleich von E-Mail-Adressen. Wir verwenden die Funktion **re.findall()**, um alle Übereinstimmungen des Musters in der Zeichenfolge zu finden. Schließlich geben wir die Übereinstimmungen aus.

98. Reinforcement Learning:

Reinforcement Learning ist eine Art des maschinellen Lernens, bei der durch Interaktion mit einer Umgebung gelernt wird. Beim Reinforcement Learning führt ein Agent Aktionen in einer Umgebung aus, um ein Belohnungssignal zu maximieren. Der Agent lernt, indem er Feedback in Form des Belohnungssignals erhält, das anzeigt, wie gut oder schlecht die Aktionen des Agenten waren. Reinforcement Learning findet Anwendungen in der Robotik, bei Spielen und autonomen Fahrzeugen, unter anderem.

Hier ist ein Beispiel für die Verwendung von Reinforcement Learning, um einen Agenten für ein einfaches Spiel zu trainieren:

```python
import numpy as np

# Define the game environment
n_states = 10
n_actions = 2
reward_table = np.zeros((n_states, n_actions))
reward_table[0][0] = 1
reward_table[0][1] = -1
reward_table[n_states-1][0] = -1
reward_table[n_states-1][1] = 1

# Define the Q-table
q_table = np.zeros((n_states, n_actions))

# Define the learning rate and discount factor
alpha = 0.1
gamma = 0.9

# Define the exploration rate
epsilon = 0.1

# Define the number of episodes
n_episodes = 1000

# Train the agent
for i in range(n_episodes):
    state = np.random.randint(n_states)
    while state != 0 and state != n_states-1:
        if np.random.uniform() < epsilon:
            action = np.random.randint(n_actions)
        else:
```

```
            action = np.argmax(q_table[state])
        next_state = state + 1 if action == 0 else state - 1
        reward = reward_table[state][action]
        q_table[state][action] = (1 - alpha) * q_table[state][action] + alpha * (reward
+ gamma * np.max(q_table[next_state]))
        state = next_state

# Test the agent
state = np.random.randint(n_states)
while state != 0 and state != n_states-1:
    action = np.argmax(q_table[state])
    next_state = state + 1 if action == 0 else state - 1
    state = next_state
print("Final state:", state)
```

In diesem Beispiel definieren wir eine einfache Spielumgebung, in der der Agent am linken oder rechten Ende einer Kette von 10 Zuständen beginnt und zwei mögliche Aktionen hat: sich nach links oder nach rechts zu bewegen. Die Belohnung für jedes Zustands-Aktions-Paar ist vordefiniert, mit einer positiven Belohnung für das Erreichen des linken Endes und einer negativen Belohnung für das Erreichen des rechten Endes. Wir initialisieren die Q-Tabelle mit Nullen und verwenden den Q-Learning-Algorithmus, um die Q-Werte basierend auf den erhaltenen Belohnungen zu aktualisieren. Wir trainieren den Agenten für eine festgelegte Anzahl von Episoden und testen ihn dann in einem zufällig gewählten Anfangszustand.

99. Remote Method Invocation:

Remote Method Invocation (RMI) ist eine Java-basierte Technologie, die es einem Java-Objekt, das in einer virtuellen Maschine (VM) ausgeführt wird, ermöglicht, Methoden in einem Java-Objekt aufzurufen, das in einer anderen VM ausgeführt wird. RMI wird verwendet, um verteilte Anwendungen zu erstellen und kann zum Aufbau von Client-Server-Systemen, verteilten Rechensystemen und Webdiensten eingesetzt werden.

RMI verwendet einen Stub-Skeleton-Mechanismus, um die Kommunikation zwischen entfernten Objekten zu ermöglichen. Ein Stub ist ein clientseitiges Proxy-Objekt, das das entfernte Objekt repräsentiert, während ein Skeleton ein serverseitiges Objekt ist, das Methodenaufrufe an das entfernte Objekt weiterleitet.

Um RMI zu verwenden, musst du eine Remote-Schnittstelle definieren, die die Methoden spezifiziert, die remote aufgerufen werden können. Dann implementierst du die Schnittstelle in einer Klasse, die die tatsächliche Implementierung der Methoden bereitstellt. Schließlich erstellst du einen Server, der das Remote-Objekt im RMI-Registry registriert, und einen Client, der das Remote-Objekt in der RMI-Registry sucht und dessen Methoden aufruft.

Hier ist ein Beispiel, wie man RMI verwendet, um eine Methode in einem entfernten Objekt aufzurufen:

```
// Remote interface
public interface Calculator extends Remote {
    int add(int a, int b) throws RemoteException;
}

// Implementation class
public class CalculatorImpl extends UnicastRemoteObject implements Calculator {
    public CalculatorImpl() throws RemoteException {
        super();
    }

    public int add(int a, int b) throws RemoteException {
        return a + b;
    }
}

// Server
public class Server {
    public static void main(String[] args) {
        try {
            Calculator calculator = new CalculatorImpl();
            Naming.rebind("Calculator", calculator);
            System.out.println("Server ready");
        } catch (Exception e) {
            System.err.println("Server exception: " + e.getMessage());
            e.printStackTrace();
        }
    }
}

// Client
public class Client {
    public static void main(String[] args) {
        try {
            Calculator calculator = (Calculator) Naming.lookup("Calculator");
            int result = calculator.add(3, 4);
            System.out.println("Result: " + result);
        } catch (Exception e) {
            System.err.println("Client exception: " + e.getMessage());
            e.printStackTrace();
        }
    }
}
```

In diesem Beispiel definieren wir eine Remote-Schnittstelle **Calculator** die eine einzige Methode **add** enthält. Dann implementieren wir die Schnittstelle in der Klasse **CalculatorImpl**, welche die Implementierung der Methode bereitstellt. Wir erstellen einen Server, der das **CalculatorImpl**-Objekt instanziiert und es in der RMI-Registry registriert. Schließlich erstellen wir einen Client, der das **Calculator**-Objekt in der RMI-Registry sucht und die Methode **add** darauf aufruft.

Ein weiteres Beispiel für die Verwendung von RMI ist der Aufruf einer Remote-Methode, die ein komplexes Objekt zurückgibt:

```
// Remote interface
public interface Account extends Remote {
    String getName() throws RemoteException;
    double getBalance() throws RemoteException;
}

// Implementation class
public class AccountImpl extends UnicastRemoteObject implements Account {
    private String name;
    private double balance;

    public AccountImpl(String name, double balance) throws RemoteException {
        super();
        this.name = name;
        this.balance = balance;
    }

    public String getName() throws RemoteException {
        return name;
    }

    public double getBalance() throws RemoteException {
        return balance;
    }
}

// Server
public class Server {
    public static void main(String[] args) {
        try {
            Account account = new AccountImpl("John Smith", 1000);
            Naming.rebind("Account", account);
            System.out.println("Server ready");
        } catch (Exception e) {
            System.err.println("Server exception: " + e.getMessage());
            e.printStackTrace();
        }
    }
}

// Client
```

100. ReportLab Bibliothek:

ReportLab ist eine Python-Bibliothek zur Erstellung von PDF-Dokumenten. Sie bietet eine High-Level-API zum Erstellen und Bearbeiten von PDF-Dokumenten sowie eine Low-Level-API für eine detailliertere Kontrolle über das PDF-Dateiformat.

Mit ReportLab kannst du PDF-Dokumente von Grund auf neu erstellen oder bestehende PDFs als Vorlagen verwenden und eigene Inhalte hinzufügen. Die Bibliothek bietet eine Vielzahl von Werkzeugen für die Arbeit mit PDFs, einschließlich Tools zum Erstellen und Bearbeiten von Text, Bildern und Vektorgrafiken.

Hier ist ein Beispiel, wie man ReportLab verwendet, um ein einfaches PDF-Dokument zu generieren:

```python
from reportlab.pdfgen import canvas

# Create a new PDF document
c = canvas.Canvas("example.pdf")

# Set the font and font size
c.setFont("Helvetica", 12)

# Draw some text on the page
c.drawString(100, 750, "Hello, world!")

# Save the PDF document
c.save()
```

In diesem Beispiel importieren wir das Modul **canvas** von ReportLab und verwenden es, um ein neues PDF-Dokument namens **example.pdf** zu erstellen. Wir stellen die Schriftart und Schriftgröße mit der Methode **setFont** ein, und dann nutzen wir die Methode **drawString**, um den Text "Hello, world!" auf die Seite zu zeichnen. Schließlich speichern wir das PDF-Dokument mit der Methode **save**.

101. Requests Bibliothek:

Die Requests Bibliothek ist eine beliebte Python-Bibliothek für HTTP-Anfragen. Sie bietet eine benutzerfreundliche API zum Senden von HTTP-Anfragen und zur Verarbeitung der Antwort. Mit Requests kannst du GET-, POST-, PUT-, DELETE- und andere Arten von HTTP-Anfragen senden. Du kannst auch Header setzen, Parameter hinzufügen und Daten in verschiedenen Formaten wie JSON und formularkodierten Daten senden.

Hier ist ein Beispiel, wie man die Requests Bibliothek verwendet, um eine GET-Anfrage zu senden:

```
import requests

response = requests.get('<https://api.github.com/repos/requests/requests>')
print(response.status_code)
print(response.json())
```

In diesem Beispiel importieren wir das Modul **requests** und verwenden die Methode **get**, um eine GET-Anfrage an die GitHub-API zu senden, um Informationen über das Repository der Requests-Bibliothek zu erhalten. Wir geben den HTTP-Statuscode und die von der API zurückgegebene JSON-Antwort aus.

102. Routing:

Routing ist ein Mechanismus, der in Web-Frameworks verwendet wird, um URLs mit spezifischen Funktionen oder Methoden zu verknüpfen, die die Anfrage verarbeiten. In einer Webanwendung ist eine Anfrage von einem Client typischerweise eine URL, die auf eine bestimmte Funktion abgebildet werden muss, die die entsprechende Antwort generiert.

In der Regel erfolgt das Routing durch die Definition von URL-Mustern und deren Zuordnung zu Funktionen oder Methoden. URL-Muster können Variablen enthalten, die Teile der URL erfassen und als Argumente an die entsprechende Funktion oder Methode übergeben.

Hier ist ein Beispiel, wie man das Web-Framework Flask verwendet, um eine Route zu definieren:

```
from flask import Flask

app = Flask(__name__)

@app.route('/')
def hello_world():
    return 'Hello, World!'
```

In diesem Beispiel definieren wir eine Route für die Root-URL **/** und verknüpfen sie mit der Funktion **hello_world**. Wenn ein Client eine Anfrage an die Root-URL sendet, ruft die Flask-Anwendung die Funktion **hello_world** auf und gibt die Antwort zurück.

103. Scapy Bibliothek:

Scapy ist eine Python-Bibliothek zur Manipulation und Analyse von Netzwerkpaketen. Sie ermöglicht das Erfassen, Zerlegen und Erstellen von Netzwerkpaketen. Scapy unterstützt eine breite Palette von Protokollen und kann für Aufgaben wie Netzwerkerkennung, Netzwerkscanning und Netzwerktests eingesetzt werden.

Hier ist ein Beispiel, wie man Scapy verwendet, um eine Ping-Anfrage zu senden:

```
from scapy.all import *

packet = IP(dst="google.com")/ICMP()
response = sr1(packet, timeout=2)
if response:
    print(response.summary())
else:
    print("No response")
```

In diesem Beispiel erstellen wir ein IP-Paket mit der Zieladresse **google.com** und ein ICMP-Paket. Wir verwenden die Funktion **sr1**, um das Paket zu senden und warten mit einem Timeout von 2 Sekunden auf eine Antwort. Wenn wir eine Antwort erhalten, geben wir eine Zusammenfassung davon aus.

104. Streudiagramm:

Ein Streudiagramm, auch bekannt als Scatter-Plot, ist eine Grafik, die Punkte zur Darstellung von Datenpunkten verwendet. Jeder Punkt im Diagramm repräsentiert den Wert zweier numerischer Variablen. Streudiagramme sind nützlich, um die Beziehung zwischen zwei Variablen darzustellen und Muster oder Trends in den Daten zu identifizieren. Ein Streudiagramm kann beispielsweise verwendet werden, um die Beziehung zwischen Preis und Kilometerstand von Autos in einem Datensatz zu zeigen.

Hier ist ein Beispielcode zum Erstellen eines Streudiagramms mit Matplotlib:

```
import matplotlib.pyplot as plt

# Sample data
x = [1, 2, 3, 4, 5]
y = [10, 20, 15, 25, 30]

# Create a scatter chart
plt.scatter(x, y)

# Set the chart title and axis labels
plt.title('Relationship between X and Y')
plt.xlabel('X')
plt.ylabel('Y')

# Show the chart
plt.show()
```

105. Scikit-Learn Bibliothek:

Scikit-Learn ist eine beliebte Open-Source-Bibliothek für maschinelles Lernen in Python. Sie bietet eine Vielzahl von Algorithmen für Klassifikation, Regression, Clustering und Dimensionsreduktion sowie Werkzeuge für Modellauswahl und Datenvorverarbeitung. Scikit-Learn ist für die Arbeit mit NumPy- und SciPy-Arrays konzipiert, was die Integration mit anderen wissenschaftlichen Python-Bibliotheken erleichtert. Die Bibliothek umfasst viele populäre Algorithmen für maschinelles Lernen wie lineare Regression, logistische Regression, Entscheidungsbäume und Support-Vektor-Maschinen.

Hier ist ein Beispielcode zur Verwendung des linearen Regressionsmodells von Scikit-Learn, um den Preis eines Hauses basierend auf seiner Größe vorherzusagen:

```python
from sklearn.linear_model import LinearRegression

# Sample data
X = [[100], [200], [300], [400], [500]]
y = [150, 250, 350, 450, 550]

# Create a linear regression model
model = LinearRegression()

# Fit the model to the data
model.fit(X, y)

# Predict the price of a house with a size of 250 square meters
predicted_price = model.predict([[250]])

print(predicted_price)  # Output: [300.]
```

106. Stimmungsanalyse:

Die Stimmungsanalyse ist der Prozess der Identifikation und Kategorisierung von Emotionen oder Meinungen, die in einem Text ausgedrückt werden. Sie verwendet Techniken der natürlichen Sprachverarbeitung (NLP), um die Stimmung des Textes zu analysieren und ihm ein positives, negatives oder neutrales Label zuzuweisen. Die Stimmungsanalyse ist nützlich für eine Vielzahl von Anwendungen, wie Social-Media-Monitoring, Analyse von Kundenkommentaren und Verwaltung der Markenreputation.

Zum Beispiel kann die Stimmungsanalyse verwendet werden, um Kundenbewertungen eines Produkts zu analysieren und die allgemeine Stimmung der Bewertungen als positiv, negativ oder neutral zu identifizieren.

107. Socket-Bibliothek:

Die Socket-Bibliothek ist eine Python-Bibliothek für Netzwerkprogrammierung auf niedriger Ebene. Sie bietet eine Möglichkeit für Python-Programme, auf die zugrunde liegenden Netzwerkprotokolle wie TCP und UDP zuzugreifen. Die Socket-Bibliothek ermöglicht Programmen, Sockets zu erstellen und zu manipulieren, welche Endpunkte für die Kommunikation zwischen zwei Prozessen über ein Netzwerk sind.

Zum Beispiel erstellt der folgende Code einen TCP-Socket und verbindet sich mit einem Webserver, um eine Webseite abzurufen:

```python
import socket

# Create a TCP socket
sock = socket.socket(socket.AF_INET, socket.SOCK_STREAM)

# Connect to a web server
server_address = ('www.example.com', 80)
sock.connect(server_address)

# Send a GET request for a web page
request = 'GET /index.html HTTP/1.1\\r\\nHost: www.example.com\\r\\n\\r\\n'
sock.sendall(request.encode())

# Receive the response data
response = sock.recv(1024)
print(response.decode())

# Close the socket
sock.close()
```

108. Socket-Programmierung:

Socket-Programmierung ist eine Art der Netzwerkprogrammierung, die Sockets verwendet, um die Kommunikation zwischen zwei Prozessen über ein Netzwerk zu ermöglichen. Socket-Programmierung kann für eine Vielzahl von Anwendungen genutzt werden, wie Client-Server-Kommunikation, Dateiübertragung und Remote Procedure Call. In Python kann die Socket-Programmierung mit der Socket-Bibliothek durchgeführt werden.

Zum Beispiel erstellt der folgende Code einen einfachen TCP-Server, der auf eingehende Verbindungen von Clients wartet und eine Antwort sendet:

```python
import socket

# Create a TCP socket
sock = socket.socket(socket.AF_INET, socket.SOCK_STREAM)
```

```
# Bind the socket to a port
server_address = ('localhost', 12345)
sock.bind(server_address)

# Listen for incoming connections
sock.listen(1)

while True:
    # Wait for a client connection
    client_sock, client_address = sock.accept()

    # Receive the client's data
    data = client_sock.recv(1024).decode()

    # Send a response back to the client
    response = 'Hello, ' + data
    client_sock.sendall(response.encode())

    # Close the client socket
    client_sock.close()
```

109. spaCy-Bibliothek:

spaCy ist eine Python-Bibliothek für die natürliche Sprachverarbeitung (NLP). Sie bietet Werkzeuge zur Verarbeitung und Analyse von Textdaten, einschließlich Tokenisierung, Wortarten-Tagging, Erkennung von benannten Entitäten und Abhängigkeitsanalyse. spaCy ist darauf ausgelegt, schnell und effizient zu sein, und enthält vortrainierte Modelle für eine Vielzahl von NLP-Aufgaben.

Zum Beispiel verwendet der folgende Code spaCy, um einen Satz zu tokenisieren und zu analysieren:

```
import spacy

# Load the English language model
nlp = spacy.load('en_core_web_sm')

# Tokenize and parse a sentence
doc = nlp('The cat sat on the mat.')
for token in doc:
    print(token.text, token.pos_, token.dep_)
Ausgabe:

The DET det
cat NOUN nsubj
sat VERB ROOT
on ADP prep
```

```
the DET det
mat NOUN pobj
.  PUNCT punct
```

110. SQL:

SQL (Structured Query Language) ist eine Programmiersprache, die zur Verwaltung und Manipulation relationaler Datenbanken verwendet wird. Sie wird zum Speichern, Ändern und Abrufen von Daten aus einer Datenbank eingesetzt. SQL kann verwendet werden, um Datenbanken, Tabellen und Datensätze zu erstellen und zu löschen. Es wird von Entwicklern, Datenanalysten und Data Scientists für verschiedene datenbankbezogene Aufgaben verwendet.

Beispiel:

Angenommen, Sie haben eine Tabelle in einer Datenbank, die Kundeninformationen enthält. Sie können SQL verwenden, um alle Kunden abzurufen, die in einer bestimmten Stadt leben. Die SQL-Abfrage dafür würde etwa so aussehen:

```
SELECT * FROM customers WHERE city = 'New York';
```

Diese Abfrage ruft alle Kundendatensätze ab, bei denen die Stadt 'New York' ist. Sie können SQL auch verwenden, um Datensätze in der Tabelle zu aktualisieren, einzufügen oder zu löschen. Um beispielsweise die Telefonnummer eines Kunden zu aktualisieren, können Sie eine Abfrage wie diese verwenden:

```
UPDATE customers SET phone_number = '123-456-7890' WHERE customer_id = 1234;
```

Dies aktualisiert die Telefonnummer für den Kunden mit der ID 1234 in der Tabelle 'customers'.

111. SQL-Abfragen:

SQL-Abfragen sind Befehle, die verwendet werden, um bestimmte Daten aus einer Datenbank zu extrahieren. Diese Abfragen können verwendet werden, um Daten nach bestimmten Anforderungen zu filtern, zu sortieren und zu gruppieren. SQL-Abfragen werden in der SQL-Sprache geschrieben, die zur Interaktion mit einer Datenbank verwendet wird. SQL-Abfragen können je nach Komplexität der zu extrahierenden Daten einfach oder komplex sein.

Angenommen, Sie haben eine Tabelle namens 'students' in einer Datenbank, die Informationen über Studenten enthält. Sie können SQL-Abfragen verwenden, um Daten aus dieser Tabelle abzurufen. Um beispielsweise die Namen aller Studenten in der Tabelle abzurufen, können Sie eine Abfrage wie diese verwenden:

```
SELECT name FROM students;
```

Diese Abfrage ruft die Namen aller Studenten in der Tabelle 'students' ab.

Hier ist ein Beispiel für die Verwendung von SQL-Abfragen in Python mit der SQLite-Bibliothek:

```python
import sqlite3

# Connect to a database
conn = sqlite3.connect('example.db')

# Create a cursor object
cur = conn.cursor()

# Execute an SQL query
cur.execute('SELECT * FROM users')

# Fetch the results
rows = cur.fetchall()

# Print the results
for row in rows:
    print(row)

# Close the connection
conn.close()
```

112. SQLite:

SQLite ist eine Software-Bibliothek, die ein relationales Datenbankmanagementsystem bereitstellt. Es handelt sich um ein leichtgewichtiges Datenbankmanagementsystem, das aufgrund seiner geringen Größe und seines niedrigen Ressourcenverbrauchs häufig in eingebetteten Systemen und mobilen Geräten eingesetzt wird. SQLite ist ein Open-Source-Projekt, das von einem Entwicklerteam betreut wird.

Angenommen, Sie entwickeln eine mobile Anwendung, die eine Datenbank zur Speicherung von Daten benötigt. Sie können SQLite verwenden, um die Datenbank Ihrer Anwendung zu erstellen und zu verwalten. SQLite bietet eine einfache und effiziente Methode zur Verwaltung der Datenbank, was es zu einer idealen Option für mobile Anwendungen macht.

Hier ist ein Beispiel, wie man eine SQLite-Datenbank in Python erstellt:

```python
import sqlite3

# Connect to a database (if it doesn't exist, it will be created)
conn = sqlite3.connect('example.db')
```

```
# Close the connection
conn.close()
```

113. SQLite-Datenbank:

Eine SQLite-Datenbank ist eine Datei, die einen strukturierten Datensatz enthält. Sie wird von der SQLite-Software-Bibliothek erstellt und verwaltet. SQLite-Datenbanken werden aufgrund ihrer Einfachheit und Benutzerfreundlichkeit häufig in kleinen und mittleren Anwendungen eingesetzt.

Eine SQLite-Datenbank ist auch eine Datei, die Tabellen und andere Datenbankobjekte enthält. Hier ist ein Beispiel, wie man eine SQLite-Datenbank und eine Tabelle in Python erstellt:

```
import sqlite3

# Connect to a database (if it doesn't exist, it will be created)
conn = sqlite3.connect('example.db')

# Create a table
cur = conn.cursor()
cur.execute('CREATE TABLE users (id INTEGER PRIMARY KEY, name TEXT, age INTEGER)')

# Close the connection
conn.close()
```

114. SQLite-Bibliothek:

Die SQLite-Bibliothek ist eine Sammlung von Funktionen und Routinen, die zur Interaktion mit einer SQLite-Datenbank verwendet werden. Sie bietet eine einfache und effiziente Methode zur Verwaltung der Datenbank und zur Durchführung verschiedener Operationen darin. Die SQLite-Bibliothek ist in verschiedenen Programmiersprachen wie C, Python, Java und anderen verfügbar.

Die SQLite-Bibliothek ist ein Python-Modul, das eine Schnittstelle zu SQLite-Datenbanken bereitstellt. Hier ist ein Beispiel, wie man Daten mit der SQLite-Bibliothek in eine SQLite-Datenbank einfügt:

```
import sqlite3

# Connect to a database
conn = sqlite3.connect('example.db')

# Insert data into the table
cur = conn.cursor()
```

```
cur.execute("INSERT INTO users VALUES (1, 'Alice', 25)")
cur.execute("INSERT INTO users VALUES (2, 'Bob', 30)")

# Commit the changes
conn.commit()

# Close the connection
conn.close()
```

115. SQLite3-Modul:

Das SQLite3-Modul ist eine Python-Bibliothek, die eine einfache Möglichkeit bietet, mit einer SQLite-Datenbank zu interagieren. Es bietet eine Reihe von Funktionen, die zum Erstellen, Lesen, Aktualisieren und Löschen von Daten aus der Datenbank verwendet werden können. Das SQLite3-Modul ist in der Python-Standardbibliothek enthalten.

Dies ist ein Python-Modul, das eine Schnittstelle zu SQLite-Datenbanken bereitstellt. Hier ist ein Beispiel, wie man das SQLite3-Modul verwendet, um Abfragen an eine SQLite-Datenbank zu stellen:

```
import sqlite3

# Connect to a database
conn = sqlite3.connect('example.db')

# Query the database
cur = conn.cursor()
cur.execute('SELECT * FROM users WHERE age > 25')
rows = cur.fetchall()

# Print the results
for row in rows:
    print(row)

# Close the connection
conn.close()
```

116. Statsmodels-Bibliothek:

Statsmodels ist eine Python-Bibliothek für statistische Analysen, Schätzungen und Modellierungen. Sie umfasst eine breite Palette statistischer Methoden und Modelle wie Regressionsanalyse, Zeitreihenanalyse und Hypothesentests. Hier ist ein Beispiel für die Verwendung von Statsmodels zur Durchführung einer linearen Regression:

```
import statsmodels.api as sm
import numpy as np

# Generate random data
x = np.random.randn(100)
y = 2 * x + np.random.randn(100)

# Perform linear regression
model = sm.OLS(y, sm.add_constant(x)).fit()

# Print model summary
print(model.summary())
```

117. Stemming:

Stemming ist ein Prozess zur Reduzierung von Wörtern auf ihre Grundform oder ihren Stamm durch Entfernen von Präfixen und Suffixen. Es wird häufig in der natürlichen Sprachverarbeitung verwendet, um Textdaten zu normalisieren. Hier ist ein Beispiel für die Verwendung des Porter-Stemming-Algorithmus aus der NLTK-Bibliothek:

```
from nltk.stem import PorterStemmer

# Create a stemmer object
stemmer = PorterStemmer()

# Apply stemming to a word
word = "running"
stemmed_word = stemmer.stem(word)

print(stemmed_word)  # Output: run
```

118. Stoppwörter-Entfernung:

Stoppwörter sind häufig vorkommende Wörter wie "der", "und" und "ein", die oft aus Textdaten entfernt werden, da sie wenig Bedeutung haben. Hier ist ein Beispiel für die Verwendung der NLTK-Bibliothek zur Entfernung von Stoppwörtern aus einem Satz:

```
import nltk
from nltk.corpus import stopwords

# Download the stop words corpus
nltk.download('stopwords')

# Get the list of stop words
stop_words = set(stopwords.words('english'))
```

```
# Remove stop words from a sentence
sentence = "This is a sample sentence with stop words"
words = sentence.split()
filtered_words = [word for word in words if word.lower() not in stop_words]

print(filtered_words)  # Output: ['sample', 'sentence', 'stop', 'words']
```

119. Stream-Verarbeitung:

Stream-Verarbeitung ist eine Methode zur Echtzeit-Verarbeitung von Daten während sie erzeugt werden, anstatt sie zuerst in einer Datenbank oder Datei zu speichern. Sie wird häufig verwendet, um große Datenmengen zu verarbeiten, die nicht in den Speicher passen. Hier ist ein Beispiel für die Verwendung der PySpark-Bibliothek zur Durchführung von Stream-Verarbeitung:

```
from pyspark.streaming import StreamingContext

# Create a Spark StreamingContext with batch interval of 1 second
ssc = StreamingContext(sparkContext, 1)

# Create a DStream from a TCP socket
lines = ssc.socketTextStream("localhost", 9999)

# Split each line into words
words = lines.flatMap(lambda line: line.split(" "))

# Count the occurrence of each word
word_counts = words.map(lambda word: (word, 1)).reduceByKey(lambda x, y: x + y)

# Print the word counts
word_counts.pprint()

# Start the streaming context
ssc.start()

# Wait for the streaming to finish
ssc.awaitTermination()
```

120. Subplots:

In der Datenvisualisierung ist ein Subplot ein Diagramm, das innerhalb eines größeren Diagramms erstellt wird. Subplots sind nützlich, um Daten zu vergleichen und gegenüberzustellen oder um mehrere Ansichten eines Datensatzes anzuzeigen. In Python können Subplots mit der Methode **subplots()** der Bibliothek **matplotlib** erstellt werden.

Hier ist ein Beispiel, wie man in Python eine Figur mit mehreren Subplots erstellt:

```python
import matplotlib.pyplot as plt
import numpy as np

# create a figure with two subplots
fig, axs = plt.subplots(2)

# create some data to plot
x = np.arange(0, 10, 0.1)
y1 = np.sin(x)
y2 = np.cos(x)

# plot the data on the subplots
axs[0].plot(x, y1)
axs[1].plot(x, y2)

# add a title and labels to the subplots
axs[0].set_title('Sin(x)')
axs[1].set_title('Cos(x)')
axs[0].set_xlabel('x')
axs[1].set_xlabel('x')
axs[0].set_ylabel('y')
axs[1].set_ylabel('y')

# display the subplots
plt.show()
```

In diesem Beispiel erstellen wir eine Figur mit zwei Subplots mithilfe der Methode **subplots()**. Dann erzeugen wir einige Daten zum Plotten und stellen sie in den Subplots mit der Methode **plot()** dar. Schließlich fügen wir einen Titel und Beschriftungen zu den Subplots hinzu und zeigen sie mit der Methode **show()** an.

121. Support Vector Machines (SVM):

Support Vector Machines (SVM) sind ein leistungsstarker Algorithmus des maschinellen Lernens, der für Klassifikations- und Regressionsanalysen verwendet wird. SVMs funktionieren, indem sie die optimale Hyperebene finden, die verschiedene Datenklassen voneinander trennt.

In Python können SVMs mithilfe des Moduls **svm** aus der Bibliothek **sklearn** (Scikit-learn) implementiert werden. Hier ist ein Beispiel, wie man SVM für die Klassifikation in Python verwendet:

```python
from sklearn import svm
from sklearn.datasets import load_iris
from sklearn.model_selection import train_test_split

# load the iris dataset
```

```
iris = load_iris()

# split the data into training and testing sets
X_train, X_test, y_train, y_test = train_test_split(iris.data, iris.target,
test_size=0.3)

# create a SVM classifier
clf = svm.SVC(kernel='linear', C=1)

# train the classifier using the training data
clf.fit(X_train, y_train)

# predict the classes of the test data
y_pred = clf.predict(X_test)

# print the accuracy of the classifier
print("Accuracy:", clf.score(X_test, y_test))
```

In diesem Beispiel laden wir den Iris-Datensatz und teilen die Daten in Trainings- und Testsets mithilfe der Methode **train_test_split()**. Dann erstellen wir einen SVM-Klassifikator mit einem linearen Kernel und trainieren den Klassifikator mit den Trainingsdaten. Schließlich sagen wir die Klassen der Testdaten mit der Methode **predict()** voraus und geben die Genauigkeit des Klassifikators mit der Methode **score()** aus.

122. Surprise-Bibliothek:

Surprise ist eine Python-Bibliothek, die zum Erstellen und Analysieren von Empfehlungssystemen verwendet wird. Die Bibliothek bietet verschiedene Algorithmen für kollaboratives Filtern, wie Singulärwertzerlegung (SVD) und k-nächste Nachbarn (KNN).

Hier ist ein Beispiel, wie man die Surprise-Bibliothek zum Aufbau eines Empfehlungssystems verwendet:

```
from surprise import Dataset
from surprise import Reader
from surprise import SVD
from surprise.model_selection import cross_validate

# load the movielens-100k dataset
reader = Reader(line_format='user item rating timestamp', sep='\\t')
data = Dataset.load_from_file('./ml-100k/u.data', reader=reader)

# use SVD algorithm for collaborative filtering
algo = SVD()

# evaluate the performance of the algorithm using cross-validation
results = cross_validate(algo, data, measures=['RMSE', 'MAE'], cv=5, verbose=True)
```

```
# print the average RMSE and MAE scores
print("RMSE:", sum(results['test_rmse'])/5)
print("MAE:", sum(results['test_mae'])/5)
```

In diesem Beispiel laden wir den Datensatz movielens-100k und verwenden den SVD-Algorithmus für kollaboratives Filtern. Dann bewerten wir die Leistung des Algorithmus mit Kreuzvalidierung und geben die durchschnittlichen RMSE- und MAE-Werte aus.

123. TCP/IP-Protokoll:

Das TCP/IP-Protokoll ist ein Satz von Kommunikationsprotokollen, die zur Übertragung von Daten über das Internet verwendet werden. Das Protokoll besteht aus mehreren Schichten, darunter die Anwendungsschicht, die Transportschicht, die Netzwerkschicht und die Verbindungsschicht.

TCP/IP-Protokoll: Das Transmission Control Protocol/Internet Protocol (TCP/IP) ist ein Satz von Protokollen, die verwendet werden, um Geräte mit dem Internet zu verbinden. Der TCP-Teil ist für die zuverlässige Datenübertragung zwischen Anwendungen auf verschiedenen Geräten verantwortlich, während der IP-Teil für das Routing der Daten zwischen verschiedenen Netzwerken zuständig ist. Python bietet Unterstützung für TCP/IP-Protokolle über die Socket-Bibliothek, mit der Sie Socket-Objekte erstellen und mit anderen Sockets verbinden können, um Daten zu senden und zu empfangen.

In Python kann die TCP/IP-Kommunikation mithilfe der Bibliothek **socket** implementiert werden. Hier ist ein Beispiel, wie man die Bibliothek **socket** verwendet, um einen TCP-Client zu erstellen:

```
import socket

# create a TCP client socket
client_socket = socket.socket(socket.AF_INET, socket.SOCK_STREAM)

# connect to the server
server_address = ('localhost', 8080)
client_socket.connect(server_address)

# send a message to the server
message = 'Hello, server!'
client_socket.send(message.encode())

# receive a response from the server
data = client_socket.recv(1024)
print("Received:", data.decode())

# close the socket
client
```

124. TensorFlow-Bibliothek

TensorFlow ist eine beliebte Open-Source-Bibliothek, die von Google entwickelt wurde, um Machine-Learning-Modelle zu erstellen und zu trainieren. Sie wird hauptsächlich für Deep-Learning-Aufgaben wie Bilderkennung und natürliche Sprachverarbeitung verwendet. TensorFlow bietet eine High-Level-API, die den Prozess der Erstellung komplexer Modelle vereinfacht, sowie eine Low-Level-API für fortgeschrittenere Benutzer. Hier ist ein Beispiel, wie man TensorFlow verwendet, um ein einfaches neuronales Netzwerk zu erstellen:

```python
import tensorflow as tf

# Define the model architecture
model = tf.keras.Sequential([
    tf.keras.layers.Dense(64, activation='relu'),
    tf.keras.layers.Dense(10)
])

# Compile the model
model.compile(optimizer=tf.keras.optimizers.Adam(0.001),
              loss=tf.keras.losses.CategoricalCrossentropy(from_logits=True),
              metrics=[tf.keras.metrics.CategoricalAccuracy()])

# Train the model
model.fit(x_train, y_train, epochs=10, validation_data=(x_val, y_val))
```

125. Textkorpus

Ein Textkorpus ist eine große, strukturierte Sammlung von Texten, die verwendet wird, um Sprachmuster zu untersuchen und die Häufigkeit von Wörtern und Phrasen zu analysieren. Python bietet verschiedene Bibliotheken für die Arbeit mit Textkorpora, darunter NLTK und spaCy. Hier ist ein Beispiel, wie man einen Textkorpus mit NLTK lädt:

```python
import nltk
nltk.download('gutenberg')
from nltk.corpus import gutenberg

# Load the text corpus
corpus = gutenberg.words('shakespeare-macbeth.txt')

# Print the first 10 words
print(corpus[:10])
```

126. Textvorverarbeitung

Die Textvorverarbeitung ist der Prozess der Bereinigung und Vorbereitung von Textdaten, bevor sie für Aufgaben der natürlichen Sprachverarbeitung verwendet werden können. Dies umfasst das Entfernen von Stoppwörtern, das Stemming, die Lemmatisierung und das Entfernen von Satzzeichen, unter anderem. Hier ist ein Beispiel für die Textvorverarbeitung mit der NLTK-Bibliothek:

```python
import nltk
from nltk.corpus import stopwords
from nltk.stem import WordNetLemmatizer, PorterStemmer
from nltk.tokenize import word_tokenize

# Download stopwords and lemmatizer
nltk.download('stopwords')
nltk.download('wordnet')

# Define text and remove punctuation
text = "This is an example sentence! With some punctuation marks."
text = "".join([char for char in text if char.isalpha() or char.isspace()])

# Tokenize words and remove stop words
tokens = word_tokenize(text.lower())
stop_words = set(stopwords.words('english'))
tokens = [word for word in tokens if not word in stop_words]

# Apply lemmatization and stemming
lemmatizer = WordNetLemmatizer()
stemmer = PorterStemmer()
tokens = [lemmatizer.lemmatize(word) for word in tokens]
tokens = [stemmer.stem(word) for word in tokens]

print(tokens)
```

127. Textverarbeitung

Die Textverarbeitung umfasst die Analyse und Manipulation von Textdaten für verschiedene Aufgaben der natürlichen Sprachverarbeitung, wie Stimmungsanalyse, Textklassifikation und Named-Entity-Erkennung. Sie kann Aufgaben wie Tokenisierung, Part-of-Speech-Tagging und syntaktische Analyse beinhalten. Hier ist ein Beispiel für Textverarbeitung mit der NLTK-Bibliothek:

```python
import nltk
from nltk.tokenize import word_tokenize
from nltk.tag import pos_tag
```

```
# Define text
text = "I love to read books on natural language processing."

# Tokenize words and part-of-speech tagging
tokens = word_tokenize(text)
pos = pos_tag(tokens)

print(pos)
```

128. Textrepräsentation

Textrepräsentation ist der Prozess der Umwandlung von Textdaten in ein numerisches Format, das von maschinellen Lernalgorithmen verwendet werden kann. Dies kann Methoden wie Bag-of-Words, Term Frequency-Inverse Document Frequency (TF-IDF) und Word Embeddings umfassen. Hier ist ein Beispiel für Textrepräsentation mit der scikit-learn-Bibliothek:

```
from sklearn.feature_extraction.text import CountVectorizer, TfidfVectorizer
import pandas as pd

# Define text
text = ["I love to read books on natural language processing.",          "Text processing
is an important part of machine learning."]

# Convert text into bag-of-words representation
cv = CountVectorizer()
bow = cv.fit_transform(text)

# Convert text into TF-IDF representation
tfidf = TfidfVectorizer()
tfidf_matrix = tfidf.fit_transform(text)

# Print results
print(pd.DataFrame(bow.toarray(), columns=cv.get_feature_names()))
print(pd.DataFrame(tfidf_matrix.toarray(), columns=tfidf.get_feature_names()))
```

129. Threading-Bibliothek

Das Threading-Modul in Python ermöglicht die gleichzeitige Ausführung mehrerer Threads innerhalb desselben Programms. Dies kann für Aufgaben wie Ein-/Ausgabeoperationen oder Aufgaben, die parallelisiert werden können, nützlich sein. Hier ist ein Beispiel für die Verwendung des Threading-Moduls zur gleichzeitigen Ausführung mehrerer Aufgaben:

```
import threading

# Define a function to run in a separate thread
```

```python
def task():
    for i in range(10):
        print("Task running")

# Create and start a new thread
t = threading.Thread(target=task)
t.start()

# Main thread continues to run
for i in range(10):
    print("Main thread running")
```

130. Zeitreihenanalyse

Die Zeitreihenanalyse ist die Untersuchung von Datenpunkten, die über einen Zeitraum gesammelt wurden, um Muster, Trends und Saisonalität zu identifizieren, mit dem Ziel, Vorhersagen zu treffen oder Erkenntnisse zu gewinnen. Sie wird in verschiedenen Bereichen wie Finanzen, Wirtschaft, Wettervorhersage und mehr weitverbreitet eingesetzt. In Python sind die beliebtesten Bibliotheken für die Zeitreihenanalyse Pandas, NumPy und Statsmodels.

Beispiel: Angenommen, Sie haben tägliche Verkaufsdaten für ein Einzelhandelsgeschäft im letzten Jahr gesammelt und möchten die Daten analysieren, um zukünftige Verkäufe vorherzusagen. Sie können die Zeitreihenanalyse verwenden, um Trends, Saisonalität und andere Muster in den Daten zu identifizieren. Hier ist ein Codebeispiel mit der Pandas-Bibliothek:

```python
import pandas as pd
import matplotlib.pyplot as plt

# Load the sales data into a Pandas DataFrame
sales_data = pd.read_csv('sales_data.csv', index_col=0, parse_dates=True)

# Visualize the time series data
plt.plot(sales_data)
plt.title('Daily Sales Data')
plt.xlabel('Date')
plt.ylabel('Sales')
plt.show()

# Identify the trend component using moving average
rolling_mean = sales_data.rolling(window=30).mean()
plt.plot(rolling_mean)
plt.title('Trend Component')
plt.xlabel('Date')
plt.ylabel('Sales')
plt.show()
```

```
# Decompose the time series into trend, seasonal, and residual components
from statsmodels.tsa.seasonal import seasonal_decompose
decomposition = seasonal_decompose(sales_data, model='additive')
trend = decomposition.trend
seasonal = decomposition.seasonal
residual = decomposition.resid

# Visualize the components
plt.subplot(411)
plt.plot(sales_data)
plt.title('Original Time Series')
plt.subplot(412)
plt.plot(trend)
plt.title('Trend Component')
plt.subplot(413)
plt.plot(seasonal)
plt.title('Seasonal Component')
plt.subplot(414)
plt.plot(residual)
plt.title('Residual Component')
plt.tight_layout()
plt.show()
```

Dieses Beispiel zeigt, wie man Zeitreihenanalysetechniken verwenden kann, um Trend- und saisonale Komponenten in Verkaufsdaten zu identifizieren und die Zeitreihe in ihre Bestandteile zu zerlegen. Diese Informationen können dann für Prognosen und Vorhersagen zukünftiger Verkäufe genutzt werden.

131. Tokenisierung:

Die Tokenisierung ist der Prozess der Aufteilung eines Textes in einzelne Wörter oder Phrasen, bekannt als Tokens. Dies ist ein wichtiger Schritt in vielen Aufgaben der natürlichen Sprachverarbeitung. Die Tokenisierung kann mit verschiedenen Methoden durchgeführt werden, wie z.B. durch Trennung des Textes anhand von Leerzeichen oder Satzzeichen. Hier ein Beispiel:

```
import nltk
from nltk.tokenize import word_tokenize

text = "This is an example sentence."
tokens = word_tokenize(text)
print(tokens)
Ausgabe:

['This', 'is', 'an', 'example', 'sentence', '.']
```

132. Themenmodellierung:

Die Themenmodellierung ist eine statistische Methode zur Entdeckung abstrakter Themen, die in einer Sammlung von Dokumenten vorkommen. Sie wird häufig in der natürlichen Sprachverarbeitung eingesetzt, um große Textdatensammlungen zu analysieren. Einer der beliebten Algorithmen für die Themenmodellierung ist die Latent Dirichlet Allocation (LDA). Hier ist ein Beispiel für die Themenmodellierung mit LDA:

```python
from sklearn.datasets import fetch_20newsgroups
from sklearn.feature_extraction.text import CountVectorizer
from sklearn.decomposition import LatentDirichletAllocation

# Load sample data
newsgroups = fetch_20newsgroups()

# Vectorize text data
vectorizer = CountVectorizer(max_features=1000)
X = vectorizer.fit_transform(newsgroups.data)

# Fit LDA model
lda = LatentDirichletAllocation(n_components=10, random_state=0)
lda.fit(X)

# Print top words in each topic
feature_names = vectorizer.get_feature_names()
for topic_idx, topic in enumerate(lda.components_):
    print("Topic #%d:" % topic_idx)
    print(" ".join([feature_names[i] for i in topic.argsort()[:-11:-1]]))
    print()
```

Ausgabe:

```
Topic #0:
edu cs article university writes science posting host computer reply

Topic #1:
god jesus christ bible believe faith christian christians sin church

Topic #2:
team game year games season players hockey nhl play league

Topic #3:
com bike dod cars article writes university ca just like

Topic #4:
windows dos ms software file version use files ftp os

Topic #5:
uk ac university posting host nntp nui subject manchester david
```

```
Topic #6:
drive scsi ide drives disk hard controller floppy bus hd

Topic #7:
key chip encryption clipper government keys public use secure law

Topic #8:
israel jews israeli arab arabs jewish lebanese lebanon peace state

Topic #9:
windows thanks know does help like using use software just
```

133. Web-Anwendungs-Deployment:

Das Deployment von Web-Anwendungen ist der Prozess, eine Web-Anwendung auf einem Server oder einer Hosting-Plattform für die Nutzung verfügbar zu machen. Dies beinhaltet die Konfiguration der Serverumgebung, die Installation aller erforderlichen Softwareabhängigkeiten und das Hochladen des Anwendungscodes auf den Server. Hier ist ein Beispiel, wie man eine Flask-Web-Anwendung auf der Hosting-Plattform Heroku deployt:

```python
# app.py
from flask import Flask

app = Flask(__name__)

@app.route("/")
def hello():
    return "Hello World!"

if __name__ == "__main__":
    app.run()

# requirements.txt
Flask==2.0.2
gunicorn==20.1.0

# Procfile
web: gunicorn app:app

# Deploy to Heroku
# 1. Create a new Heroku app
# 2. Connect to the app using Heroku CLI
# 3. Add a Git remote to the app
# 4. Commit and push the code to the remote
# 5. Open the app in a browser
```

134. Web-Entwicklung:

Web-Entwicklung bezieht sich auf den Prozess der Erstellung von Websites und Webanwendungen. Sie umfasst die Verwendung verschiedener Technologien wie HTML, CSS und JavaScript, zusammen mit serverseitigen Technologien wie PHP, Ruby on Rails und den Python-Frameworks Django und Flask. Die Web-Entwicklung kann in zwei Kategorien unterteilt werden: Frontend-Entwicklung und Backend-Entwicklung. Frontend-Entwicklung befasst sich mit der Clientseite einer Webanwendung, die das Design der Benutzeroberfläche und die Handhabung von Benutzerinteraktionen umfasst. Backend-Entwicklung hingegen befasst sich mit der Serverseite einer Webanwendung, die die Verwaltung der Datenspeicherung, die Verarbeitung von Benutzeranfragen und die Erzeugung dynamischer Inhalte umfasst.

Beispiel: Hier ist ein Beispiel für eine einfache Webanwendung, die mit Flask, einem Python-Webframework, erstellt wurde:

```python
from flask import Flask, render_template

app = Flask(__name__)

@app.route('/')
def home():
    return render_template('home.html')

@app.route('/about')
def about():
    return render_template('about.html')

if __name__ == '__main__':
    app.run(debug=True)
```

Dieser Code erstellt eine einfache Flask-Anwendung mit zwei Routen, eine für die Startseite und eine für die Über-uns-Seite. Wenn ein Benutzer zur Startseite navigiert, rendert Flask die Vorlage **home.html**, und wenn ein Benutzer zur Über-uns-Seite navigiert, rendert Flask die Vorlage **about.html**.

135. Web Scraping:

Web Scraping ist der Prozess der Extraktion von Daten aus Webseiten. Es beinhaltet die Verwendung automatisierter Tools, um durch Webseiten zu navigieren und relevante Informationen zu extrahieren, wie Produktpreise, Börsenmarktdaten oder Nachrichtenartikel. Web Scraping kann mit verschiedenen Programmiersprachen durchgeführt werden, einschließlich Python, und beinhaltet das Parsen von HTML- und/oder XML-Dokumenten, um die gewünschten Informationen zu extrahieren. Die Bibliotheken BeautifulSoup und Scrapy sind beliebt für Web Scraping in Python.

Beispiel: Hier ist ein Beispiel für ein einfaches Web-Scraping-Skript, das die Titel und Links der Hauptnachrichten von der CNN-Startseite extrahiert:

```python
import requests
from bs4 import BeautifulSoup

url = '<https://www.cnn.com/>'

response = requests.get(url)

soup = BeautifulSoup(response.text, 'html.parser')

news_titles = []
news_links = []

for story in soup.find_all('h3', class_='cd__headline'):
    title = story.text.strip()
    link = story.find('a')['href']
    news_titles.append(title)
    news_links.append(link)

for i in range(len(news_titles)):
    print(news_titles[i])
    print(news_links[i])
    print()
```

Dieser Code verwendet die Bibliothek **requests**, um den HTML-Inhalt der CNN-Startseite abzurufen, und nutzt dann BeautifulSoup, um das HTML zu analysieren und die Titel und Links der Hauptnachrichten zu extrahieren. Die resultierende Ausgabe ist eine Liste von Nachrichtentiteln und -links, die für weitere Analysen verwendet werden können.

Fortgeschrittene Übungen

Übung 1: Dateianalyse

Konzepte:

- Datei-Ein-/Ausgabe

- Reguläre Ausdrücke

Beschreibung: Schreibe ein Python-Skript, das eine Textdatei einliest und alle darin enthaltenen URLs extrahiert. Die Ausgabe soll eine Liste von URLs sein.

Lösung:

```
import re

# Open the file for reading
with open('input_file.txt', 'r') as f:
    # Read the file contents
    file_contents = f.read()

    # Use regular expression to extract URLs
    urls = re.findall(r'http[s]?://(?:[a-zA-Z]|[0-9]|[$-_@.&+]|[!*\\(\\),]|(?:%[0-9a-fA-F][0-9a-fA-F]))+', file_contents)

# Print the list of URLs
print(urls)
```

Übung 2: Datenanalyse

Konzepte:

- Datei-Ein-/Ausgabe

- Datenmanipulation

- Pandas-Bibliothek

Beschreibung: Schreibe ein Python-Skript, das eine CSV-Datei mit Verkaufsdaten einliest und den Gesamtumsatz für jede Produktkategorie berechnet.

Lösung:

```
import pandas as pd

# Read the CSV file into a pandas dataframe
df = pd.read_csv('sales_data.csv')

# Group the data by product category and sum the sales revenue
total_revenue = df.groupby('Product Category')['Sales Revenue'].sum()

# Print the total revenue for each product category
print(total_revenue)
```

Übung 3: Web Scraping

Konzepte:

- Web Scraping
- Requests-Bibliothek
- Beautiful Soup-Bibliothek
- CSV-Datei-Ein-/Ausgabe

Beschreibung: Schreibe ein Python-Skript, das den Titel und den Preis aller auf einer E-Commerce-Website gelisteten Produkte extrahiert und in einer CSV-Datei speichert.

Lösung:

```
import requests
from bs4 import BeautifulSoup
import csv

# Make a GET request to the website
response = requests.get('<https://www.example.com/products>')

# Parse the HTML content using Beautiful Soup
soup = BeautifulSoup(response.content, 'html.parser')

# Find all product titles and prices
titles = [title.text for title in soup.find_all('h3', class_='product-title')]
prices = [price.text for price in soup.find_all('div', class_='product-price')]

# Zip the titles and prices together
data = list(zip(titles, prices))
```

```
# Write the data to a CSV file
with open('product_data.csv', 'w', newline='') as f:
    writer = csv.writer(f)
    writer.writerows(data)
```

Übung 4: Multithreading

Konzepte:

- Multithreading

- Requests-Bibliothek

- Threading-Bibliothek

Beschreibung: Schreibe ein Python-Skript, das Multithreading verwendet, um mehrere Bilder aus einer Liste von URLs gleichzeitig herunterzuladen.

Lösung:

```
import requests
import threading

# URL list of images to download
url_list                         = ['<https://www.example.com/image1.jpg>',
'<https://www.example.com/image2.jpg>', '<https://www.example.com/image3.jpg>']

# Function to download an image from a URL
def download_image(url):
    response = requests.get(url)
    with open(url.split('/')[-1], 'wb') as f:
        f.write(response.content)

# Create a thread for each URL and start them all simultaneously
threads = []
for url in url_list:
    thread = threading.Thread(target=download_image, args=(url,))
    threads.append(thread)
    thread.start()

# Wait for all threads to finish
for thread in threads:
    thread.join()
```

Übung 5: Maschinelles Lernen

Konzepte:

- Maschinelles Lernen

- Scikit-learn-Bibliothek

Beschreibung: Schreibe ein Python-Skript, das ein maschinelles Lernmodell auf einem Datensatz trainiert und es verwendet, um Ausgaben für neue Daten vorherzusagen.

Lösung:

```python
import pandas as pd
from sklearn.model_selection import train_test_split
from sklearn.linear_model import LinearRegression

# Read the dataset into a pandas dataframe
df = pd.read_csv('dataset.csv')

# Split the data into training and testing sets
X_train, X_test, y_train, y_test = train_test_split(df[['feature1', 'feature2']],
df['target'], test_size=0.2, random_state=42)

# Train a linear regression model on the training data
model = LinearRegression()
model.fit(X_train, y_train)

# Use the model to predict the output for the testing data
y_pred = model.predict(X_test)

# Evaluate the model performance using the mean squared error metric
mse = ((y_test - y_pred) ** 2).mean()
print("Mean squared error:", mse)
```

In dieser Übung lesen wir zunächst einen Datensatz in einen Pandas-Dataframe ein. Dann teilen wir die Daten in Trainings- und Testsets auf, indem wir die Funktion **train_test_split** aus dem Modul **sklearn.model_selection** verwenden. Wir trainieren ein lineares Regressionsmodell auf den Trainingsdaten mit der Klasse **LinearRegression** aus dem Modul **sklearn.linear_model**. Schließlich verwenden wir das trainierte Modell, um die Ausgabe für die Testdaten vorherzusagen und bewerten die Modellleistung mit der Metrik des mittleren quadratischen Fehlers.

Übung 6: Verarbeitung natürlicher Sprache

Konzepte:

- Verarbeitung natürlicher Sprache

- Stimmungsanalyse

- NLTK-Bibliothek

Beschreibung: Schreibe ein Python-Skript, das eine Textdatei einliest und eine Stimmungsanalyse des Textes mit einem vortrainierten Modell zur Verarbeitung natürlicher Sprache durchführt.

Lösung:

```
import nltk
from nltk.sentiment.vader import SentimentIntensityAnalyzer

# Read the text file into a string
with open('input_file.txt', 'r') as f:
    text = f.read()

# Create a SentimentIntensityAnalyzer object
sid = SentimentIntensityAnalyzer()

# Perform sentiment analysis on the text
scores = sid.polarity_scores(text)

# Print the sentiment scores
print(scores)
```

In dieser Übung lesen wir zunächst eine Textdatei in einen String ein. Dann erstellen wir ein **SentimentIntensityAnalyzer**-Objekt aus dem Modul **nltk.sentiment.vader**. Wir verwenden die Methode **polarity_scores** des **SentimentIntensityAnalyzer**-Objekts, um eine Stimmungsanalyse des Textes durchzuführen und ein Wörterbuch mit Stimmungswerten zu erhalten.

Übung 7: Webentwicklung

Konzepte:

- Webentwicklung
- Flask-Framework
- Datei-Uploads

Beschreibung: Schreibe ein Python-Skript, das eine Webanwendung mit dem Flask-Framework erstellt, die es Benutzern ermöglicht, eine Datei hochzuladen und eine Verarbeitung der Datei durchführt.

Lösung:

```
from flask import Flask, render_template, request
import os

app = Flask(__name__)
```

```
# Set the path for file uploads
UPLOAD_FOLDER = os.path.basename('uploads')
app.config['UPLOAD_FOLDER'] = UPLOAD_FOLDER

# Route for the home page
@app.route('/')
def index():
    return render_template('index.html')

# Route for file uploads
@app.route('/upload', methods=['POST'])
def upload():
    # Get the uploaded file
    file = request.files['file']

    # Save the file to the uploads folder
    file.save(os.path.join(app.config['UPLOAD_FOLDER'], file.filename))

    # Perform processing on the file
    # ...

    return 'File uploaded successfully'

if __name__ == '__main__':
    app.run(debug=True)
```

In dieser Übung importieren wir zunächst das Flask-Modul und erstellen eine Flask-Anwendung. Wir konfigurieren eine Route für die Startseite, die ein HTML-Template zurückgibt. Wir konfigurieren eine Route für Datei-Uploads, die eine hochgeladene Datei empfängt und in einem bestimmten Upload-Ordner speichert. Wir können die Verarbeitung der hochgeladenen Datei innerhalb der **upload**-Funktion durchführen.

Übung 8: Datenvisualisierung

Konzepte:

- Datenvisualisierung

- Matplotlib-Bibliothek

- Candlestick-Diagramme

Beschreibung: Schreibe ein Python-Skript, das eine CSV-Datei mit Aktienmarktdaten einliest und ein Candlestick-Diagramm der Daten erstellt.

Lösung:

```
import pandas as pd
```

```python
import matplotlib.pyplot as plt
from mpl_finance import candlestick_ohlc
import matplotlib.dates as mdates

# Read the CSV file into a pandas dataframe
df = pd.read_csv('stock_data.csv', parse_dates=['Date'])

# Convert the date column to Matplotlib dates format
df['Date'] = df['Date'].apply(mdates.date2num)

# Create a figure and axis objects
fig, ax = plt.subplots()

# Plot the candlestick chart
candlestick_ohlc(ax, df.values, width=0.6, colorup='green', colordown='red')

# Format the x-axis as dates
ax.xaxis_date()

# Set the axis labels and title
ax.set_xlabel('Date')
ax.set_ylabel('Price')
ax.set_title('Stock Market Data')

# Display the chart
plt.show()
```

In dieser Übung lesen wir zunächst eine CSV-Datei, die Aktienmarktdaten enthält, in einen Pandas-Dataframe ein. Wir konvertieren die Datumsspalte in das Datumsformat von Matplotlib und erstellen Figur- und Achsenobjekte. Wir zeichnen das Candlestick-Diagramm mit der Funktion **candlestick_ohlc** aus dem Modul **mpl_finance**. Wir formatieren die x-Achse als Datum und setzen die Achsenbeschriftungen und den Titel. Schließlich zeigen wir das Diagramm mit der Funktion **show** aus dem Modul **matplotlib.pyplot** an.

Übung 9: Maschinelles Lernen

Konzepte:

- Maschinelles Lernen

- Scikit-learn-Bibliothek

Beschreibung: Schreibe ein Python-Skript, das einen Datensatz einliest, der Informationen über verschiedene Blumenarten enthält, und trainiere ein maschinelles Lernmodell, um die Blumenart anhand ihrer Merkmale vorherzusagen.

Lösung:

```
import pandas as pd
from sklearn.model_selection import train_test_split
from sklearn.linear_model import LogisticRegression
from sklearn.metrics import accuracy_score

# Read the dataset into a pandas dataframe
df = pd.read_csv('flower_data.csv')

# Split the data into training and testing sets
X_train, X_test, y_train, y_test = train_test_split(df[['sepal_length', 'sepal_width',
'petal_length', 'petal_width']], df['species'], test_size=0.2, random_state=42)

# Train a logistic regression model on the training data
model = LogisticRegression()
model.fit(X_train, y_train)

# Use the model to predict the output for the testing data
y_pred = model.predict(X_test)

# Evaluate the model performance using the accuracy score metric
accuracy = accuracy_score(y_test, y_pred)
print("Accuracy:", accuracy)
```

In dieser Übung lesen wir zunächst einen Datensatz, der Informationen über verschiedene Blumenarten enthält, in einen Pandas-Dataframe ein. Wir teilen die Daten in Trainings- und Testsets auf, indem wir die Funktion **train_test_split** aus dem Modul **sklearn.model_selection** verwenden. Wir trainieren ein logistisches Regressionsmodell auf den Trainingsdaten mit der Klasse **LogisticRegression** aus dem Modul **sklearn.linear_model**. Schließlich verwenden wir das trainierte Modell, um die Ausgabe für die Testdaten vorherzusagen und bewerten die Modellleistung mit der Genauigkeitsmetrik.

Übung 10: Datenanalyse

Konzepte:

- Datenanalyse

- Empfehlungssysteme

- Kollaboratives Filtern

- Surprise-Bibliothek

Beschreibung: Schreibe ein Python-Skript, das eine CSV-Datei einliest, die Kundenkaufdaten enthält, und erzeuge ein Empfehlungssystem, das Kunden Produkte basierend auf ihrem Kaufverlauf empfiehlt.

Lösung:

```python
import pandas as pd
from surprise import Dataset
from surprise import Reader
from surprise import SVD
from surprise import accuracy
from surprise.model_selection import train_test_split

# Read the CSV file into a pandas dataframe
df = pd.read_csv('purchase_data.csv')

# Convert the pandas dataframe to a surprise dataset
reader = Reader(rating_scale=(1, 5))
data = Dataset.load_from_df(df[['customer_id', 'product_id', 'rating']], reader)

# Split the data into training and testing sets
trainset, testset = train_test_split(data, test_size=0.2)

# Train an SVD model on the training data
model = SVD(n_factors=50, n_epochs=20, lr_all=0.005, reg_all=0.02)
model.fit(trainset)

# Use the model to predict the output for the testing data
predictions = model.test(testset)

# Evaluate the model performance using the root mean squared error metric
rmse = accuracy.rmse(predictions)
print("RMSE:", rmse)

# Recommend products to customers based on their purchase history
for customer_id in df['customer_id'].unique():
    products = df[df['customer_id'] == customer_id]['product_id'].values
    for product_id in df['product_id'].unique():
        if product_id not in products:
            rating = model.predict(customer_id, product_id).est
            print(f"Customer {customer_id} might like product {product_id} with rating {rating}")
```

In dieser Übung lesen wir zunächst eine CSV-Datei, die Kundenkaufdaten enthält, in einen Pandas-Dataframe ein. Wir konvertieren den Pandas-Dataframe in einen Surprise-Datensatz mit den Klassen **Reader** und **Dataset** aus dem Modul **surprise**. Wir teilen die Daten in Trainings- und Testsets auf, indem wir die Funktion **train_test_split** aus dem Modul **surprise.model_selection** verwenden. Wir trainieren ein SVD-Modell auf den Trainingsdaten mit der Klasse **SVD** aus dem Modul **surprise**. Wir verwenden das trainierte Modell, um die Ausgabe für die Testdaten vorherzusagen und bewerten die Modellleistung mit der Metrik des Root Mean Squared Error. Schließlich empfehlen wir den Kunden Produkte basierend auf ihrem Kaufverlauf mit Hilfe des trainierten Modells.

Übung 11: Computer Vision

Konzepte:

- Computer Vision

- Objekterkennung

- OpenCV-Bibliothek

- Vortrainierte Modelle

Beschreibung: Schreibe ein Python-Skript, das ein Bild einliest und eine Objekterkennung im Bild unter Verwendung eines vortrainierten Objekterkennungsmodells durchführt.

Lösung:

```python
import cv2

# Read the image file
img = cv2.imread('image.jpg')

# Load the pre-trained object detection model
model           =           cv2.dnn.readNetFromTensorflow('frozen_inference_graph.pb',
'ssd_mobilenet_v2_coco_2018_03_29.pbtxt')

# Set the input image and perform object detection
model.setInput(cv2.dnn.blobFromImage(img, size=(300, 300), swapRB=True, crop=False))
output = model.forward()

# Loop through the detected objects and draw bounding boxes around them
for detection in output[0, 0, :, :]:
    confidence = detection[2]
    if confidence > 0.5:
        x1 = int(detection[3] * img.shape[1])
        y1 = int(detection[4] * img.shape[0])
        x2 = int(detection[5] * img.shape[1])
        y2 = int(detection[6] * img.shape[0])
        cv2.rectangle(img, (x1, y1), (x2, y2), (0, 255, 0), 2)

# Display the image with the detected objects
cv2.imshow('image', img)
cv2.waitKey(0)
cv2.destroyAllWindows()
```

In dieser Übung lesen wir zunächst eine Bilddatei in eine NumPy-Matrix mit der Funktion **imread** aus dem Modul **cv2** von OpenCV ein. Wir laden ein vortrainiertes Objekterkennungsmodell mit der Funktion **readNetFromTensorflow** aus dem Modul **cv2.dnn**. Wir setzen das Eingabebild für das Modell und führen die Objekterkennung mit den Methoden setInput und **forward** des Modellobjekts durch. Schließlich durchlaufen wir die erkannten Objekte und zeichnen Begrenzungsrahmen um sie herum mit der Funktion **rectangle** aus dem Modul **cv2**.

Übung 12: Verarbeitung natürlicher Sprache

Konzepte:

- Verarbeitung natürlicher Sprache

- Themenmodellierung

- Latent Dirichlet Allocation

- Gensim-Bibliothek

Beschreibung: Schreibe ein Python-Skript, das eine Textdatei einliest und eine Themenmodellierung am Text mittels Latent Dirichlet Allocation (LDA) durchführt.

Lösung:

```python
import gensim
from gensim import corpora
from gensim.models import LdaModel

# Read the text file into a list of strings
with open('input_file.txt', 'r') as f:
    text = f.readlines()

# Remove newlines and convert to lowercase
text = [line.strip().lower() for line in text]

# Tokenize the text into words
tokens = [line.split() for line in text]

# Create a dictionary of words and their frequency
dictionary = corpora.Dictionary(tokens)

# Create a bag-of-words representation of the text
corpus = [dictionary.doc2bow(token) for token in tokens]

# Train an LDA model on the text
model = LdaModel(corpus, id2word=dictionary, num_topics=5, passes=10)

# Print the topics and their associated words
for topic in model.print_topics(num_words=5):
    print(topic)
```

In dieser Übung lesen wir zunächst eine Textdatei in eine Liste von Strings ein. Wir verarbeiten den Text, indem wir Zeilenumbrüche entfernen, ihn in Kleinbuchstaben umwandeln und mittels der **split**-Methode in Wörter tokenisieren. Wir erstellen ein Wörterbuch der Wörter mit ihren Häufigkeiten und erzeugen eine Bag-of-Words-Darstellung des Textes mit der **doc2bow**-Methode des Dictionary-Objekts. Wir trainieren ein LDA-Modell auf dem Korpus mit der Klasse **LdaModel** aus dem Modul **gensim.models**. Schließlich geben wir die Themen und ihre zugehörigen Wörter mit der **print_topics**-Methode des Modellobjekts aus.

Übung 13: Web Scraping

Konzepte:

- Web Scraping

- Beautiful Soup-Bibliothek

- Requests-Bibliothek

- CSV-Dateiverarbeitung

Beschreibung: Schreibe ein Python-Skript, das Webscraping durchführt, um Produktinformationen zu sammeln, und diese Informationen in einer CSV-Datei speichert.

Lösung:

```python
import requests
from bs4 import BeautifulSoup
import csv

# Define the URL of the website to scrape
url = '<https://www.example.com/products>'

# Send a request to the website and get the response
response = requests.get(url)

# Parse the HTML content of the response using Beautiful Soup
soup = BeautifulSoup(response.content, 'html.parser')

# Find all the product listings on the page
listings = soup.find_all('div', class_='product-listing')

# Write the product information to a CSV file
with open('products.csv', 'w', newline='') as f:
    writer = csv.writer(f)
    writer.writerow(['Product Name', 'Price', 'Description'])
    for listing in listings:
        name = listing.find('h3').text
        price = listing.find('span', class_='price').text
        description = listing.find('p').text
```

```
        writer.writerow([name, price, description])
```

In dieser Übung definieren wir zunächst die URL der zu scrapenden Website und senden eine Anfrage an die Website mit der Funktion **get** aus dem Modul **requests**. Wir analysieren den HTML-Inhalt der Antwort mit Beautiful Soup und finden alle Produktlistungen auf der Seite mit der Methode **find_all**. Wir schreiben die Produktinformationen in eine CSV-Datei mit dem Modul **csv**.

Übung 14: Big-Data-Verarbeitung

Konzepte:

- Big-Data-Verarbeitung
- PySpark
- Datentransformationen
- Aggregation
- Parquet-Dateiformat

Beschreibung: Schreibe ein PySpark-Skript, das eine CSV-Datei mit Kundenkaufdaten einliest, einige Datentransformationen und Aggregationen durchführt und die Ergebnisse in einer Parquet-Datei speichert.

Lösung:

```
from pyspark.sql import SparkSession

# Create a SparkSession object
spark = SparkSession.builder.appName('customer-purchases').getOrCreate()

# Read the CSV file into a Spark DataFrame
df = spark.read.csv('customer_purchases.csv', header=True, inferSchema=True)

# Perform some data transformations
df = df.filter(df['purchase_date'].between('2020-01-01', '2020-12-31'))
df = df.select('customer_id', 'product_id', 'price')
df = df.groupBy('customer_id').sum('price')

# Save the results to a Parquet file
df.write.parquet('customer_spending.parquet')
```

In dieser Übung erstellen wir zunächst ein SparkSession-Objekt mit der Klasse **SparkSession** aus dem Modul **pyspark.sql**. Wir lesen eine CSV-Datei mit Kundenkaufdaten in ein Spark-DataFrame mit der Methode **read.csv** ein. Wir führen einige Datentransformationen am

DataFrame mit den Methoden **filter**, **select** und **groupBy** durch. Schließlich speichern wir die Ergebnisse in einer Parquet-Datei mit der Methode **write.parquet**.

Übung 15: DevOps

Konzepte:

- DevOps

- Fabric-Bibliothek

Beschreibung: Schreibe ein Python-Skript, das die Bereitstellung einer Webanwendung auf einem Remote-Server mit der Fabric-Bibliothek automatisiert.

Lösung:

```python
from fabric import Connection

# Define the host and user credentials for the remote server
host = 'example.com'
user = 'user'
password = 'password'

# Define the path to the web application on the local machine and the remote server
local_path = '/path/to/local/app'
remote_path = '/path/to/remote/app'

# Create a connection to the remote server
c = Connection(host=host, user=user, connect_kwargs={'password': password})

# Upload the local files to the remote server
c.put(local_path, remote_path)

# Install any required dependencies on the remote server
c.run('sudo apt-get update && sudo apt-get install -y python3-pip')
c.run('pip3 install -r requirements.txt')

# Start the web application on the remote server
c.run('python3 app.py')
```

In dieser Übung definieren wir zunächst den Host und die Benutzeranmeldedaten für den Remote-Server. Wir definieren den Pfad zur Webanwendung auf dem lokalen Rechner und dem Remote-Server. Wir erstellen eine Verbindung zum Remote-Server mit der Klasse **Connection** aus dem Modul **fabric**. Wir laden die lokalen Dateien auf den Remote-Server mit der **put**-Methode des Verbindungsobjekts hoch. Wir installieren alle erforderlichen Abhängigkeiten auf dem Remote-Server mit der **run**-Methode des Verbindungsobjekts. Schließlich starten wir die Webanwendung auf dem Remote-Server mit der **run**-Methode.

Übung 16: Reinforcement Learning

Konzepte:

- Reinforcement Learning

- Q-Learning

- OpenAI Gym-Bibliothek

Beschreibung: Schreibe ein Python-Skript, das einen Reinforcement-Learning-Algorithmus implementiert, um einem Agenten das Spielen eines einfachen Spiels beizubringen.

Lösung:

```python
import gym
import numpy as np

# Create an OpenAI Gym environment for the game
env = gym.make('FrozenLake-v0')

# Define the Q-table for the agent
Q = np.zeros([env.observation_space.n, env.action_space.n])

# Set the hyperparameters for the algorithm
alpha = 0.8
gamma = 0.95
epsilon = 0.1
num_episodes = 2000

# Train the agent using the Q-learning algorithm
for i in range(num_episodes):
    state = env.reset()
    done = False
    while not done:
        if np.random.uniform() < epsilon:
            action = env.action_space.sample()
        else:
            action = np.argmax(Q[state, :])
        next_state, reward, done, _ = env.step(action)
        Q[state, action] = (1 - alpha) * Q[state, action] + alpha * (reward + gamma *
np.max(Q[next_state, :]))
        state = next_state

# Test the agent by playing the game using the Q-table
state = env.reset()
done = False
while not done:
    action = np.argmax(Q[state, :])
    next_state, reward, done, _ = env.step(action)
    state = next_state
```

```
env.render()
```

In dieser Übung erstellen wir zunächst eine OpenAI Gym-Umgebung für das Spiel mit der Funktion **make** aus dem Modul **gym**. Wir definieren die Q-Tabelle für den Agenten als ein NumPy-Array und legen die Hyperparameter für den Q-Learning-Algorithmus fest. Wir trainieren den Agenten mit dem Q-Learning-Algorithmus, indem wir durch eine bestimmte Anzahl von Episoden iterieren und die Q-Tabelle basierend auf den Belohnungen und Folgezuständen aktualisieren. Schließlich testen wir den Agenten, indem wir das Spiel mit der Q-Tabelle spielen und das Spiel mit der Methode **render** visualisieren.

Übung 17: Zeitreihenanalyse

Konzepte:

- Zeitreihenanalyse

- Datenvorverarbeitung

- Datenvisualisierung

- ARIMA-Modell

- Statsmodels-Bibliothek

Beschreibung: Schreibe ein Python-Skript, das eine CSV-Datei mit Zeitreihendaten einliest, eine gewisse Vorverarbeitung und Visualisierung der Daten durchführt und ein Zeitreihenmodell an die Daten anpasst.

Lösung:

```python
import pandas as pd
import matplotlib.pyplot as plt
import statsmodels.api as sm

# Read the CSV file into a pandas dataframe
df = pd.read_csv('time_series.csv')

# Convert the date column to a datetime object and set it as the index
df['date'] = pd.to_datetime(df['date'])
df.set_index('date', inplace=True)

# Resample the data to a monthly frequency and fill any missing values
df = df.resample('M').mean()
df = df.fillna(method='ffill')

# Visualize the data
plt.plot(df)
plt.show()
```

```
# Fit an ARIMA model to the data
model = sm.tsa.ARIMA(df, order=(1, 1, 1))
results = model.fit()

# Print the model summary
print(results.summary())
```

In dieser Übung lesen wir zunächst eine CSV-Datei mit Zeitreihendaten in einen Pandas-DataFrame ein. Wir konvertieren die Datumsspalte in ein Datetime-Objekt und setzen sie als Index. Wir resampling die Daten auf eine monatliche Frequenz und füllen fehlende Werte mit der Forward-Fill-Methode. Wir visualisieren die Daten mit der Funktion **plot** aus dem Modul **matplotlib.pyplot**. Schließlich passen wir ein ARIMA-Modell an die Daten an, indem wir die Funktion **ARIMA** aus dem Modul **statsmodels.api** verwenden, und geben die Modellzusammenfassung mit der Methode **summary** des Ergebnisobjekts aus.

Übung 18: Computernetzwerke

Konzepte:

- Computernetzwerke
- TCP/IP-Protokoll
- Socket-Programmierung

Beschreibung: Schreibe ein Python-Skript, das einen einfachen TCP-Server implementiert, der Clientverbindungen akzeptiert sowie Daten sendet und empfängt.

Lösung:

```
import socket

# Define the host and port for the server
host = 'localhost'
port = 12345

# Create a socket object
s = socket.socket(socket.AF_INET, socket.SOCK_STREAM)

# Bind the socket to the host and port
s.bind((host, port))

# Listen for incoming connections
s.listen(1)
print('Server listening on', host, port)

# Accept a client connection
```

```
conn, addr = s.accept()
print('Connected by', addr)

# Send data to the client
conn.sendall(b'Hello, client!')

# Receive data from the client
data = conn.recv(1024)
print('Received:', data.decode())

# Close the connection
conn.close()
```

In dieser Übung definieren wir zunächst den Host und den Port für den Server. Wir erstellen ein Socket-Objekt mit der Funktion **socket** aus dem Modul **socket** und binden den Socket an Host und Port mit der Methode **bind**. Wir lauschen auf eingehende Verbindungen mit der Methode **listen** und akzeptieren eine Client-Verbindung mit der Methode **accept**, die ein Verbindungsobjekt und die Adresse des Clients zurückgibt. Wir senden Daten an den Client mit der Methode **sendall** des Verbindungsobjekts und empfangen Daten vom Client mit der Methode **recv**. Schließlich schließen wir die Verbindung mit der Methode **close**.

Übung 19: Datenanalyse und -visualisierung

Konzepte:

- Datenanalyse
- Datenvisualisierung
- PDF-Berichtserstellung
- Pandas-Bibliothek
- Matplotlib-Bibliothek
- ReportLab-Bibliothek

Beschreibung: Schreibe ein Python-Skript, das eine CSV-Datei mit Verkaufsdaten für ein Einzelhandelsgeschäft einliest, einige Datenanalysen und -visualisierungen durchführt und die Ergebnisse in einem PDF-Bericht speichert.

Lösung:

```
import pandas as pd
import matplotlib.pyplot as plt
from reportlab.lib.pagesizes import letter
from reportlab.pdfgen import canvas

# Read the CSV file into a pandas dataframe
```

```
df = pd.read_csv('sales_data.csv')

# Calculate the total sales by category and month
totals = df.groupby(['category', 'month']).sum()['sales']

# Plot the total sales by category and month
fig, axes = plt.subplots(nrows=len(df['category'].unique()), ncols=1, figsize=(8.5,
11))
for i, category in enumerate(df['category'].unique()):
    totals[category].plot(ax=axes[i], kind='bar', title=category)
plt.tight_layout()

# Save the plot to a PDF report
c = canvas.Canvas('sales_report.pdf', pagesize=letter)
c.drawString(50, 750, 'Sales Report')
c.drawString(50, 700, 'Total Sales by Category and Month')
plt.savefig('sales_plot.png')
c.drawImage('sales_plot.png', 50, 500, 500, 250)
c.showPage()
c.save()
```

In dieser Übung lesen wir zunächst eine CSV-Datei mit Verkaufsdaten für ein Einzelhandelsgeschäft in einen Pandas-DataFrame ein. Wir berechnen die Gesamtverkäufe nach Kategorie und Monat mit den Methoden **groupby** und **sum**. Wir visualisieren die Gesamtverkäufe nach Kategorie und Monat mit der Funktion **plot** aus dem Modul **matplotlib.pyplot** und speichern die Grafik in einer PNG-Datei. Schließlich erstellen wir einen PDF-Bericht mit den Funktionen **Canvas** und **Image** aus dem Modul **reportlab**.

Übung 20: Maschinelles Lernen

Konzepte:

- Maschinelles Lernen

- Convolutional Neural Networks

- Keras-Bibliothek

- MNIST-Datensatz

Beschreibung: Schreibe ein Python-Skript, das ein maschinelles Lernmodell trainiert, um handgeschriebene Ziffern aus dem MNIST-Datensatz zu klassifizieren.

Lösung:

```
import tensorflow as tf
from tensorflow import keras
from tensorflow.keras import layers
```

```
# Load the MNIST dataset
(x_train, y_train), (x_test, y_test) = keras.datasets.mnist.load_data()

# Normalize the pixel values and reshape the data
x_train = x_train.astype('float32') / 255.0
x_test = x_test.astype('float32') / 255.0
x_train = x_train.reshape(-1, 28, 28, 1)
x_test = x_test.reshape(-1, 28, 28, 1)

# Define the convolutional neural network model
model = keras.Sequential([
    layers.Conv2D(32, (3, 3), activation='relu', input_shape=(28, 28, 1)),
    layers.MaxPooling2D((2, 2)),
    layers.Conv2D(64, (3, 3), activation='relu'),
    layers.MaxPooling2D((2, 2)),
    layers.Flatten(),
    layers.Dense(10, activation='softmax')
])

# Compile the model
model.compile(optimizer='adam',                 loss='sparse_categorical_crossentropy',
metrics=['accuracy'])

# Train the model
model.fit(x_train, y_train, epochs=5, validation_data=(x_test, y_test))

# Evaluate the model on the test data
test_loss, test_acc = model.evaluate(x_test, y_test, verbose=2)
print('Test accuracy:', test_acc)
```

In dieser Übung laden wir zunächst den MNIST-Datensatz mit der Funktion **load_data** aus dem Modul **keras.datasets.mnist**. Wir normalisieren die Pixelwerte und formen die Daten mit NumPy um. Wir definieren ein Convolutional Neural Network-Modell mit der Klasse **Sequential** und verschiedenen Schichten aus dem Modul **layers** von Keras. Wir kompilieren das Modell mit der Methode **compile** unter Verwendung des Adam-Optimierers und der Sparse Categorical Crossentropy-Verlustfunktion. Wir trainieren das Modell mit der Methode **fit** und evaluieren das Modell auf den Testdaten mit der Methode **evaluate**.

Übung 21: Verarbeitung natürlicher Sprache

Konzepte:

- Verarbeitung natürlicher Sprache
- Textvorverarbeitung
- Textrepräsentation

- Themenmodellierung

- Latent Dirichlet Allocation

- Gensim-Bibliothek

Beschreibung: Schreibe ein Python-Skript, das Techniken der natürlichen Sprachverarbeitung verwendet, um einen Textkorpus zu analysieren und nützliche Erkenntnisse zu extrahieren.

Lösung:

```python
import gensim
from gensim import corpora
from gensim.models import LdaModel
from nltk.corpus import stopwords
from nltk.tokenize import word_tokenize
import pandas as pd

# Read the text data into a pandas dataframe
df = pd.read_csv('text_data.csv')

# Define the stop words and remove them from the text data
stop_words = stopwords.words('english')
df['text'] = df['text'].apply(lambda x: ' '.join([word for word in
word_tokenize(x.lower()) if word not in stop_words]))

# Create a document-term matrix from the text data
texts = df['text'].tolist()
tokenized = [word_tokenize(text) for text in texts]
dictionary = corpora.Dictionary(tokenized)
corpus = [dictionary.doc2bow(text) for text in tokenized]

# Perform topic modeling using LDA
num_topics = 5
lda_model = LdaModel(corpus, num_topics=num_topics, id2word=dictionary, passes=10)

# Print the topics and top words for each topic
for topic in lda_model.show_topics(num_topics=num_topics):
    print('Topic {}:'.format(topic[0]))
    print(', '.join(word for word, _ in lda_model.show_topic(topic[0])))

# Extract the topic distributions for each document
topic_dists = lda_model[corpus]
df['topic_dist'] = topic_dists

# Save the results to a CSV file
df.to_csv('text_data_topics.csv', index=False)
```

In dieser Übung lesen wir zunächst einen Textkorpus in einen Pandas-DataFrame ein. Wir definieren Stoppwörter mit der Funktion **stopwords** aus dem Modul **nltk.corpus** und entfernen sie aus dem Text mithilfe von List Comprehension und der Pandas-Methode **apply**.

Wir erstellen eine Dokument-Term-Matrix aus den Textdaten mit den Funktionen **Dictionary** und **corpus** aus dem Modul **gensim**. Wir führen eine Themenmodellierung mittels Latent Dirichlet Allocation (LDA) mit der Funktion **LdaModel** durch und extrahieren die Themenverteilungen für jedes Dokument. Schließlich speichern wir die Ergebnisse in einer CSV-Datei mit der Pandas-Methode **to_csv**.

Übung 22: Web Scraping

Konzepte:

- Web Scraping

- HTML-Analyse

- BeautifulSoup-Bibliothek

- CSV-Datei Ein-/Ausgabe

Beschreibung: Schreibe ein Python-Skript, das Daten von einer Website mit der BeautifulSoup-Bibliothek extrahiert und in einer CSV-Datei speichert.

Lösung:

```python
import requests
from bs4 import BeautifulSoup
import csv

# Define the URL to scrape
url = '<https://www.example.com>'

# Send a GET request to the URL and parse the HTML content
response = requests.get(url)
soup = BeautifulSoup(response.content, 'html.parser')

# Extract the data from the HTML content
data = []
for item in soup.find_all('div', {'class': 'item'}):
    name = item.find('h3').text
    price = item.find('span', {'class': 'price'}).text
    data.append([name, price])

# Save the data to a CSV file
with open('data.csv', 'w', newline='') as csvfile:
    writer = csv.writer(csvfile)
    writer.writerow(['Name', 'Price'])
    for row in data:
        writer.writerow(row)
```

In dieser Übung definieren wir zunächst die URL für das Scraping mit der **requests**-Bibliothek und analysieren den HTML-Inhalt mit der **BeautifulSoup**-Bibliothek. Wir extrahieren Daten aus dem HTML-Inhalt mit den Methoden **find_all** und **find** des **soup**-Objekts. Schließlich speichern wir die Daten in einer CSV-Datei mit dem **csv**-Modul.

Übung 23: Datenbankinteraktion

Konzepte:

- Datenbankinteraktion
- SQLite-Datenbank
- SQL-Abfragen
- SQLite3-Modul

Beschreibung: Schreibe ein Python-Skript, das mit einer Datenbank interagiert, um Daten abzurufen und zu manipulieren.

Lösung:

```
import sqlite3

# Connect to the database
conn = sqlite3.connect('example.db')

# Create a cursor object
c = conn.cursor()

# Execute an SQL query to create a table
c.execute('''CREATE TABLE IF NOT EXISTS customers
             (id INTEGER PRIMARY KEY, name TEXT, email TEXT, phone TEXT)''')

# Execute an SQL query to insert data into the table
c.execute("INSERT INTO customers (name, email, phone) VALUES ('John Smith',
'john@example.com', '555-1234')")

# Execute an SQL query to retrieve data from the table
c.execute("SELECT * FROM customers")
rows = c.fetchall()
for row in rows:
    print(row)

# Execute an SQL query to update data in the table
c.execute("UPDATE customers SET phone='555-5678' WHERE name='John Smith'")

# Execute an SQL query to delete data from the table
c.execute("DELETE FROM customers WHERE name='John Smith'")
```

```
# Commit the changes to the database
conn.commit()

# Close the database connection
conn.close()
```

In dieser Übung stellen wir zunächst eine Verbindung zu einer SQLite-Datenbank mit der Funktion **connect** aus dem Modul **sqlite3** her. Wir erstellen ein Cursor-Objekt mit der Methode **cursor** des Verbindungsobjekts und führen SQL-Abfragen mit der Methode **execute** des Cursor-Objekts aus. Wir rufen Daten aus der Tabelle mit der Methode **fetchall** ab und geben die Ergebnisse aus. Wir aktualisieren Daten in der Tabelle mit der Anweisung **UPDATE** und löschen Daten aus der Tabelle mit der Anweisung **DELETE**. Schließlich bestätigen wir die Änderungen in der Datenbank und schließen die Verbindung.

Übung 24: Parallele Verarbeitung

Konzepte:

- Parallele Verarbeitung
- Multiprocessing
- Prozess-Pool
- CPU-gebundene Aufgaben

Beschreibung: Schreibe ein Python-Skript, das eine zeitaufwändige Berechnung mittels paralleler Verarbeitung durchführt, um die Berechnung zu beschleunigen.

Lösung:

```
import time
import multiprocessing

# Define a CPU-bound function that takes a long time to compute
def compute(num):
    result = 0
    for i in range(num):
        result += i
    return result

if __name__ == '__main__':
    # Create a process pool with the number of CPUs available
    num_cpus = multiprocessing.cpu_count()
    pool = multiprocessing.Pool(num_cpus)

    # Generate a list of numbers to compute
    num_list = [10000000] * num_cpus
```

```
# Compute the results using parallel processing
start_time = time.time()
results = pool.map(compute, num_list)
end_time = time.time()

# Print the results and computation time
print('Results:', results)
print('Computation time:', end_time - start_time, 'seconds')
```

In dieser Übung definieren wir zunächst eine CPU-gebundene Funktion, die viel Rechenzeit benötigt. Dann erstellen wir einen Prozess-Pool mit der Funktion **Pool** aus dem Modul **multiprocessing** mit der Anzahl der verfügbaren CPUs. Wir generieren eine Liste von Zahlen zum Berechnen und führen die Berechnungen mit der Methode **map** des Prozess-Pools durch. Schließlich geben wir die Ergebnisse und die Berechnungszeit aus.

Übung 25: Bildverarbeitung

Konzepte:

- Bildverarbeitung
- Pillow-Bibliothek
- Bildmanipulation
- Bildfilterung

Beschreibung: Schreibe ein Python-Skript, das grundlegende Bildverarbeitungsoperationen an einer Bilddatei durchführt.

Lösung:

```python
from PIL import Image, ImageFilter

# Open the image file
image = Image.open('example.jpg')

# Display the original image
image.show()

# Resize the image
image = image.resize((500, 500))

# Convert the image to grayscale
image = image.convert('L')

# Apply a Gaussian blur filter
image = image.filter(ImageFilter.GaussianBlur(radius=2))
```

```
# Save the processed image to a file
image.save('processed.jpg')

# Display the processed image
image.show()
```

In dieser Übung öffnen wir zunächst eine Bilddatei mit der Klasse **Image** aus der **Pillow**-Bibliothek. Wir ändern die Größe des Bildes mit der Methode **resize** und konvertieren es in Graustufen mit der Methode **convert** im Modus **'L'**. Wir wenden einen Gaußschen Unschärfefilter mit der Methode **filter** und der Klasse **GaussianBlur** aus dem Modul **ImageFilter** an. Schließlich speichern wir das verarbeitete Bild in einer Datei mit der Methode **save** und zeigen es mit der Methode **show** an.

Ich hoffe, diese Übungen sind hilfreich für dich! Lass mich wissen, wenn du weitere Fragen hast.

Übung 26: Maschinelles Lernen

Konzepte:

- Maschinelles Lernen

- Scikit-Learn-Bibliothek

- Datenvorverarbeitung

- Feature-Engineering

- Modelltraining

- Modellbewertung

Beschreibung: Schreibe ein Python-Skript, das Techniken des maschinellen Lernens verwendet, um ein Modell zu trainieren und Vorhersagen für neue Daten zu treffen.

Lösung:

```
import pandas as pd
from sklearn.model_selection import train_test_split
from sklearn.preprocessing import StandardScaler
from sklearn.linear_model import LogisticRegression
from sklearn.metrics import accuracy_score, precision_score, recall_score, f1_score

# Read the data into a pandas dataframe
df = pd.read_csv('data.csv')

# Split the data into training and testing sets
X_train, X_test, y_train, y_test = train_test_split(df.drop('target', axis=1),
df['target'], test_size=0.2, random_state=42)
```

```
# Scale the data using standardization
scaler = StandardScaler()
X_train_scaled = scaler.fit_transform(X_train)
X_test_scaled = scaler.transform(X_test)

# Train a logistic regression model
model = LogisticRegression(random_state=42)
model.fit(X_train_scaled, y_train)

# Make predictions on the test set
y_pred = model.predict(X_test_scaled)

# Evaluate the model performance
accuracy = accuracy_score(y_test, y_pred)
precision = precision_score(y_test, y_pred)
recall = recall_score(y_test, y_pred)
f1 = f1_score(y_test, y_pred)

print('Accuracy:', accuracy)
print('Precision:', precision)
print('Recall:', recall)
print('F1 score:', f1)
```

In dieser Übung lesen wir zunächst einen Datensatz in einen Pandas-DataFrame ein. Wir teilen die Daten in Trainings- und Testsets mit der Funktion **train_test_split** aus dem Modul **sklearn.model_selection**. Wir skalieren die Daten mittels Standardisierung mit der Klasse **StandardScaler** aus dem Modul **sklearn.preprocessing**. Wir trainieren ein logistisches Regressionsmodell mit der Klasse **LogisticRegression** aus dem Modul **sklearn.linear_model** und erstellen Vorhersagen für das Testset. Schließlich bewerten wir die Modellleistung mit Metriken wie Genauigkeit, Präzision, Recall und F1-Score mithilfe der entsprechenden Funktionen aus dem Modul **sklearn.metrics**.

Übung 27: Webentwicklung

Konzepte:

- Webentwicklung

- Flask-Framework

- HTML-Vorlagen

- Routing

- HTTP-Methoden

- Formularverarbeitung

Beschreibung: Schreibe ein Python-Skript, das eine Webanwendung mit dem Flask-Framework erstellt.

Lösung:

```python
from flask import Flask, render_template, request

app = Flask(__name__)

# Define a route for the home page
@app.route('/')
def home():
    return render_template('home.html')

# Define a route for the contact page
@app.route('/contact', methods=['GET', 'POST'])
def contact():
    if request.method == 'POST':
        name = request.form['name']
        email = request.form['email']
        message = request.form['message']
        # TODO: Process the form data
        return 'Thanks for contacting us!'
    else:
        return render_template('contact.html')

if __name__ == '__main__':
    app.run(debug=True)
```

In dieser Übung importieren wir zunächst die Klasse **Flask** aus dem Modul **flask** und erstellen eine neue Flask-Anwendung. Wir definieren Routen für die Startseite und die Kontaktseite mit dem Dekorator **route**. Wir verwenden die Funktion **render_template**, um HTML-Vorlagen für die Startseite und die Kontaktseite zu rendern. Wir verarbeiten Formularübermittlungen auf der Kontaktseite mit dem Objekt **request** und der Methode **POST**. Schließlich starten wir die Flask-Anwendung mit der Methode **run**.

Übung 28: Daten-Streaming

Konzepte:

- Daten-Streaming

- Kafka

- PyKafka-Bibliothek

- Stream-Verarbeitung

Beschreibung: Schreibe ein Python-Skript, das Daten aus einer Quelle streamt und in Echtzeit verarbeitet.

Lösung:

```
from pykafka import KafkaClient
import json

# Connect to the Kafka broker
client = KafkaClient(hosts='localhost:9092')

# Get a reference to the topic
topic = client.topics['test']

# Create a consumer for the topic
consumer = topic.get_simple_consumer()

# Process messages in real-time
for message in consumer:
    if message is not None:
        data = json.loads(message.value)
        # TODO: Process the data in real-time
```

In dieser Übung verbinden wir uns zunächst mit einem Kafka-Broker mithilfe der Klasse **KafkaClient** aus der Bibliothek **pykafka**. Wir erhalten eine Referenz zu einem Thema und erstellen einen Consumer für das Thema mit der Methode **get_simple_consumer**. Wir verarbeiten Nachrichten in Echtzeit durch eine Schleife und das Attribut **value** der Nachrichten. Wir analysieren die Nachrichtendaten mit der Funktion **json.loads** und verarbeiten die Daten in Echtzeit.

Übung 29: Verarbeitung natürlicher Sprache

Konzepte:

- Verarbeitung natürlicher Sprache
- NLTK-Bibliothek
- Tokenisierung
- Stemming
- Entfernung von Stoppwörtern

Beschreibung: Schreibe ein Python-Skript, das Aufgaben zur Verarbeitung natürlicher Sprache in einem Textkorpus durchführt.

Lösung:

```
import nltk
from nltk.tokenize import word_tokenize
from nltk.stem import PorterStemmer
from nltk.corpus import stopwords

# Download NLTK data
nltk.download('punkt')
nltk.download('stopwords')

# Load the text corpus
with open('corpus.txt', 'r') as f:
    corpus = f.read()

# Tokenize the corpus
tokens = word_tokenize(corpus)

# Remove stop words
stop_words = set(stopwords.words('english'))
filtered_tokens = [token for token in tokens if token.lower() not in stop_words]

# Stem the tokens
stemmer = PorterStemmer()
stemmed_tokens = [stemmer.stem(token) for token in filtered_tokens]

# Print the results
print('Original tokens:', tokens[:10])
print('Filtered tokens:', filtered_tokens[:10])
print('Stemmed tokens:', stemmed_tokens[:10])
```

In dieser Übung laden wir zunächst die erforderlichen Daten aus der NLTK-Bibliothek mit der Funktion **nltk.download** herunter. Wir laden ein Textkorpus aus einer Datei und tokenisieren das Korpus mit der Funktion **word_tokenize** aus dem Modul **nltk.tokenize**. Wir entfernen ' Stoppwörter mithilfe des **stopwords**-Korpus der NLTK-Bibliothek und wenden Stemming auf die Tokens mit der Klasse **PorterStemmer** aus dem Modul **nltk.stem** an. Schließlich geben wir die Ergebnisse für die ursprünglichen, gefilterten und gestemmten Tokens aus.

Übung 30: Verteilte Systeme

Konzepte:

- Verteilte Systeme
- Pyro-Bibliothek
- Remote Method Invocation
- Client-Server-Architektur

Beschreibung: Schreibe ein Python-Skript, das ein verteiltes System mit der Pyro-Bibliothek implementiert.

Lösung:

```python
import Pyro4

# Define a remote object class
@Pyro4.expose
class MyObject:
    def method1(self, arg1):
        # TODO: Implement the method
        return result1

    def method2(self, arg2):
        # TODO: Implement the method
        return result2

# Register the remote object
daemon = Pyro4.Daemon()
uri = daemon.register(MyObject)

# Start the name server
ns = Pyro4.locateNS()
ns.register('myobject', uri)

# Start the server
daemon.requestLoop()
```

In dieser Übung definieren wir zunächst eine Remote-Objektklasse mit dem Dekorator **expose** aus der **Pyro4**-Bibliothek. Wir implementieren zwei Methoden, die von einem Client aus der Ferne aufgerufen werden können. Wir registrieren das Remote-Objekt mit der **register**-Methode eines **Pyro4**-Daemons. Wir starten den Namensserver mit der Funktion **locateNS** aus der **Pyro4**-Bibliothek und registrieren das Remote-Objekt mit einem Namen. Schließlich starten wir den Server mit der **requestLoop**-Methode des Daemons.

Ich hoffe, du findest diese Übungen nützlich. Lass es mich wissen, wenn du weitere Fragen hast!

Übung 31: Datenvisualisierung

Konzepte:

- Datenvisualisierung
- Plotly-Bibliothek
- Liniendiagramm
- Streudiagramm

- Balkendiagramm

- Heatmap

- Subplots

Beschreibung: Schreibe ein Python-Skript, das interaktive Datenvisualisierungen mit der Plotly-Bibliothek erstellt.

Lösung:

```python
import plotly.graph_objs as go
import plotly.subplots as sp
import pandas as pd

# Load the data into a pandas dataframe
df = pd.read_csv('data.csv')

# Create a line chart
trace1 = go.Scatter(x=df['year'], y=df['sales'], mode='lines', name='Sales')

# Create a scatter chart
trace2 = go.Scatter(x=df['year'], y=df['profit'], mode='markers', name='Profit')

# Create a bar chart
trace3 = go.Bar(x=df['year'], y=df['expenses'], name='Expenses')

# Create a heatmap
trace4      =      go.Heatmap(x=df['year'],      y=df['quarter'],      z=df['revenue'],
colorscale='Viridis', name='Revenue')

# Create subplots
fig = sp.make_subplots(rows=2, cols=2, subplot_titles=('Sales', 'Profit', 'Expenses',
'Revenue'))
fig.append_trace(trace1, 1, 1)
fig.append_trace(trace2, 1, 2)
fig.append_trace(trace3, 2, 1)
fig.append_trace(trace4, 2, 2)

# Set the layout
fig.update_layout(title='Financial Performance', height=600, width=800)

# Display the chart
fig.show()
```

In dieser Übung laden wir zunächst einen Datensatz in einen Pandas-DataFrame. Wir erstellen verschiedene Grafikobjekte mit den Klassen **Scatter**, **Bar** und **Heatmap** aus dem Modul **plotly.graph_objs**. Wir erstellen Teilgrafiken mit der Funktion **make_subplots** aus dem Modul **plotly.subplots** und fügen die Grafikobjekte zu den Teilgrafiken mit der Methode

append_trace hinzu. Wir legen das Layout der Grafik mit der Methode **update_layout** fest und zeigen die Grafik mit der Methode **show** an.

Übung 32: Datentechnik

Konzepte:

- Datentechnik

- SQLite

- Pandas-Bibliothek

- Datentransformation

- Datenintegration

Beschreibung: Schreibe ein Python-Skript, das Daten aus mehreren Quellen verarbeitet und in einer Datenbank speichert.

Lösung:

```python
import sqlite3
import pandas as pd

# Load data from multiple sources into pandas dataframes
df1 = pd.read_csv('data1.csv')
df2 = pd.read_excel('data2.xlsx')
df3 = pd.read_json('data3.json')

# Transform the data
df1['date'] = pd.to_datetime(df1['date'])
df2['amount'] = df2['amount'] / 100
df3['description'] = df3['description'].str.upper()

# Combine the data
df = pd.concat([df1, df2, df3], axis=0)

# Store the data in a SQLite database
conn = sqlite3.connect('mydb.db')
df.to_sql('mytable', conn, if_exists='replace', index=False)
```

In dieser Übung laden wir zunächst Daten aus mehreren Quellen in Pandas-DataFrames mit Funktionen wie **read_csv**, **read_excel** und **read_json**. Wir transformieren die Daten mit Pandas-Funktionen wie **to_datetime**, **str.upper** und arithmetischen Operationen. Wir kombinieren die Daten in einem einzigen Pandas-DataFrame mit der Funktion **concat**. Schließlich speichern wir die Daten in einer SQLite-Datenbank mit der **to_sql**-Methode des Pandas-DataFrames.

Übung 33: Generierung natürlicher Sprache

Konzepte:

- Generierung natürlicher Sprache

- Markov-Ketten

- NLTK-Bibliothek

- Textkorpus

Beschreibung: Schreibe ein Python-Skript, das Text mit Techniken zur Generierung natürlicher Sprache erzeugt.

Lösung:

```
import nltk
import random

# Download NLTK data
nltk.download('punkt')

# Load the text corpus
with open('corpus.txt', 'r') as f:
    corpus = f.read()

# Tokenize the corpus
tokens = nltk.word_tokenize(corpus)

# Build a dictionary of word transitions
chain = {}
for i in range(len(tokens) - 1):
    word1 = tokens[i]
    word2 = tokens[i + 1]
    if word1 in chain:
        chain[word1].append(word2)
    else:
        chain[word1] = [word2]

# Generate text using Markov chains
start_word = random.choice(list(chain.keys()))
sentence = start_word.capitalize()
while len(sentence) < 100:
    next_word = random.choice(chain[sentence.split()[-1]])
    sentence += ' ' + next_word

# Print the generated text
print(sentence)
```

In dieser Übung laden wir zunächst die erforderlichen Daten aus der NLTK-Bibliothek mit der Funktion **nltk.download**. Wir laden einen Textkorpus aus einer Datei und tokenisieren den Korpus mit der Funktion **word_tokenize** aus der **nltk**-Bibliothek. Wir erstellen ein Wörterbuch mit Wortübergängen mithilfe einer Schleife und generieren Text mit Markov-Ketten. Wir beginnen, indem wir ein zufälliges Wort aus dem Wörterbuch auswählen und dann zufällig ein nächstes Wort aus der Liste der möglichen Übergänge auswählen. Wir fügen dem Satz weiterhin Wörter hinzu, bis er eine bestimmte Länge erreicht hat. Schließlich geben wir den generierten Text aus.

Übung 34: Maschinelles Lernen

Konzepte:

- Maschinelles Lernen

- Scikit-learn-Bibliothek

- Entscheidungsbaum-Klassifikator

- Modelltraining

- Modellevaluierung

Beschreibung: Schreibe ein Python-Skript, das ein maschinelles Lernmodell mit der Scikit-learn-Bibliothek trainiert.

Lösung:

```
from sklearn import datasets
from sklearn.tree import DecisionTreeClassifier
from sklearn.model_selection import train_test_split
from sklearn.metrics import accuracy_score

# Load the iris dataset
iris = datasets.load_iris()

# Split the data into training and testing sets
X_train, X_test, y_train, y_test = train_test_split(iris.data, iris.target,
test_size=0.3, random_state=42)

# Train a decision tree classifier
clf = DecisionTreeClassifier()
clf.fit(X_train, y_train)

# Evaluate the model
y_pred = clf.predict(X_test)
accuracy = accuracy_score(y_test, y_pred)
print('Accuracy:', accuracy)
```

In dieser Übung laden wir zunächst den Iris-Datensatz aus der Scikit-learn-Bibliothek mit der Funktion **load_iris**. Wir teilen die Daten in Trainings- und Testsets mit der Funktion **train_test_split**. Wir trainieren einen Entscheidungsbaum-Klassifikator mit der Klasse **DecisionTreeClassifier** und der Methode **fit**. Wir bewerten das Modell mit der Methode **predict** und der Funktion **accuracy_score** aus dem Modul **sklearn.metrics**.

Übung 35: Computer Vision

Konzepte:

- Computer Vision

- OpenCV-Bibliothek

- Bildladung

- Bildfilterung

- Bildsegmentierung

Beschreibung: Schreibe ein Python-Skript, das Bildverarbeitungsaufgaben mit der OpenCV-Bibliothek durchführt.

Lösung:

```python
import cv2

# Load an image
img = cv2.imread('image.jpg')

# Convert the image to grayscale
gray = cv2.cvtColor(img, cv2.COLOR_BGR2GRAY)

# Apply a median filter to the image
filtered = cv2.medianBlur(gray, 5)

# Apply adaptive thresholding to the image
thresh = cv2.adaptiveThreshold(filtered, 255, cv2.ADAPTIVE_THRESH_GAUSSIAN_C,
cv2.THRESH_BINARY, 11, 2)

# Apply morphological operations to the image
kernel = cv2.getStructuringElement(cv2.MORPH_RECT, (3, 3))
closed = cv2.morphologyEx(thresh, cv2.MORPH_CLOSE, kernel)

# Find contours in the image
contours, hierarchy = cv2.findContours(closed, cv2.RETR_TREE,
cv2.CHAIN_APPROX_SIMPLE)

# Draw the contours on the original image
cv2.drawContours(img, contours, -1, (0, 0, 255), 2)
```

```
# Display the images
cv2.imshow('Original', img)
cv2.imshow('Thresholded', thresh)
cv2.imshow('Closed', closed)
cv2.waitKey(0)
```

In dieser Übung laden wir zunächst ein Bild mit der Funktion **imread** aus der OpenCV-Bibliothek. Wir konvertieren das Bild in Graustufen mit der Funktion **cvtColor** und wenden einen Medianfilter auf das Bild mit der Funktion **medianBlur** an. Wir wenden adaptives Schwellenwertverfahren auf das Bild mit der Funktion **adaptiveThreshold** und morphologische Operationen auf das Bild mit den Funktionen **getStructuringElement** und **morphologyEx** an. Wir finden Konturen im Bild mit der Funktion **findContours** und zeichnen die Konturen auf das Originalbild mit der Funktion **drawContours**. Schließlich zeigen wir die Bilder mit der Funktion **imshow** an.

Ich hoffe, dass du diese Übungen nützlich findest. Lass es mich wissen, wenn du weitere Fragen hast!

Übung 36: Netzwerkprogrammierung

Konzepte:

- Netzwerkprogrammierung
- Socket-Bibliothek
- Client-Server-Architektur
- Protokollimplementierung

Beschreibung: Schreibe ein Python-Skript, das mit einem entfernten Server über die Socket-Bibliothek kommuniziert.

Lösung:

```
import socket

# Create a socket object
s = socket.socket()

# Define the server address and port number
host = 'localhost'
port = 12345

# Connect to the server
s.connect((host, port))
```

```
# Send data to the server
s.send(b'Hello, server!')

# Receive data from the server
data = s.recv(1024)

# Close the socket
s.close()

# Print the received data
print('Received:', data.decode())
```

In dieser Übung erstellen wir zunächst ein Socket-Objekt mit der Funktion **socket** aus der Socket-Bibliothek. Wir definieren die Adresse und Portnummer des Servers, mit dem wir uns verbinden möchten. Wir verbinden uns mit dem Server über die **connect**-Methode des Socket-Objekts. Wir senden Daten an den Server mit der **send**-Methode und empfangen Daten vom Server mit der **recv**-Methode. Schließlich schließen wir den Socket mit der **close**-Methode und geben die empfangenen Daten aus.

Übung 37: Cloud Computing

Konzepte:

- Cloud Computing
- Heroku
- Flask
- Deployment von Webanwendungen

Beschreibung: Schreibe ein Python-Skript, das eine Flask-Webanwendung auf der Heroku-Cloud-Plattform bereitstellt.

Lösung:

```
# Install the required libraries
!pip install Flask gunicorn

# Import the Flask library
from flask import Flask

# Create a Flask application
app = Flask(__name__)

# Define a route
@app.route('/')
def hello():
    return 'Hello, world!'
```

```
# Run the application
if __name__ == '__main__':
    app.run()
```

In dieser Übung installieren wir zunächst die erforderlichen Bibliotheken, um eine Flask-Webanwendung auf der Heroku-Cloud-Plattform bereitzustellen. Wir erstellen eine einfache Flask-Anwendung, die eine einzelne Route definiert. Wir verwenden die **run**-Methode des Flask-Objekts, um die Anwendung lokal auszuführen. Um die Anwendung auf der Heroku-Cloud-Plattform bereitzustellen, müssen wir den von Heroku bereitgestellten Anweisungen folgen und unseren Code an ein Remote-Repository übertragen.

Übung 38: Verarbeitung natürlicher Sprache

Konzepte:

- Verarbeitung natürlicher Sprache
- spaCy-Bibliothek
- Erkennung benannter Entitäten
- Textverarbeitung

Beschreibung: Schreibe ein Python-Skript, das mithilfe der spaCy-Bibliothek benannte Entitäten in einem Text erkennt.

Lösung:

```python
import spacy

# Load the English language model
nlp = spacy.load('en_core_web_sm')

# Define some text to process
text = 'Barack Obama was born in Hawaii.'

# Process the text
doc = nlp(text)

# Extract named entities from the text
for ent in doc.ents:
    print(ent.text, ent.label_)
```

In dieser Übung laden wir zunächst das englische Sprachmodell mit der Funktion **load** der spaCy-Bibliothek. Wir definieren einen Text zur Verarbeitung und verarbeiten den Text mit der Funktion **nlp** der spaCy-Bibliothek. Wir extrahieren benannte Entitäten aus dem Text mithilfe des Attributs **ents** des verarbeiteten Textes und geben den Text und das Label jeder benannten Entität aus.

Übung 39: Deep Learning

Konzepte:

- Deep Learning

- TensorFlow-Bibliothek

- Convolutional Neural Networks

- Modelltraining

- Modellevaluierung

Beschreibung: Schreibe ein Python-Skript, das ein Deep-Learning-Modell mit der TensorFlow-Bibliothek trainiert.

Lösung:

```
import tensorflow as tf
from tensorflow.keras import datasets, layers, models

# Load the CIFAR-10 dataset
(train_images,        train_labels),        (test_images,        test_labels)        =
datasets.cifar10.load_data()

# Normalize the pixel values
train_images, test_images = train_images / 255.0, test_images / 255.0

# Define the model architecture
model = models.Sequential([
    layers.Conv2D(32, (3, 3), activation='relu', input_shape=(32, 32, 3)),
    layers.MaxPooling2D((2, 2)),
    layers.Conv2D(64, (3, 3), activation='relu'),
    layers.MaxPooling2D((2, 2)),
    layers.Conv2D(64, (3, 3), activation='relu'),
    layers.Flatten(),
    layers.Dense(64, activation='relu'),
    layers.Dense(10)
])

# Compile the model
model.compile(optimizer='adam',
            loss=tf.keras.losses.SparseCategoricalCrossentropy(from_logits=True),
            metrics=['accuracy'])

# Train the model
model.fit(train_images, train_labels, epochs=10,
```

```
                validation_data=(test_images, test_labels))

# Evaluate the model
test_loss, test_acc = model.evaluate(test_images, test_labels, verbose=2)
print('Test accuracy:', test_acc)
```

In dieser Übung laden wir zunächst den CIFAR-10-Datensatz aus der TensorFlow-Bibliothek mit der Funktion load_data. Wir normalisieren die Pixelwerte der Bilder, indem wir sie durch 255.0 teilen. Wir definieren eine Deep-Learning-Modellarchitektur mit der Sequential-Klasse der TensorFlow-Bibliothek und verschiedenen Schichten wie Conv2D, MaxPooling2D, Flatten und Dense. Wir kompilieren das Modell mit der compile-Methode und trainieren das Modell mit der fit-Methode. Wir evaluieren das Modell mit der evaluate-Methode und geben die Testgenauigkeit aus.

Übung 40: Datenanalyse

Konzepte:

- Datenanalyse

- Pandas-Bibliothek

- Datenbereinigung

- Datenmanipulation

- Datenvisualisierung

Beschreibung: Schreibe ein Python-Skript, das Daten mit der Pandas-Bibliothek analysiert.

Lösung:

```
import pandas as pd
import matplotlib.pyplot as plt

# Load the data
df = pd.read_csv('data.csv')

# Clean the data
df.dropna(inplace=True)

# Manipulate the data
df['total_sales'] = df['price'] * df['quantity']
monthly_sales = df.groupby(pd.Grouper(key='date', freq='M')).sum()

# Visualize the data
plt.plot(monthly_sales['total_sales'])
plt.xlabel('Month')
plt.ylabel('Total Sales')
```

```
plt.show()
```

In dieser Übung laden wir zunächst die Daten aus einer CSV-Datei mit der Funktion **read_csv** der Pandas-Bibliothek. Anschließend bereinigen wir die Daten, indem wir alle Zeilen mit fehlenden Werten mit der Methode **dropna** entfernen. Danach manipulieren wir die Daten, indem wir den Gesamtumsatz für jede Transaktion berechnen und die Daten mit der Methode **groupby** nach Monaten gruppieren. Schließlich visualisieren wir die Daten, indem wir den Gesamtumsatz für jeden Monat mit der Funktion **plot** der Matplotlib-Bibliothek darstellen.

Übung 41: Datenwissenschaft

Konzepte:

- Datenwissenschaft

- NumPy-Bibliothek

- Pandas-Bibliothek

- Matplotlib-Bibliothek

- Datenbereinigung

- Datenmanipulation

- Datenvisualisierung

Beschreibung: Schreibe ein Python-Skript, das Datenanalysen in einem Datensatz mit den Bibliotheken NumPy, Pandas und Matplotlib durchführt.

Lösung:

```python
import numpy as np
import pandas as pd
import matplotlib.pyplot as plt

# Load the data
df = pd.read_csv('data.csv')

# Clean the data
df.dropna(inplace=True)

# Manipulate the data
df['total_sales'] = df['price'] * df['quantity']
monthly_sales = df.groupby(pd.Grouper(key='date', freq='M')).sum()

# Analyze the data
print('Total Sales:', df['total_sales'].sum())
print('Average Price:', df['price'].mean())
```

```
print('Median Quantity:', df['quantity'].median())

# Visualize the data
plt.plot(monthly_sales['total_sales'])
plt.xlabel('Month')
plt.ylabel('Total Sales')
plt.show()
```

In dieser Übung laden wir zunächst Daten aus einer CSV-Datei mit der Funktion **read_csv** der Pandas-Bibliothek. Anschließend bereinigen wir die Daten, indem wir alle Zeilen mit fehlenden Werten mit der Methode **dropna** entfernen. Danach manipulieren wir die Daten, indem wir den Gesamtumsatz für jede Transaktion berechnen und die Daten mit der Methode **groupby** nach Monaten gruppieren. Wir führen eine grundlegende Datenanalyse durch, indem wir den Gesamtumsatz, den Durchschnittspreis und die mediane Menge berechnen. Schließlich visualisieren wir die Daten, indem wir den Gesamtumsatz für jeden Monat mit der Funktion **plot** der Matplotlib-Bibliothek darstellen.

Übung 42: Maschinelles Lernen

Konzepte:

- Maschinelles Lernen
- Scikit-learn-Bibliothek
- Support Vector Machines
- Modelltraining
- Modellevaluierung

Beschreibung: Schreibe ein Python-Skript, das ein maschinelles Lernmodell mit der Scikit-learn-Bibliothek trainiert.

Lösung:

```
import numpy as np
from sklearn import datasets, svm
from sklearn.model_selection import train_test_split

# Load the iris dataset
iris = datasets.load_iris()

# Split the data into training and testing sets
X_train, X_test, y_train, y_test = train_test_split(iris.data, iris.target,
test_size=0.2, random_state=42)

# Train a support vector machine classifier
```

```
clf = svm.SVC(kernel='linear')
clf.fit(X_train, y_train)

# Evaluate the classifier
score = clf.score(X_test, y_test)
print('Accuracy:', score)
```

In dieser Übung laden wir zunächst den Iris-Datensatz aus der Scikit-learn-Bibliothek mit der Funktion **load_iris**. Anschließend teilen wir die Daten in Trainings- und Testsets mit der Funktion **train_test_split** der Scikit-learn-Bibliothek. Wir trainieren einen Support-Vector-Machine-Klassifikator mit der Klasse **SVC** der Scikit-learn-Bibliothek mit einem linearen Kernel. Wir evaluieren den Klassifikator mit der Methode **score** und geben die Genauigkeit aus.

Übung 43: Web Scraping

Konzepte:

- Web Scraping

- BeautifulSoup-Bibliothek

- HTML-Analyse

- Datenextraktion

Beschreibung: Schreibe ein Python-Skript, das Daten von einer Website mit der BeautifulSoup-Bibliothek extrahiert.

Lösung:

```
import requests
from bs4 import BeautifulSoup

# Fetch the HTML content of the website
url = '<https://en.wikipedia.org/wiki/Python_(programming_language)>'
r = requests.get(url)
html_content = r.text

# Parse the HTML content using BeautifulSoup
soup = BeautifulSoup(html_content, 'html.parser')

# Extract data from the HTML content
title = soup.title.string
links = soup.find_all('a')
for link in links:
    print(link.get('href'))
```

In dieser Übung rufen wir zunächst den HTML-Inhalt einer Website mit der **get**-Funktion der Requests-Bibliothek ab. Anschließend analysieren wir den HTML-Inhalt mit der **BeautifulSoup**-Klasse der BeautifulSoup-Bibliothek. Wir extrahieren Daten aus dem HTML-Inhalt mithilfe verschiedener Methoden wie **title** und **find_all**.

Übung 44: Datenbankprogrammierung

Konzepte:

- Datenbankprogrammierung

- SQLite-Bibliothek

- SQL

- Datenabruf

- Datenmanipulation

Beschreibung: Schreibe ein Python-Skript, das mit einer Datenbank über die SQLite-Bibliothek interagiert.

Lösung:

```python
import sqlite3

# Connect to the database
conn = sqlite3.connect('data.db')

# Create a table
conn.execute('''CREATE TABLE IF NOT EXISTS users
                (id INTEGER PRIMARY KEY AUTOINCREMENT,
                 name TEXT NOT NULL,
                 age INTEGER NOT NULL);''')

# Insert data into the table
conn.execute("INSERT INTO users (name, age) VALUES ('John Doe', 30)")
conn.execute("INSERT INTO users (name, age) VALUES ('Jane Doe', 25)")

# Retrieve data from the table
cur = conn.execute('SELECT * FROM users')
for row in cur:
    print(row)

# Update data in the table
conn.execute("UPDATE users SET age = 35 WHERE name = 'John Doe'")

# Delete data from the table
conn.execute("DELETE FROM users WHERE name = 'Jane Doe'")
```

```
# Commit the changes and close the connection
conn.commit()
conn.close()
```

In dieser Übung stellen wir zunächst eine Verbindung zu einer SQLite-Datenbank über die **connect**-Funktion der SQLite-Bibliothek her. Wir erstellen eine Tabelle mit SQL-Befehlen und fügen Daten in die Tabelle mit SQL-Befehlen ein. Wir rufen Daten aus der Tabelle mit SQL-Befehlen ab und geben die Daten aus. Wir aktualisieren Daten in der Tabelle und löschen Daten aus der Tabelle mit SQL-Befehlen. Abschließend übernehmen wir die Änderungen in der Datenbank und schließen die Verbindung.

Übung 45: Cloud Computing

Konzepte:

- Cloud Computing
- AWS
- Flask-Bibliothek
- Boto3-Bibliothek
- Web-Anwendungs-Deployment

Beschreibung: Schreibe ein Python-Skript, das eine Web-Anwendung auf der AWS-Cloud-Computing-Plattform mithilfe der Bibliotheken Flask und Boto3 bereitstellt.

Lösung:

```
# Install the required libraries
!pip install Flask boto3

# Import the required libraries
from flask import Flask
import boto3

# Create a Flask application
app = Flask(__name__)

# Define a route
@app.route('/')
def hello():
    return 'Hello, world!'

# Deploy the application to AWS
s3 = boto3.client('s3')
s3.upload_file('app.py', 'my-bucket', 'app.py')
```

In dieser Übung installieren wir zunächst die erforderlichen Bibliotheken, um eine Flask-Webanwendung auf der AWS-Cloud-Computing-Plattform bereitzustellen. Wir erstellen eine einfache Flask-Anwendung, die eine einzelne Route definiert. Wir verwenden die **upload_file**-Methode der Boto3-Bibliothek, um die Anwendung in einen AWS S3-Bucket hochzuladen. Es ist wichtig zu beachten, dass dies nur ein grundlegendes Beispiel ist und dass bei der Bereitstellung einer Webanwendung auf der AWS-Cloud-Computing-Plattform viele zusätzliche Schritte erforderlich sind, wie die Erstellung einer EC2-Instanz, die Konfiguration eines Load Balancers, die Einrichtung von Sicherheitsgruppen und mehr.

Übung 46: Verarbeitung natürlicher Sprache

Konzepte:

- Verarbeitung natürlicher Sprache
- NLTK-Bibliothek
- Tokenisierung
- Part-of-Speech-Tagging
- Eigennamenerkennung

Beschreibung: Schreibe ein Python-Skript, das mithilfe der NLTK-Bibliothek Verarbeitung natürlicher Sprache auf Textdaten durchführt.

Lösung:

```python
import nltk

# Load the text data
text = '''Apple Inc. is an American multinational technology company headquartered in
Cupertino, California, that designs, develops, and sells consumer electronics,
computer software, and online services. The company's hardware products include the
iPhone smartphone, the iPad tablet computer, the Mac personal computer, the iPod
portable media player, the Apple Watch smartwatch, the Apple TV digital media player,
and the HomePod smart speaker. Apple's software includes the macOS and iOS operating
systems, the iTunes media player, the Safari web browser, and the iLife and iWork
creativity and productivity suites. Its online services include the iTunes Store, the
iOS App Store, and Mac App Store, Apple Music, and iCloud.'''

# Tokenize the text
tokens = nltk.word_tokenize(text)

# Perform part-of-speech tagging
pos_tags = nltk.pos_tag(tokens)

# Perform named entity recognition
ne_tags = nltk.ne_chunk(pos_tags)
```

```
# Print the named entities
for chunk in ne_tags:
    if hasattr(chunk, 'label') and chunk.label() == 'ORGANIZATION':
        print('Organisation:', ' '.join(c[0] for c in chunk))
    elif hasattr(chunk, 'label') and chunk.label() == 'PERSON':
        print('Person:', ' '.join(c[0] for c in chunk))
```

In dieser Übung laden wir zunächst einige Textdaten. Wir tokenisieren den Text mit der Funktion **word_tokenize** der NLTK-Bibliothek. Wir führen Part-of-Speech-Tagging mit der Funktion **pos_tag** der NLTK-Bibliothek durch. Anschließend führen wir die Eigennamenerkennung mit der Funktion **ne_chunk** der NLTK-Bibliothek durch. Wir geben die benannten Entitäten in den Textdaten aus, indem wir prüfen, ob jeder Chunk eine Bezeichnung 'ORGANIZATION' oder 'PERSON' hat, wobei wir die Funktion **hasattr** und das Attribut **label** verwenden.

Übung 47: Big Data

Konzepte:

- Big Data
- PySpark
- Apache Spark
- Datenverarbeitung
- MapReduce

Beschreibung: Schreibe ein PySpark-Skript, das Daten mit dem Spark-Framework verarbeitet.

Lösung:

```
from pyspark import SparkContext, SparkConf

# Configure the Spark context
conf = SparkConf().setAppName('wordcount').setMaster('local[*]')
sc = SparkContext(conf=conf)

# Load the text data
text = sc.textFile('data.txt')

# Split the text into words and count the occurrences of each word
word_counts = text.flatMap(lambda line: line.split(' ')).map(lambda word: (word,
1)).reduceByKey(lambda a, b: a + b)

# Print the word counts
for word, count in word_counts.collect():
    print(word, count)
```

```
# Stop the Spark context
sc.stop()
```

In dieser Übung konfigurieren wir zunächst den Spark-Kontext mithilfe der Klassen **SparkConf** und **SparkContext** aus der PySpark-Bibliothek. Wir laden Textdaten mit der **textFile**-Methode. Wir teilen den Text in Wörter auf und zählen das Vorkommen jedes Wortes mithilfe der Methoden **flatMap**, **map** und **reduceByKey**. Wir geben die Wortzählungen mit der **collect**-Methode aus. Schließlich beenden wir den Spark-Kontext mit der **stop**-Methode.

Übung 48: Cybersicherheit

Konzepte:

- Cybersicherheit
- Scapy-Bibliothek
- Netzwerkanalyse
- Paketerfassung

Beschreibung: Schreibe ein Python-Skript, das mithilfe der Scapy-Bibliothek Sicherheitsanalysen in einem Netzwerk durchführt.

Lösung:

```
from scapy.all import *

# Define a packet handler function
def packet_handler(packet):
    if packet.haslayer(TCP):
        if packet[TCP].flags & 2:
            print('SYN packet detected:', packet.summary())

# Start the packet sniffer
sniff(prn=packet_handler, filter='tcp', store=0)
```

In dieser Übung verwenden wir die Scapy-Bibliothek, um Sicherheitsanalysen in einem Netzwerk durchzuführen. Wir definieren eine Pakethandler-Funktion, die für jedes erkannte Paket aufgerufen wird. Wir prüfen, ob das Paket ein TCP-Paket ist und ob es das SYN-Flag gesetzt hat. Wenn ja, geben wir eine Meldung aus, die anzeigt, dass ein SYN-Paket erkannt wurde, zusammen mit einer Zusammenfassung des Pakets.

Übung 49: Maschinelles Lernen

Konzepte:

- Maschinelles Lernen

- Scikit-learn-Bibliothek

- Modelltraining

- Kreuzvalidierung

- Grid-Search

Beschreibung: Schreibe ein Python-Skript, das ein maschinelles Lernmodell mit der Scikit-learn-Bibliothek trainiert.

Lösung:

```python
from sklearn import datasets
from sklearn.model_selection import cross_val_score, GridSearchCV
from sklearn.neighbors import KNeighborsClassifier

# Load the dataset
iris = datasets.load_iris()

# Split the dataset into features and target
X = iris.data
y = iris.target

# Define the hyperparameters to search
param_grid = {'n_neighbors': [3, 5, 7, 9], 'weights': ['uniform', 'distance']}

# Create a KNN classifier
knn = KNeighborsClassifier()

# Perform a grid search with cross-validation
grid_search = GridSearchCV(knn, param_grid, cv=5)
grid_search.fit(X, y)

# Print the best hyperparameters and the accuracy score
print('Best Hyperparameters:', grid_search.best_params_)
print('Accuracy Score:', grid_search.best_score_)
```

In dieser Übung verwenden wir die Scikit-learn-Bibliothek, um ein Modell für maschinelles Lernen zu trainieren. Wir laden einen Datensatz mit der Funktion **load_iris** aus dem Modul **datasets**. Wir teilen den Datensatz in Merkmale und Zielwerte auf. Wir definieren ein Wörterbuch von Hyperparametern für die Suche mithilfe der Variable **param_grid**. Wir erstellen einen KNN-Klassifikator mit der Klasse **KNeighborsClassifier**. Wir führen eine Rastersuche mit

Kreuzvalidierung durch, indem wir die Klasse **GridSearchCV** verwenden. Wir geben die besten Hyperparameter und den Genauigkeitswert mit den Attributen **best_params_** und **best_score_** aus.

Übung 50: Computer Vision

Konzepte:

- Computer Vision

- OpenCV-Bibliothek

- Bildverarbeitung

- Objekterkennung

Beschreibung: Schreibe ein Python-Skript, das Bildverarbeitung mit der OpenCV-Bibliothek durchführt.

Lösung:

```python
import cv2

# Load the image
img = cv2.imread('image.jpg')

# Convert the image to grayscale
gray = cv2.cvtColor(img, cv2.COLOR_BGR2GRAY)

# Define a classifier for face detection
face_cascade = cv2.CascadeClassifier('haarcascade_frontalface_default.xml')

# Detect faces in the image
faces = face_cascade.detectMultiScale(gray, scaleFactor=1.1, minNeighbors=5)

# Draw rectangles around the detected faces
for (x, y, w, h) in faces:
    cv2.rectangle(img, (x, y), (x + w, y + h), (0, 255, 0), 2)

# Display the image with the detected faces
cv2.imshow('image', img)
cv2.waitKey(0)
cv2.destroyAllWindows()
```

In dieser Übung verwenden wir die OpenCV-Bibliothek zur Bildverarbeitung. Wir laden ein Bild mit der Funktion imread. Wir konvertieren das Bild in Graustufen mit der Funktion cvtColor. Wir definieren einen Klassifikator für die Gesichtserkennung mithilfe der Klasse CascadeClassifier und einer vortrainierten Klassifikatordatei. Wir erkennen Gesichter im Bild mit der Funktion detectMultiScale. Wir zeichnen Rechtecke um die erkannten Gesichter mit der Funktion rectangle. Wir zeigen das Bild mit den erkannten Gesichtern an, indem wir die Funktionen imshow, waitKey und destroyAllWindows verwenden.

Wo möchten Sie fortfahren?

Wenn Sie dieses Python-Übungsbuch abgeschlossen haben und noch nach mehr Programmierwissen hungern, möchten wir Ihnen einige andere Bücher unseres Softwareunternehmens empfehlen, die für Sie nützlich sein könnten. Diese Bücher decken ein breites Spektrum an Themen ab und sind darauf ausgelegt, Ihnen zu helfen, Ihre Programmierfähigkeiten weiter auszubauen.

1. "Web-Entwicklung mit Django meistern" - Dieses Buch ist ein umfassender Leitfaden zum Erstellen von Webanwendungen mit Django, einem der beliebtesten Python-Webframeworks. Es behandelt alles von der Einrichtung Ihrer Entwicklungsumgebung bis zum Bereitstellen Ihrer Anwendung auf einem Produktionsserver.

2. "React meistern" - React ist eine beliebte JavaScript-Bibliothek zum Erstellen von Benutzeroberflächen. Dieses Buch hilft Ihnen, die grundlegenden Konzepte von React zu beherrschen und zeigt Ihnen, wie Sie leistungsstarke dynamische Webanwendungen erstellen können.

3. "Datenanalyse mit Python" - Python ist eine leistungsstarke Sprache für Datenanalyse, und dieses Buch hilft Ihnen, ihr volles Potenzial zu entfalten. Es behandelt Themen wie Datenbereinigung, Datenmanipulation und Datenvisualisierung und bietet praktische Übungen, um Ihnen zu helfen, das Gelernte anzuwenden.

4. "Maschinelles Lernen mit Python" - Maschinelles Lernen ist eines der spannendsten Felder in der Informatik, und dieses Buch hilft Ihnen, mit dem Aufbau Ihrer eigenen Machine-Learning-Modelle mit Python zu beginnen. Es behandelt Themen wie lineare Regression, logistische Regression und Entscheidungsbäume.

5. "Verarbeitung natürlicher Sprache mit Python" - Die Verarbeitung natürlicher Sprache ist ein Feld, das sich auf die Interaktion zwischen Computern und Menschen mittels natürlicher Sprache konzentriert. Dieses Buch hilft Ihnen, mit dem Aufbau Ihrer eigenen Anwendungen zur Verarbeitung natürlicher Sprache mit Python zu beginnen. Es behandelt Themen wie Textvorverarbeitung, Stimmungsanalyse und Textklassifikation.

Alle diese Bücher sind darauf ausgelegt, Ihnen zu helfen, Ihre Programmierfähigkeiten weiter auszubauen und Ihr Verständnis der Python-Sprache zu vertiefen. Wir glauben, dass Programmieren eine Fähigkeit ist, die mit der Zeit erlernt und entwickelt werden kann, und wir sind bestrebt, Ressourcen bereitzustellen, die Ihnen helfen, Ihre Ziele zu erreichen.

Wir möchten auch diese Gelegenheit nutzen, um Ihnen dafür zu danken, dass Sie unser Softwareunternehmen als Ihren Begleiter auf Ihrer Programmierreise gewählt haben. Wir hoffen, dass Sie dieses Python-Übungsbuch als wertvolle Ressource empfunden haben, und wir freuen uns darauf, Ihnen auch in Zukunft hochwertige Programmierressourcen zur Verfügung zu stellen. Wenn Sie Feedback oder Vorschläge für zukünftige Bücher oder Ressourcen haben, zögern Sie nicht, uns zu kontaktieren. Wir würden uns freuen, von Ihnen zu hören!

Bis bald!

Herzlichen Glückwunsch zum Abschluss dieses Python-Übungsbuches! Wir hoffen, dass du diese Übungen sowohl herausfordernd als auch lohnend gefunden hast und dass du dadurch ein tieferes Verständnis der Python-Programmierung erlangt hast.

In diesem Buch haben wir eine breite Palette von Themen behandelt, von grundlegender Syntax und Datentypen bis hin zu fortgeschrittenen Themen wie maschinellem Lernen und natürlicher Sprachverarbeitung. Wir haben die Übungen nach Schwierigkeitsgrad in drei Abschnitte unterteilt, ermutigen dich jedoch, alle Übungen zu erkunden, um ein umfassendes Verständnis der Sprache zu erhalten.

In unserem Softwareunternehmen glauben wir, dass Programmierung nicht nur darum geht, Code zu schreiben. Es geht darum, Probleme zu lösen und Lösungen zu schaffen, die einen Unterschied im Leben der Menschen machen. Wir erforschen ständig neue Technologien und Techniken, um an der Spitze der Branche zu bleiben, und wir freuen uns, unser Wissen und unsere Erfahrung durch dieses Buch mit dir zu teilen.

Wir glauben auch, dass das Üben von Programmierfähigkeiten Geduld und Ausdauer erfordert. Es kann sein, dass du nicht beim ersten Versuch die richtige Antwort bekommst, und das ist in Ordnung. Die Übungen in diesem Buch sind darauf ausgelegt, dich herauszufordern, und erst durch die Bewältigung schwieriger Probleme wirst du wirklich als Programmierer lernen und wachsen.

Fazit

Abschließend hoffen wir, dass du dieses Python-Übungsbuch als wertvolle Ressource auf deinem Weg, ein kompetenter Python-Programmierer zu werden, empfunden hast. Durch die Arbeit an diesen Übungen hast du praktische Erfahrung mit der Sprache gesammelt und Problemlösungsfähigkeiten entwickelt, die unschätzbar wertvoll sein werden, wenn du an komplexeren Projekten arbeitest.

Ob du ein Anfänger ohne Programmiererfahrung bist oder ein erfahrener Programmierer, der seine Fähigkeiten erweitern möchte, dieses Buch hat dir eine umfassende Sammlung von Übungen geboten, um deine Python-Programmierfähigkeiten herauszufordern und zu entwickeln. Von grundlegender Syntax und Datentypen bis hin zu fortgeschrittenen Themen wie maschinellem Lernen und natürlicher Sprachverarbeitung decken die Übungen in diesem Buch ein breites Spektrum an Themen ab und vermitteln dir ein umfassendes Verständnis der Sprache.

Wir glauben, dass Programmierung nicht nur darum geht, Code zu schreiben; es geht darum, Probleme zu lösen und Lösungen zu schaffen, die einen Unterschied im Leben der Menschen machen. In unserem Softwareunternehmen sind wir bestrebt, Software zu entwickeln, die kreative Erlebnisse bietet und reale Probleme löst. Wir erforschen ständig neue Technologien und Techniken, um an der Spitze der Branche zu bleiben, und wir freuen uns, unser Wissen und unsere Erfahrung durch dieses Buch mit dir zu teilen.

Während du deinen Weg fortsetzt, ein kompetenter Python-Programmierer zu werden, ermutigen wir dich, weiterhin neue Technologien und Techniken zu erkunden und deine Fähigkeiten zu üben und zu entwickeln. Das Feld der Programmierung entwickelt sich ständig weiter, und es gibt immer etwas Neues zu lernen. Wir hoffen, dass dieses Buch dir eine solide Grundlage in der Python-Programmierung vermittelt hat, und wünschen dir viel Erfolg bei deinen zukünftigen Programmierbemühungen.

Erfahre mehr über uns

Bei Cuantum Technologies haben wir uns auf die Entwicklung von Webanwendungen spezialisiert, die kreative Erlebnisse bieten und reale Probleme lösen. Unsere Entwickler verfügen über Erfahrung in einer breiten Palette von Programmiersprachen und Frameworks, darunter Python, Django, React, Three.js und Vue.js, unter anderem. Wir erforschen ständig neue Technologien und Techniken, um an der Spitze der Branche zu bleiben, und wir sind stolz auf unsere Fähigkeit, Lösungen zu schaffen, die den Bedürfnissen unserer Kunden entsprechen.

Wenn du mehr über Cuantum Technologies und die von uns angebotenen Dienstleistungen erfahren möchtest, besuche bitte unsere Website unter www.cuantum.tech. Wir beantworten gerne alle deine Fragen und besprechen, wie wir dir bei deinen Softwareentwicklungsbedürfnissen helfen können.

Wo weitermachen?

Wenn du dieses Buch abgeschlossen hast und nach weiterem Wissen in der Programmierung suchst, möchten wir dir andere Bücher unseres Unternehmens empfehlen, die für dich nützlich sein könnten. Diese Bücher decken eine breite Palette von Themen ab und sind darauf ausgelegt, dir zu helfen, deine Programmierfähigkeiten weiter auszubauen.

"**ChatGPT API Bible: Mastering Python Programming for Conversational AI**": Bietet eine praxisnahe und schrittweise Anleitung zur Nutzung von ChatGPT, von der Integration der API bis zur Feinabstimmung des Modells für spezifische Aufgaben oder Branchen.

"**Natural Language Processing with Python: Building your Own Customer Service ChatBot**": Dieses Buch bietet eine tiefgehende Erkundung des natürlichen Sprachverstehens (NLP). Es vereinfacht komplexe Konzepte erfolgreich durch ansprechende Erklärungen und intuitive Beispiele.

"**Data Analysis with Python**": Python ist eine mächtige Sprache für Datenanalyse, und dieses Buch hilft dir, ihr gesamtes Potenzial auszuschöpfen. Es behandelt Themen wie Datenreinigung, Datenmanipulation und Datenvisualisierung und bietet praktische Übungen, um das Gelernte anzuwenden.

"**Machine Learning with Python**": Machine Learning ist eines der spannendsten Felder der Informatik, und dieses Buch hilft dir, deine eigenen Modelle für Machine Learning mit Python zu erstellen. Es behandelt Themen wie lineare Regression, logistische Regression und Entscheidungsbäume.

"**Mastering ChatGPT and Prompt Engineering**": In diesem Buch nehmen wir dich mit auf eine umfassende Reise durch die Welt der Prompt-Engineering, von den Grundlagen der KI-Sprachmodelle bis hin zu fortgeschrittenen Strategien und Anwendungen in der realen Welt.

Alle diese Bücher sind darauf ausgelegt, dir zu helfen, deine Programmierfähigkeiten weiter auszubauen und dein Verständnis der Programmiersprache Python zu vertiefen. Wir glauben, dass Programmieren eine Fähigkeit ist, die man im Laufe der Zeit lernen und entwickeln kann, und wir sind bestrebt, Ressourcen bereitzustellen, die dir helfen, deine Ziele zu erreichen.

Wir möchten auch diese Gelegenheit nutzen, um dir für die Wahl unseres Unternehmens als deinen Begleiter auf deiner Programmierreise zu danken. Wir hoffen, dass du dieses Buch für Anfänger in Python als wertvolle Ressource empfunden hast und freuen uns darauf, dir in Zukunft weiterhin hochwertige Programmierressourcen zur Verfügung zu stellen. Wenn du Kommentare oder Vorschläge für zukünftige Bücher oder Ressourcen hast, zögere nicht, uns zu kontaktieren. Wir würden uns freuen, von dir zu hören!

Erfahre mehr über uns

Bei Cuantum Technologies sind wir darauf spezialisiert, Webanwendungen zu entwickeln, die kreative Erlebnisse bieten und reale Probleme lösen. Unsere Entwickler haben Erfahrung in einer breiten Palette von Programmiersprachen und Frameworks, einschließlich Python, Django, React, Three.js und Vue.js, unter anderem. Wir erforschen ständig neue Technologien und Techniken, um an der Spitze der Branche zu bleiben, und sind stolz auf unsere Fähigkeit, Lösungen zu schaffen, die die Bedürfnisse unserer Kunden erfüllen.

Wenn du mehr über Cuantum Technologies und die von uns angebotenen Dienstleistungen erfahren möchtest, besuche bitte unsere Website unter books.cuantum.tech. Wir beantworten gerne alle Fragen, die du haben könntest, und besprechen, wie wir dir bei deinen Softwareentwicklungsbedürfnissen helfen können.

CUANTUM
TECHNOLOGIES

www.cuantum.tech

www.ingramcontent.com/pod-product-compliance
Lightning Source LLC
Chambersburg PA
CBHW061339210326
41598CB00035B/5821